Steve Miller

Moderne christliche Musik –
Fataler Kompromiß oder Hilfe zur Erneuerung

Moderne christliche Musik

Fataler Kompromiß oder Hilfe zur Erneuerung

Steve Miller

ASAPH VERLAG

Titel der amerikanischen Originalausgabe:
THE CONTEMPORARY CHRISTIAN MUSIC DEBATE

Die Originalausgabe erschien erstmals 1993 bei TYNDALE HOUSE Publishers, Wheaton, Illinois

Aus dem Amerikanischen übersetzt von Dorothea Appel

Umschlaggestaltung: Albrecht Fietz, IMAGE DESIGN Landsberg
Satz: CONVERTEX, Aachen
Druck: Breklumer Druckerei Manfred Siegel KG
ISBN: 3-931025-00-4
Best.-Nr.: 147500

Meiner Frau

Laurene

die mich zu diesem Projekt herausforderte
und mir mit ihrer Ermutigung zur Seite stand

Inhalt

Vorwort

Für mich fing alles 1974 an, als mein Bibelschullehrer mich überredete, ein christliches Konzert zu besuchen. Ich erwartete so etwas ähnliches wie einen Kirchenchor und war überwältigt von der Begeisterung, die die Band erzeugte. Mit ihrer fetzigen Musik transportierte sie geistliche Wahrheit.

Ich genoß die Musik, wurde bei den Mitsing-Liedern in die Anbetung gezogen, wurde motiviert, Jesus zu meiner ersten Liebe zu machen, und kaufte meine allererste Schallplatte mit moderner christlicher Musik, um dieses Erlebnis auch zuhause haben zu können. Tatsächlich wurden die Platten und Kassetten so wertvoll für mein geistliches Wachstum, daß christliche Gruppen wie Love Song, Truth und Maranatha bald Led Zeppelin, die Stones und andere weltliche Bands ersetzten, denen mein geistliches Wohlergehen ja überhaupt nicht wichtig war.

Es war eine aufregende Zeit - wir gaben Zeugnis auf der Straße, studierten die Bibel und erlebten, wie unsere Freunde durch die Kraft des Evangeliums eine Veränderung ihres Lebens erfuhren. Und die Frucht blieb - einige Freunde landeten auf dem Missionsfeld, und viele andere dienen bis heute treu in ihren Heimatgemeinden.

Wir waren jung. Das war vielleicht zum Teil der Anlaß, weshalb ich später die Musik, die eine so zentrale Rolle in dieser Bewegung gespielt hatte, hinterfragte. Männer Gottes, die meine Lehrer wurden, Männer, die älter und viel weiser waren als ich, stellten die grundsätzliche Behauptung auf, daß diese neue Kirchenmusik ein subtiler Kompromiß sei, ein Wolf im Schafspelz, durch den der Feind die Kirche mit der Welt durchsetzen wollte. Ich war jetzt ein Schaf, aber ich hatte keine Lust, das Fell über die Ohren gezogen zu bekommen. Einen Kompromiß wollte ich auf keinen Fall eingehen.

Die besagten Männer behaupteten, psychologische Studien hätten bewiesen, daß moderne Musik den Körper schwächt, die Sinnlichkeit fördert und daß ihre Rhythmen in primitiven Kulturen für Dämonenverehrung benutzt werden. Ich war wie vom Donner gerührt. Konnte es sein, daß sie recht hatten und ich einer Verführung aufgesessen war? Ich bat Gott um Erkenntnis, doch die innere

Warnung blieb aus. Allerdings kannte ich auch andere Leute, die sehr aufrichtig waren und trotzdem bei bestimmten Themen aus biblischer Sicht völlig falsch lagen.

Ich erkannte, daß meine einzige Chance wäre, unter Gebet beide Seiten des Themas zu untersuchen. Es gab allerdings nicht viel Material. Entweder ließen die Autoren wichtige Kriterien völlig außer acht, oder die Dokumentation war sehr dürftig. Nachdem ich also die aktuelle Literatur ausgeschöpft hatte, wandte ich mich der Primärforschung zu. Ich verfolgte die Geschichte unserer Kirchenlieder, durchwatete jede relevante psychologische Studie, die ich nur finden konnte, und interviewte Leute, die schon seit Jahren moderne christliche Musik eingesetzt hatten.

Das Ziel meiner Untersuchungen war nicht, einen Standpunkt zu beweisen oder jemandem die Meinung zu sagen. Ich wollte nur zu den Tatsachen durchdringen und folgen, wohin sie weisen würden. Jesus war der Herr über meine Musik. Ich beschloß: Sollte ich herausfinden, daß Gottes exklusiver Musikstil gregorianischer Gesang wäre, würde ich alles andere verbrennen und eben daran Geschmack finden.

Anfangs dachte ich überhaupt nicht daran, ein Buch zu schreiben, aber in den nachfolgenden Jahren meiner Pastorentätigkeit erfuhr ich, daß ich längst nicht allein war mit meinen Schwierigkeiten. Allenthalben mußten Eltern, Erzieher und Gemeindeleiter sich in einem Land mit wenig Wegweisern und vielen widersprüchlichen Landkarten zurechtfinden. Diesen Weggenossen lege ich die Ergebnisse meiner Arbeit vor. Ich hoffe, daß Sie, selbst wenn Sie mit meinen Schlußfolgerungen nicht übereinstimmen, zumindest ein besseres Verständnis der ganzen Angelegenheit bekommen und besser ausgerüstet sind, um Ihren eigenen Kurs zu finden.

Damit Sie den größtmöglichen Gewinn aus diesem Buch ziehen, schlage ich folgendes vor:

Erstens: Streben Sie nach Objektivität. Musik und Formen der Anbetung sind emotional vorbelastete Themen, denen man mit rationaler Analyse kaum beikommen kann. Entsprechend erzeugen Diskussionen darüber meistens mehr Hitze als Licht. Wenn Sie feststellen, daß Ihre Gründe, dieses Buch zu lesen, eher darin liegen, Ihr Waffenarsenal aufzurüsten und Ihre Position zu festigen, als in Demut Gottes Angesicht zu suchen, dann hören Sie bitte auf zu lesen. Schließen Sie das Buch, und beten Sie ein einfaches Gebet um

Objektivität und Leitung. Während des Recherchierens war dies mein tiefer Wunsch gewesen:

> *Lieber Herr, du weißt, daß ich mit vorgefaßten Ideen, Haltungen und Meinungen an diese Studie herangehe. Mit Schrecken vergleiche ich die Aufrichtigkeit meiner Überzeugung mit der Aufrichtigkeit so vieler, deren Einstellung zwar ernsthaft, aber dennoch gravierend falsch ist. Bitte gib mir Weisheit und die schonungslose Objektivität, die es mir möglich macht, liebgewordene Überzeugungen aufzugeben, wenn sie mit deiner ewigen Wahrheit nicht übereinstimmen.*

Zweitens: Stellen Sie sich auf geistige Arbeit ein. Ich nehme die Einwände der Kritiker sehr ernst und glaube, daß jeder eine durchdachte Antwort verdient. Dieses Buch strebt eine Ordnung der vielen betroffenen Themen an, und die Quellen wurden sorgfältig dokumentiert. Teil eins behandelt Einwände, die gegen moderne christliche Musik gemacht werden, Teil zwei untersucht die Heilige Schrift nach Gottes Sicht bezüglich Musik und Anbetung, Teil drei beleuchtet die Auseinandersetzung aus der faszinierenden und oft unterhaltsamen Perspektive der Geschichte unserer Kirchenlieder. In Teil vier verändere ich meine Defensivposition in einen dringenden Appell, moderne christliche Musik zu nutzen.

Ich möchte Ihnen sehr ans Herz legen, eines der brennendsten Themen, denen sich die heutige Kirche gegenübersieht, ernst zu nehmen. Ich bete, daß dieses Buch zur Heilung einer gespaltenen Kirche beiträgt und Türen öffnet, damit wir einer verlorenen und sterbenden Welt Jesus unverfälscht nahebringen können.

Danksagungen

Als ich diese Studie anfing, ahnte ich nicht, daß ich mich auf eine lange Reise begeben hatte. Manchmal führte der Weg durch bekanntes Territorium. Oft aber fand ich mich in unbekannten Gefilden oder sogar auf Wegen, die offensichtlich noch nie aufgezeichnet worden waren. Dort wagte ich nicht, allein zu reisen, und suchte also Führer, die sich in diesen unbekannten Gegenden zuhause fühlten. An wieder anderen Abschnitten der Reise brauchte ich Input von Freunden und meiner Familie. Es ist wahr, „unter den Übermütigen ist immer Streit; aber Weisheit ist bei denen, die sich raten lassen" (Sprüche 13, 10). Meinen Ratgebern möchte ich danken:

Den Professoren und kirchlichen Leitern, die mir ihre unschätzbare Kritik anboten:

Dr. J. Robertson McQuilkin, Kanzler des Columbia Bible College and Seminary, für seinen Einblick in die Theologie; G. William Supplee, Professor für Musik a.D., und Dr. David C. Osterlund, Vorsitzender der Musikabteilung des C.B.C.S., für ihren Einblick in das Thema „Musik und Mission"; Dr. Henry Virkler, Professor für Psychologie und Seelsorge an der Liberty University, für seinen Einblick in die Psychologie; Dr. Carl Wilson für das Lesen der Kapitel über Geschichte und seine Anregungen; Josh McDowell und Dr. Bill Jones, die mich ermutigten und sich für einen eingänglicheren Stil einsetzten; dazu Rev. Jim Burgess für das Einbringen seiner Sicht als Gemeindehirte.

Meiner ganzen Familie und meinen Freunden, die mir die ganze Zeit über Verständnis und Ermutigung entgegenbrachten: meiner Mutter, Ann Miller, die das Manuskript während seiner Entstehung mehrmals durchlas und Tippfehler entdeckte, die Grammatik korrigierte und Verbesserungsvorschläge machte; meinem Vater, Joe Miller, für seinen weisen Rat; meiner Frau, Laurene, für ihr besonderes Verständnis und ihre Unterstützung; meinen Brüdern, Philip und Richard, ihren Frauen, Marilyn und Angela; Laurenes Eltern, Howard und Annie Laura; Betty Sue und Fornadia Cook; Bryan McIntosh, Jeff Stark, Jamie Hammock, Michael Bentley und Erin Butterworth für die Unterstützung meiner Forschungen bei verschiedenen Gelegenheiten; Harold Baker, John Joyce, Ken Walker,

Tim Gunter, Delana Duckworth, Jeri Bruner, Rhoda Barge und David und Judy Hadden für Lektüre und Anregungen.

Meinen Pastorenkollegen, Bill Priester und Musikpastor Scott Davis, für ihre großartige Einstellung bei der Auseinandersetzung mit diesen Themen im dienstlichen Alltag.

Allen meinen neuen Freunden von Tyndale House. Sie machten diese Veröffentlichung zu einer Freude.

1

Die Auseinandersetzung um christliche Musik

Nach jahrelangen Untersuchungen bin ich zu der Überzeugung gelangt, daß der Tag für das Medium ‚moderne christliche Musik' gekommen ist – für Familien, Kirchen, Evangelisten und in immer größerem Maße für Auslandsmissionare. Doch das Zögern der Kirche, das volle Potential dieses Werkzeugs auszunutzen, macht deutlich, daß noch viele unbeantwortete Fragen das Denken der Gläubigen belasten. Dazu kommt, daß es über dieses Thema immer noch einen heftigen Streit unter christlichen Leitern gibt.

Von einigen als neue Bewegung des Heiligen Geistes verherrlicht, verdammt von anderen als offensichtlicher Kompromiß mit der Welt: moderne christliche Musik wurde gegen Ende des zwanzigsten Jahrhunderts zu einem der umstrittensten Themen innerhalb der Kirche. Die weite Verbreitung und der offensichtliche Einfluß dieses Mediums erfordert, daß die frühen Gegner – die Ende der Sechziger und Anfang der Siebziger über „Jesus music" gespottet und sie so als vorübergehende Masche abgetan hatten – jene Musik noch einmal betrachten, die zu einem wesentlichen Vehikel für Evangelisation und Jüngerschaft geworden ist. Christliche Buchhandlungen vertreiben eine umfassende Auswahl von Produktionen, von Kinderkassetten mit moderner christlicher Musik bis zu Rockmusik von Petra und DeGarmo & Key und Sandi Pattis sanftem Softrock. Das christliche Radio überträgt diese Musik in Autos und Häuser. Playback-Bänder und Jugendmusicals bringen sie – weg vom Einzelnen – in die Kirchen hinein.

Einige schnellwachsende Gemeinden, besonders die, deren Zielgruppe die Baby-Boomer-Generation ist, verwenden moderne Lieder und Popmusikstücke in ihrer Anbetungszeit.[1] Gemeindewachstumsexperten stellen einen Zusammenhang zwischen Anbetungsstil und Gemeindewachstum fest. James Emery White, Berater für Predigt und Anbetung innerhalb der Southern Baptist Convention, bemerkt, daß „vielleicht eines der deutlichsten Merkmale vieler schnellwachsender Gemeinden ihr Wechsel von traditionellen Kirchenliedern zu moderner Musik ist".[2] Der preisgekrönte Journalist Russell Chandler bemerkt, daß dieser neue Stil „einen bleibenden Einfluß hat auf die Art, in der viele Kirchen Musik und Anbetung integrieren".[3]

In ihren frühen Jahren galt sie als radikal. Mittlerweile wird moderne christliche Musik von vielen angesehenen christlichen Leitern begrüßt und hat inzwischen allerhand bewirkt. Chuck Smith, der innovative Pastor der Calvary Chapel in Costa Mesa in Kalifornien, erntete die Früchte der Jesus-Bewegung und berichtete von fünftausend Menschen, die durch den Konzertdienst seiner Gemeinde innerhalb eines Jahres gerettet wurden.[4] Josh McDowell, der durch seine Bücher und seinen ausgedehnten Vortragsdienst einer der vorrangigsten Vertreter des christlichen Glaubens in Amerika wurde, steht gemeinsam mit einer modernen christlichen Rockgruppe, Petra (griechisch für „Felsen", englisch „rock"), überall in den Vereinigten Staaten vor vollen Häusern auf der Bühne. Sie fordern Teenager heraus, die immer aktuelle Botschaft des Evangeliums anzunehmen und Jesus radikal nachzufolgen. Billy Graham erlaubte christlichen Popsängern wie Kenny Marks und Cliff Richard, auf seinen Evangelisationen zu spielen.

Diese Tendenz scheint sich fortzusetzen. Chandler sagt voraus, daß der Trend zu modernen Formen der Anbetung in den örtlichen Gemeinden „nach dem Jahre 2001 fortissimo spielen wird, besonders, da nun neue Liederbücher, Lyrik und christliche Künstler Beachtung finden".[5]

Doch obwohl dieser Trend „die größte Revolution in der heutigen Kirche" ist, so der Gemeindewachstumsexperte Elmer Towns, „ist er auch der Ursprung der größten Auseinandersetzung".[6] Gegner häufen Beweise an, um zu zeigen, daß das, was oberflächlich gesehen ein nützliches, sogar von Gott gesandtes Werkzeug zu sein scheint, in Wahrheit nur ein fadenscheiniges Hilfsmittel des Teufels ist. Sie beteuern, es zeuge nur von weltlicher Lust und mangelnder geistlicher Unterscheidungskraft, wenn die Kirche sich dieses Werkzeug zunutze macht. Gegner bestehen darauf, daß die Frucht, die aus diesem Medium erwächst, nicht bleiben wird, zumindest aber einen Wurm hat. Tatsächlich hält man den Kompromiß für so ernst und so verbreitet, daß ein Autor schließt: „Für mich ist die Integration von Rockmusik in die Anbetung ein klarer Beweis dafür, daß die Kirche die letzte Laodizea-Phase des Abfalls erreicht hat".[7] Diese gewichtige Behauptung ist beispielhaft für die intensiven Gefühle auf beiden Seiten. Die Fronten sind klar, die Antwort aber immer noch nicht. Ist diese Musik vom Teufel oder von Gott, Fluch oder Segen, weltlich oder göttlich?

Es gibt viele verschiedene Streitpunkte, und sie betreffen nicht alle die Theologie, sondern auch die Bereiche Kirchengeschichte, Psychologie, Naturwissenschaften, Musiktheorie, Ästhetik, Anthropologie und Missionsstrategie. Der Missionsstratege muß herausfinden, ob eine Anpassung an den musikalischen Geschmack anderer Kulturen ein Kompromiß oder einfach eine kluge Taktik ist. Seminarleiter müssen entscheiden, ob eine Ausbildung in zeitgenössischen Anbetungsformen angeboten werden soll. Kirchliche Mitarbeiter haben Gemeinden anzuleiten, die über Musikgeschmack und -überzeugung gespalten sind. Eltern müssen entscheiden, ob christliche Rockmusik für ihre Kinder eine Alternative zum weltlichen Rock sein kann oder nicht. Das Studium der Kirchenmusik berührt verschiedene Disziplinen, und viele Pastoren haben keinen musikalischen, viele Musiker keinen theologischen Hintergrund. Vielleicht ist das der Grund, weshalb die meisten Christen den Konflikt lieber meiden, statt sich diesem Thema zuzuwenden. Während bei unwichtigeren Themen (z. B. „Sollten wir die Teppichfarbe im Eingangsbereich ändern?") ein Wegsehen toleriert, sogar angestrebt werden sollte, können wir uns diesen Luxus hinsichtlich des Musikstils nicht leisten. Der Streit entbrennt an vielen Fronten, und es scheint keine sichere neutrale Zone zu geben, in der man sich aufhalten könnte.

In diesem Buch werden die wesentlichen Fragen diskutiert, die wir alle beantworten müssen:

- Haben Naturwissenschaftler nachgewiesen, daß Rockmusik Körper und Seele schadet?
- Benutzt die zeitgenössische Musik den gleichen Rhythmus wie afrikanische Stämme beim Anrufen von Dämonen?
- Führen moderne Musikrichtungen zu moralischem Verfall?
- Kompromittieren wir uns, wenn wir etwas von der Welt nehmen und für Gott einsetzen?
- Was sagt die Bibel über Musik und Anbetungsstile?

- Was können wir aus der Geschichte unserer Kirchenlieder lernen?
- Wie können Eltern mit ihren Kindern über deren Musik reden?
- Wie können Gemeinden moderne christliche Musik einsetzen, ohne diejenigen vor den Kopf zu stoßen, die dagegen sind?
- Gibt es Raum für moderne christliche Musik in der Mission?
- Wie verwenden wachsende Kirchen moderne Formen in der Anbetung?

Die meisten Leute haben eine Meinung zu diesen Punkten, aber nur wenige erarbeiteten sich durch ernsthaftes Gebet, Bibelstudium und solide Forschung eine echte Überzeugung. Dieses Buch wurde geschrieben, um trübes Wasser zu klären und eine Perspektive aufzuzeigen, die Sie besser in die Lage versetzt, Ihren eigenen Standpunkt einzunehmen.

Teil I

MODERNE CHRISTLICHE MUSIK IM KREUZFEUER DER KRITIK

2

Vorwurf: Gefährdung der Gesundheit

Zweck der Psychologie ist es, uns eine völlig andere Vorstellung von den Dingen zu geben, die wir am besten kennen.

Paul Valery

Der wohl verheerendste Angriff auf moderne Musik kam aus dem Bereich der Psychologie. Ich begegnete dieser Argumentationsweise zum ersten Mal als Jugendlicher auf einem Seminar. Der Sprecher stellte mit Bestimmtheit die Behauptung auf, daß der Rhythmus der Rockmusik körperlichen und seelischen Schaden verursache. Er stützte sich dabei auf Untersuchungen des New Yorker Psychiaters John Diamond. Da diese Untersuchungen in der Anti-Rock-Literatur sehr gern angeführt werden,[1] müssen wir sie uns etwas genauer ansehen.

JOHN DIAMONDS VERHALTENSKINESIOLOGIE

Kurz gesagt: Dr. Diamond setzt Testpersonen unterschiedlichen Reizen aus und mißt ihre Muskelkraft, um die Wirkung der Reize auf den Körper herauszufinden.[2] Er testet die Muskelkraft, indem er die Versuchsperson zunächst ihren Arm zur Seite strecken läßt, parallel zum Boden. Zur Prüfung von Spannkraft und Widerstandsfähigkeit wird der Arm niedergedrückt.

Im nächsten Schritt wird eine Variable eingebracht, von der Diamond behauptet, sie schwäche den Körper. Der Testperson könnte z. B. eine Plastiktüte über den Kopf gezogen werden, oder sie soll an eine unangenehme Situation denken. „In fast jedem Fall", so Diamond, „wird sie nicht mehr in der Lage sein, dem Druck standzuhalten." [3]

Diamond glaubt, daß viele Reize, denen wir täglich ausgesetzt sind - einschließlich bestimmter Musikformen -, unsere Energie aufsaugen und unsere Lebensqualität herabsetzen. Diamond nennt diesen Forschungszweig „Verhaltenskinesiologie".

In bezug auf Musik vertritt er die These, daß die Muskelkraft des Menschen beim Anhören eines bestimmten Rhythmus', nämlich da-da-DA (in der Lyrik als Anapäst bekannt), im Gegensatz zum Walzerrhythmus DA-da-da, um etwa zwei Drittel reduziert wird. In der modernen Musik finden wir diesen Rhythmus sehr häufig, allerdings nicht ausschließlich. (Die alte „Rock and roll"-Musik der Beatles hat ihn zum Beispiel nicht, wohl aber der neuere „Rock" wie in Glen Campbells „Southern Nights".) Zur Zeit stellen Lieder mit diesem Rhythmus jede Woche von neuem einen beträchtlichen Teil der Top-Ten. Interessanterweise sagt Diamond, daß die Lautstärke keine Auswirkungen zeige - die körperliche Schwächung sei bei jeder Lautstärke zu erkennen. Ob es sich um Hardrock oder Softrock handele, sei ebenfalls ohne Bedeutung. Das Rhythmus-*Muster* stellt das angebliche Problem dar.[4]

Wenn diese Argumente stimmten, wäre das natürlich verheerend für moderne christliche Musik. Selbst sanfte Rockmusik, die den meisten Erwachsenen gefällt, kann sich der Kritik durch Dr. Diamonds Verhaltenskinesiologie nicht entziehen. Nach dieser Theorie schadet moderne christliche Musik vielen Menschen, egal, wie gutwillig Musiker und Produzenten sein mögen. Es ist ohne Bedeutung, wie sehr die Musiker Gott lieben oder wie theologisch korrekt ihre Worte sind. Es ist auch ohne Bedeutung, ob wir von dem härteren Rock der Gruppe Petra oder der sanften Musik von Sandi Patti sprechen; das Problem ist die Musik selbst. Wenn Dr. Diamond recht hat, schadet bzw. zerstört moderne christliche Musik das Leben vieler Menschen. Aber: Hat er recht?

Ich habe Diamonds Methoden und Schlußfolgerungen sorgfältig ausgewertet und möchte folgende Beobachtungen weitergeben, die die Richtigkeit seiner Ergebnisse ernsthaft in Frage stellen.

Erstens verzweigen sich die Tests, die er zur Beurteilung moderner Musik machte, - falls gültig - in Bereiche über die Musik hinaus, was für viele Menschen eindeutig zu weit führt. Wenn wir aber die Schlußfolgerungen von Dr. Diamond bezüglich Rockmusik akzeptieren, dann müssen wir seine einzigartige Methodik wohl auch auf andere Gebieten anwenden.

Diamond behauptet, daß nicht nur der Rockrhythmus Schwäche verursacht, sondern auch Tätigkeiten wie stilles Lesen, das Reiben der eigenen Nase, am Telefon zuzuhören, ohne das Ohr zu wechseln, mit zwei Armen gleichzeitig Gewichte zu heben, in ein finsteres Gesicht zu sehen, das Tragen von Kleidung, die aus Kunststoff (wie

Polyester, Acryl oder Nylon) hergestellt ist, sowie das Anhören der Note C.[5] Die Kritiker der Rockmusik müßten sich, wenn sie Diamonds Schlußfolgerungen wirklich akzeptierten, über ihre Musikwahl hinaus in vielem einschränken.

Dieses Argument widerlegt die Hypothese zwar nicht vollständig – es ist nicht unmöglich, daß diese Praktiken schädigende Einflüsse haben, die wir bis heute nicht erkannten. Dennoch wirken Diamonds Ergebnisse jetzt etwas seltsam auf uns. Wir wollen also bei allen seinen Theorien genauer hinsehen.

Zweitens wird die Hypothese durch praktische Erfahrungswerte widerlegt. Wenn er recht hätte, müßten z. B. Menschen, die in Kurbädern arbeiten (in denen gewöhnlich Popmusik gespielt wird), plötzlich zwei Drittel ihrer Körperkraft verlieren, wenn Lieder mit „dem" Rhythmus durch die Lautsprecheranlage kämen. Ebenso würde dann jemand, der gerade 180 Pfund auf der Fitnessbank stemmt, das Gewicht plötzlich fallenlassen, weil er ja nur mehr Kraft für 60 Pfund hat. Die Aussage, bestimmte Rocksongs bewirkten eine plötzliche und dramatische Muskelschwächung, wird Tag für Tag von tausenden Gewichthebern weltweit widerlegt.

Tatsächlich stellte Timothy Kides, ein Student des Glassboro State College, mit 35 000 Sit-up-Übungen einen Rekord auf – „während aus einem tragbaren Radio laute Rockmusik dröhnte".[6] Es sieht nicht so aus, als hätte die Musik seine Kraft besonders beeinträchtigt! Mit anderen Worten: Dr. Diamonds Schlußfolgerungen werden durch Beobachtungen im täglichen Leben in Frage gestellt.

Drittens widersprechen viele andere psychologische Studien Diamonds Ergebnissen. Da ein voreingenommener Forscher so ziemlich jede Meinung mit irgendwelchen wissenschaftlichen Untersuchungen untermauern kann, sollte man die vorhandene Literatur gründlicher auswerten. Ich studierte alles, was ich an relevanter psychologischer Literatur aus den frühen sechziger Jahren bis heute finden konnte. Dadurch lernte ich viel über die psychologischen Auswirkungen verschiedener Musikstile. (Anmerkung: Ich benutze Dr. Diamonds Behauptungen als Ausgangspunkt. Die folgende Ausarbeitung trifft aber ebenso auf andere Theorien zu, die behaupten, populäre Musikstile verursachten psychischen Schaden.)

MUSIK UND LEISTUNG

Dr. Diamond fand heraus, daß Rockmusik einen Energieverlust bewirkt, und behauptete, daß daraus ein Verlust der Arbeitseffizienz resultiere (z. B. weniger Ergebnisse und mehr Fehler).[7] Andere Studien kamen jedoch zu einem gegenteiligen Ergebnis. Eine Untersuchung des Staates North Carolina stellte 1979 zunächst die Tatsache fest, daß die Aufmerksamkeit von Menschen bei Dauertätigkeiten wie langem Autofahren, Bildschirmüberwachung und Aufsichtstätigkeiten in der Industrie abnimmt, was die Wahrscheinlichkeit von Fehlern entsprechend erhöht. Die Untersuchung des Staates North Carolina wollte herausfinden, welchen Effekt Musik auf die Erhaltung der Konzentration haben könnte.

Der Test wurde folgendermaßen zusammengefaßt: Die Versuchspersonen „führten eine Aufmerksamkeit erfordernde Tätigkeit aus, während sie bekannte Rockmusik, bekannte leichte Musik, unbekannte Rockmusik, unbekannte leichte Musik bzw. überhaupt keine Musik hörten." Ergebnis? „Vertraute Musik erhöhte Herzschlag und Menge der Aufgabenlösungen erheblich und half den Testpersonen, sich länger zu konzentrieren, verringerte also die Wahrscheinlichkeit von Fehlern. *Der Musikstil hatte keine besondere Auswirkung*." [9]

Die Ergebnisse dieser Untersuchung widersprechen Diamonds Hypothese. Bekannte Musik, egal in welchem Stil, erhöhte sogar die Konzentration und verbesserte dadurch die Leistung.

Auch ein Experiment der University of Kentucky aus dem Jahre 1988 widersprach Diamonds Behauptung. 96 Testpersonen wurden auf vier Versuchsgruppen aufgeteilt, um bei 220 Auge/Hand-Koordinationsaufgaben den Einfluß von Hintergrundmusik zu testen. Die erste Gruppe mußte die Aufgaben ganz ohne Hintergrundmusik erledigen, die zweite mit klassischer, die dritte mit Jazz- und die vierte mit Popmusik im Hintergrund. Das Popstück war „We Don't Need Another Hero", Tina Turners Titellied aus dem *Mad Max*-Film.

Zwischen den vier Gruppen ließ sich kein wesentlicher Unterschied in der Menge der gelösten Koordinationsaufgaben, also in der Fähigkeit, die erforderliche Leistung zu erbringen, feststellen. Es ist jedoch interessant, daß 34 Studenten berichteten, sie *hätten das Gefühl gehabt*, die Musik störe sie bei der Arbeit. Acht fühlten sich durch das Popstück abgelenkt, zwölf durch die klassische und vierzehn durch die Jazzmusik.

Ich schließe daraus nicht, daß klassische Musik mehr ablenkt als Rock; um eine solche Hypothese zu prüfen, müßte man andere

Faktoren wie Geschmack und Vertrautheit mit der Musik mit einbeziehen. Das vorrangige Ergebnis dieser Studie war, daß „die Bedingungen des Experiments keine wesentliche Auswirkung auf die Leistung hatten".[10]

Eine Studie der University of Illinois fand 1989 heraus, daß mit bekannter Popmusik im Hintergrund bessere Leistungen erzielt wurden als mit weniger bekannter klassischer Musik.

Dennoch halten die Kritiker des Rock-Rhythmus' ein Experiment mit Mäusen aus dem Jahre 1987 den Untersuchungen dieser Universitäten entgegen. Sie behaupten, „dauerhaftes Anhören eines Heavy-rock-Rhythmus' verminderte die Lern- und Merkfähigkeit der Mäuse" und veränderte sogar ihr Hirngewebe.[12] Tatsächlich zeigt aber eine genauere Untersuchung des Tests, daß die Mäuse gar nicht einem Rockrhythmus ausgesetzt worden waren. Das Experiment sollte nicht die Effekte verschiedener Rhythmen vergleichen. Statt dessen wurde die Auswirkung von klassischem Rhythmus mit der eines Nicht-Rhythmus (ungeordnete Trommelschläge, die mit keinem Leitschlag synchron gingen), verglichen. Rockmusik wurde in dieser Studie weder benutzt noch erwähnt.[13]

Das Mißverständnis trat offensichtlich auf, als die Zeitschrift *Insight* fälschlich berichtete, das Experiment habe die Auswirkungen „verschiedener musikalischer Rhythmen" miteinander verglichen. (*Rhythmus* ist per Definition ein regelmäßiges Muster, daher dürfen die ungeordneten Trommelschläge aus diesem Experiment weder als Rhythmus bezeichnet noch mit Rockrhythmen, die ja tatsächliche Rhythmen sind, gleichgesetzt werden.) Die Zeitschrift brachte dann die schädigenden Klänge mit Rockrhythmen in Verbindung.[14]

Schließlich wurde die Zeitschrift offensichtlich von Kritikern zitiert, die die Originalstudie nicht gelesen hatten und einfach davon ausgingen, daß die Forscher einen Rockrhythmus eingesetzt gehabt hätten. Das war jedoch nicht der Fall gewesen.[15] Eine unglückselige Verwirrung war das Ergebnis.

Das *Indian Journal of Applied Psychology* veröffentlichte eine Studie, die den Einfluß von Rock und klassischer Musik bei Albinoratten verglichen hatte. Man kam zu dem Ergebnis, daß beide Musikformen den Lernprozeß anfangs unterstützten und später hinderten. Außerdem halfen beide Stile den Ratten, ihre erlernte Reaktion auch unter Streß beizubehalten.[16]

Bei diesem Thema sind Untersuchungen mit menschlichen Testpersonen allerdings eindeutig vorzuziehen, nicht nur wegen unserer psychologischen Distanz zu Ratten, sondern auch wegen der Möglichkeit, Variablen wie Bekanntheit und Geschmack zu berücksichtigen.

Wir halten abschließend fest: Nirgends wurde Rockmusik als leistungshemmend eingestuft. Tatsächlich konnte sie sogar unter Umständen eine Leistungssteigerung bewirken, wenn die Testperson mit der Musik vertraut war.

MUSIK UND STRESSMINDERUNG

In der letzten Zeit durchgeführte Untersuchungen über Musik und Streßminderung betreffen auch unsere Diskussion, besonders da mitunter behauptet wird, Rockmusik irritiere den Hörer und produziere Streß.

In einer Studie des Staates Pennsylvania aus dem Jahre 1984 wurden Testpersonen gebeten, den Grad ihrer Entspannung nach 15 Minuten Musik fünf unterschiedlicher Stilrichtungen anzugeben. Die Forscher stellten fest, daß „keine einzelne Musikart zu sichtlich mehr Entspannung geführt habe als eine andere... *Der wichtigste Faktor für die Entspannung war der Beliebtheitsgrad der Musik.*“[17]

Ihre Schlußfolgerung? „Individuelle Vorlieben müssen berücksichtigt werden, wenn Musik als Hilfe zur Entspannung eingesetzt werden soll.“ Musik, die manche Leute „Beruhigungsmusik“ nennen, wirkt vielleicht nicht auf jeden beruhigend.[18]

Neuere Forschungen erzielten dasselbe Ergebnis. 1988 untersuchte Dr. Suzanne B. Hanser[19] mehr als achtzig Artikel und Bücher über das Thema Streßminderung durch Musik. Sie folgerte, daß es keinen einzelnen Musikstil gab, der in jedem Menschen Angst reduzieren könnte. Unterschiedliche Menschen sprechen unterschiedlich auf Musik an. Sie faßte ihre Ergebnisse so zusammen: „Die Auseinandersetzung rund um die Effektivität von Musik als Streßminderung wird zu der Aufgabe, den für eine bestimmte Person in einer bestimmten Umgebung angemessenen Hörreiz auszuwählen.“[20]

Nach Hanser wird die Annahme, daß die langen Themen und langsamen Tempi der New-Age-Komponisten den Hörer am besten entspannen und beruhigen, durch praktische Erfahrung nicht unterstützt. Vergleichbar kann klassische Musik auf manche beruhigend und auf andere Menschen irritierend wirken. Wir nehmen an, daß auch Rockmusik unterschiedliche Reaktionen hervorruft. Persönlicher Geschmack muß bei der Diskussion von psychologischen Auswirkungen der Musik in Betracht gezogen werden. Ein Stil, der mich aufregt, könnte durchaus jemand anderem die gewünschte Entspannung nach einem harten Arbeitstag bringen.

MUSIK UND STIMMUNG

Es wird behauptet, klassische Musik bewirke gute und Rockmusik schlechte Laune. Das Ergebnis psychologischer Studien besagt jedoch, daß ein einzelner Musikstil unterschiedliche Stimmungen im Zuhörer bewirken kann. Tatsächlich beinhaltet das, was wir heute „klassische Musik" nennen, viele verschiedene Musikstile.

Eine Untersuchung der Universität von São Paulo im Jahre 1985 fand heraus, daß ein Stück von Brahms eine Gruppe von 80 Personen zwischen 48 und 83 Jahren ermüde und „Gefühle wie Verpflichtung und Überraschung reduziere". Dieselbe Gruppe erlebte „aktivere Zustände wie Interesse, Begierde, sexuelle Anziehung, Wut, Angst" durch ein Stück von Tschaikowski.[21] Wir haben es hier mit zwei verschiedenen Musikstilen zu tun, die beide klassisch genannt werden, die aber sehr unterschiedliche Reaktionen hervorrufen.

Eine Studie aus dem Jahre 1952 fand heraus, daß Klassik und amerikanische Folkmusik Stimmungen produziert, die von angeregt bis ehrfürchtig, von nostalgisch bis irritiert, von unheimlich bis fröhlich, von depressiv bis glücklich rangieren.[22]

Ich habe nirgends einen Beweis dafür gefunden, daß ein Stil eine allgemeine Stimmung auslöst.

Man sollte annehmen, daß ähnliche Resultate erzielt würden, wenn man Menschen einer umfassenden Auswahl von Rocksongs aussetzte. In denen, die das Genre mögen, würden einige Lieder nostalgische Gefühle, andere Erregung auslösen. Diese Gefühle sind ja in sich nicht richtig oder falsch. Tatsächlich wird in der Bibel sogar zur Begeisterung über Gutes angehalten. Die Anbetung der alten Hebräer war oft auf eine gesunde Art schwungvoll. Sie tanzten, klatschten, bliesen laut in Trompeten und schlugen Zimbeln, wenn sie sich vor dem Herrn freuten (Ps. 98,4; 149,3; 150; 1. Chron. 15,16; 2. Chron. 5,12). Wir müssen aufpassen, daß wir Geistlichkeit nicht mit Ruhe gleichsetzen.

Gefühle sind in sich nicht falsch. Moralisch wird es erst an dem Punkt, wo Komponisten oder Interpreten entscheiden, womit das Gefühl, das sie erzeugen, in Verbindung gebracht werden soll.

DIFFERENZIERTES BEZUGNEHMEN AUF PSYCHOLOGISCHE STUDIEN

Nach genauerer Untersuchung von Dr. Diamonds Ergebnissen können wir mit dem Reporter der *Publisher's Weekly* übereinstimmen, der Diamonds Verhaltenskinesiologie ein „bizarres therapeutisches System" nannte.[23] Nach John Ankerberg und John Weldon „kann keine grundlegende Lehre oder Praxis der angewandten Kinesiologie" - Diamonds Verhaltenskinesiologie ist eine Erweiterung hiervon - „als wissenschaftlich erwiesen angesehen werden, und eine wissenschaftliche Prüfung der Thesen der angewandten Kinesiologie beweist, daß sie falsch sind." [24]

Vor diesem Hintergrund ist es umso bedauerlicher, daß vertrauenswürdige christliche Leiter Diamonds Theorien kritiklos übernahmen und als erwiesene Tatsachen lehrten. Wir sollten daraus eine wichtige Lektion lernen: Allzuoft akzeptieren wir psychologische Studien, als ob sie unverrückbarer Beweis einer Theorie wären. Im Bereich der Psychologie passiert es jedoch oft, daß spätere Befunde die Ergebnisse früherer Studien abändern oder sogar widerlegen, wenn mehr Variablen geprüft und neue Faktoren in Betracht gezogen werden.

Ein Beispiel: Vor der vorhin erwähnten Untersuchung des Staates North Carolina hatte eine ähnliche Studie herausgefunden, daß Rockmusik konzentrierte Leistung beeinträchtigte. In dieser früheren Studie hatten die Forscher jedoch eine wichtige Variable außer acht gelassen, die die Resultate beträchtlich beeinflußt: Vertrautheit. Die früheren Forscher hatten gefolgert, daß die Leistung der Testperson durch den Musikstil beeinflußt würde. Spätere Forschungen stellten jedoch fest, daß bekannte Musik einen anderen Einfluß hatte als unbekannte, wobei der Stil keine Rolle spielte.

Dieser Verbesserungsprozeß ist typisch für psychologische Studien. Forscher veröffentlichen ihre Ergebnisse unter Vorbehalt, wohl wissend, daß spätere Experimente ihre Studien mit Sicherheit verbessern, manchmal sogar widerlegen werden.[25] Die Laien unter uns tun gut daran, der Versuchung zu widerstehen, zur Untermauerung einer strittigen Meinung eine isolierte Studie zu zitieren.[26]

FOLGERUNGEN FÜR DIE GEMEINDE

Zusammenfassung: Meine Nachforschungen fanden keinen soliden, auf psychologischen Studien aufgebauten Beweis dafür, daß ein

Musikstil gesünder sei als ein anderer. Von Kritikern hochgepuschte Untersuchungen wurden gewogen und zu leicht befunden.[27]

Wir fanden jedoch zwei andere Einsichten, die Licht auf die gegenwärtige Auseinandersetzung werfen. Erstens: Weil die Reaktion der Menschen auf Musik höchst individuell ist und sich auf persönlichen Geschmack und Vertrautheit gründet, können wir die unterschiedlichen Reaktionen auf neue musikalische Formen besser verstehen. Wer mit Popmusik nicht vertraut ist oder wer andere Musik lieber hört, auf den kann sie durchaus irritierend und störend wirken. Es wäre aber nicht richtig von ihm, daraus zu schließen, daß jeder andere ebenso empfinden würde. Die Vorstellung, irgendein Stil rufe eine Universalreaktion hervor, wird durch psychologische Beweise einfach nicht gestützt.

Zweitens: Kirchliche Leiter könnten effektiver mit bestimmten Alters- und Kulturgruppen kommunizieren, wenn sie Musikformen verwendeten, die diese bestimmten Gruppen ansprechen. Es kann gut sein, daß manche Gruppen traditionelle Kirchenmusik für ihre Anbetung hinderlich finden, wenn der Stil sie nicht anspricht. Wir müssen dem Geschmack unserer Zielgruppe gegenüber sensibel sein, wenn wir effektiv mit Musik dienen möchten.

3

Vorwurf: Sittliche Verderbtheit

Ein Christenmensch ist ein freier Herr über alle Dinge und Niemand untertan. Ein Christenmensch ist ein dienstbarer Knecht aller Dinge und Jedermann untertan.

Martin Luther

Wer aber einen dieser Kleinen, die an mich glauben, zum Abfall verführt, für den wäre es besser, daß ein Mühlstein an seinen Hals gehängt und er ersäuft würde im Meer, wo es am tiefsten ist.

Matth. 18,6

SINNLICHKEIT

DER KRITIKER: „Okay, vielleicht haben wir unsere Argumente aus der Psychologie überbewertet. Aber es ist doch offensichtlich, daß säkulare Rockkonzerte Brutstätten für alle erdenklichen Scheußlichkeiten sind. Der sinnliche Rhythmus erweckt offenbar schlummernde Leidenschaften zum Leben, und das macht ihn für christliche Zwecke unbrauchbar."

Einige Kritiker berufen sich darauf, daß die American Medical Association kürzlich den Rockbeat mit Drogenmißbrauch und Unmoral in Verbindung gebracht hat. Zum Beweis zitieren sie den Zeitungsbericht über einen Artikel, der im *Journal of the American Medical Association* erschienen ist.[1] Im ursprünglichen Dokument wurde aber sorgfältig vermieden, einen direkten Kausalzusammenhang zwischen einem Musikstil und schädlichem Verhalten herzustellen.

Der Bericht warnte vielmehr vor dem potentiellen Einfluß säkularer Rockgruppen, die unrichtige und ungesunde Weltanschauungen verbreiten, und äußerte Sorge um eine Jugend, die „in eine Heavy-metal-Subkultur mit Bands wie Slayer und Metallica abgerutscht ist." Die Verfasser schlossen: „Allem Anschein nach stehen diese Heranwachsenden in der Gefahr, Drogen zu mißbrauchen oder sogar an satanischen Praktiken teilzunehmen."[2]

Hört, hört! Ich stimme mit diesem Artikel völlig überein und werde die Warnung in Kapitel 12 wiederholen, wenn es um die Übel geht, die viele populäre Musiker verbreiten.

Dennoch sagt dieser Artikel nichts über Rhythmen oder Stilrichtungen, die in sich schädlich seien. Christliche Rockmusik wird noch nicht einmal in Betracht gezogen. Gruppen wie Slayer und Metallica mit Petra in einen Topf zu werfen, ist, als würde man aus einer Untersuchung der negativen Einflüsse von Pornofilmen auf eine Gefährdung durch *Bambi* schließen. Andererseits fand die einzige mir hierzu bekannte Untersuchung heraus, daß Teenager, die moderne christliche Musik anhören, im Schnitt bessere Schulnoten erreichten als die, die säkulare Musik vorziehen.[3]

DER EINFLUSS VON ERWARTUNG UND ANGEHEIZTER ATMOSPHÄRE

Ich fand keine Studie, die Sinnlichkeit mit einem bestimmten Musikstil oder Rhythmus in Verbindung brachte. Mancher Kritiker nimmt anscheinend an, die wilde Atmosphäre, die bei einigen säkularen Rockkonzerten herrscht, läge im Stil begründet. Besteht aber nicht die Möglichkeit, daß das sündige Verhalten hauptsächlich durch die Verbindung von sinnlichen Texten mit den Erwartungen der Zuhörer und dem Lebensstil der Künstler verursacht wird?

Die Leute gehen zu einem Rolling-Stones-Konzert ebenso sehr wegen der wilden Atmosphäre wie wegen der Musik. Wenn sie ankommen, sind sie bereit, die Fete steigen zu lassen! Im Saal finden sie dann Tausende vor, die mit derselben Erwartung gekommen sind, und die Künstler heizen die Atmosphäre durch Worte und Handlungen weiter an. Prince verführt die Zuhörer mit seiner hedonistischen Philosophie und eindeutigen sexuellen Eskapaden auf der Bühne. Cher präsentiert sich als Mörderin, und die Doors forderten zur Rebellion heraus.

Viele anthropologische Studien unterstützen diese Auffassung. Während Menschen aus dem einen Kulturkreis mit starken Emotionen oder sogar Bewußtlosigkeit auf einen bestimmten Musikstil in einer bestimmten Umgebung ansprechen, reagieren Angehörige einer anderen Kultur vielleicht überhaupt nicht darauf.[4]

Diese Hypothese findet im Vergleich der Reaktionen auf die Musik der Beatles damals und heute Unterstützung. Kritiker führten die chaotische Reaktion auf die Beatles als Beweis dafür an, daß Rockmusik die Menschen in ihren Leidenschaften aufwühlt. Beobachten Sie jedoch heute einmal jemanden, wie er in aller Ruhe die Beatles hört! Sie werden sich fragen, was das ganze Theater damals überhaupt sollte. Wenn das Problem tatsächlich im Stil läge, müßte die Reaktion der Zuhörer heute die gleiche wie in den Sechzigern sein. Wieder erkennen wir, daß nicht die Art der Musik das Problem darstellt, sondern die Haltungen und Erwartungen der Zuhörer in Verbindung mit der Aufführung der Band.

Zugegeben, Rockmusik erzeugt häufig eine erregte Atmosphäre, aber Erregung ist in sich nichts Schlimmes. Wir sahen bereits, daß den alttestamentlichen Gottesdienst oft eine gesunde, schwungvolle Begeisterung begleitete. Erregung ist in sich neutral; ein Rocksänger hat aber die Möglichkeit, sie zum Positiven oder zum Negativen hin zu lenken.

Das gesprochene Wort hat Macht - „Tod und Leben stehen in der Zunge Gewalt“(Sprüche 18, 21). Hitler nutzte die Begeisterung, die er durch seine charismatischen Reden erzeugte, um sein teuflisches Anliegen durchzusetzen. Das Medium (eine motivierende Rede) war nicht schuld. Die Schuld lag in der Botschaft, die durch dieses Medium verbreitet wurde.

Den meisten Menschen ist es unmöglich, bei einem Carman-Konzert auf ihrem Stuhl zu bleiben; es herrscht eine elektrisierende Atmosphäre. Die Emotionen werden jedoch auf Dinge ausgerichtet, die große Begeisterung verdienen: für Jesus aufzustehen, gegen die Mächte und Gewalten des Bösen zu kämpfen, den kommenden Sieg zu feiern.

SYNKOPIERUNG, RHYTHMUS UND SINNLICHKEIT

Oft wird ein synkopierender Rhythmus als alleinige Wurzel des Übels angesehen. Synkopierungen finden wir aber in vielen Musikstilen, einschließlich der Klassik („Das Große Halleluja“) und allgemein akzeptierten Kirchenliedern („When Jesus Came into My Heart“). Sind die Kritiker willig, auf jede synkopische Musik zu verzichten? Wir fanden keine Untersuchungen vor, die Synkopierung mit negativem Verhalten in Zusammenhang gebracht hätte.

Ferner ist der „Beat“ der Rockmusik oft identisch mit dem Rhythmus sanfterer Musik, die beim Arzt oder in Kaufhäusern gespielt wird. Das Schlagzeug wird in unserer Gesellschaft mittlerweile weitestgehend anerkannt. Also akzeptieren viele, die die Rhythmen der Rockmusik ablehnen, eine sanftere Form derselben Rhythmen, den übrigens auch viele geistliche Musicals haben, in ihrer

Easy-listening-Musik. Es ist ein Widerspruch in sich, wenn ein Stil wegen seines Rhythmus' akzeptiert und ein anderer deswegen abgelehnt wird, wenn doch der Rhythmus im Grunde derselbe ist.

Interessanterweise verführt sanfte Musik eher zu Sinnlichkeit als harte. Filmemacher sind Experten darin, für jede Szene die passende Musik einzusetzen. Liebesszenen werden normalerweise von sanfter Musik begleitet, damit die Zuschauer sich emotional mit der Szene identifizieren.

In Teil drei werden wir betrachten, wie Popmusik und gottloses Benehmen gemeinhin in Verbindung gebracht werden. Christliche Leiter nahmen oft fälschlicherweise an, daß die beiden einander bedingen. An einem bestimmten Punkt in der Kirchengeschichte hielt man gewisse Intervalle in der Musik für sinnlich.[5] Der babylonische Talmud nennt Frauenstimmen „sexuelle Verführung". In der frühen Kirche war es Männern und Frauen verboten, gemeinsam zu singen, weil das als symbolisch für sexuelle Vereinigung angesehen wurde.[6] Carlstadt sagte: „Verbannt Orgeln, Trompeten und Flöten ins Theater. Besser ein Gebet von Herzen als tausend Psalmkantaten. Die sinnlichen Töne der Orgel wecken weltliche Gedanken."[7]

Was für Carlstadt intuitiv offensichtlich schien - die sinnliche Natur der Orgelmusik - war tatsächlich eine fehlgeleitete Annahme. Andere verdammten Luthers Laute, die Violine („des Teufels Fiedel") und andere Instrumente aus demselben Grund. Wir müssen aufpassen, daß wir diesen Fehler heute nicht wiederholen.

DÄMONISCHE EINFLÜSSE

DER KRITIKER: „Aber was ist mit den Missionarskindern, die eine Schallplatte mit moderner christlicher Musik mit auf das Missionsfeld genommen haben? Als die Stammesangehörigen sie hörten, fragten sie, warum die Kinder die Dämonen anrufen würden."

Al Menconi, Autor, Seminarleiter und Spezialist in zeitgenössischer Musik, verfolgte diese anstößige Platte und fand heraus, daß es sich, weit entfernt von dem, was man heute als Rock bezeichnen würde, um eine Produktion der frühen siebziger Jahre mit Liedern wie „When the Roll Is Called Up Yonder" und „He's Everything to Me" handelte. Auf dieser Platte singen Leute wie Cliff Barrows, die Spurlows und Ralph Carmichael. Menconi bemerkte, „wenn dieses Lied" - nämlich „He's Everything to Me" - „dämonisch ist, dann befindet sich fast jeder christliche Chor in Amerika in akuter Gefahr."[8]

Es gibt aber noch andere Erlebnisberichte zu der Theorie des dämonischen Beats, und eine sorgfältigere Antwort ist durchaus angebracht. Stephen Maphosah wuchs im afrikanischen Simbabwe auf und spielte gewöhnlich die Trommeln, um die bösen Geister bei den Anbetungsritualen seines Dorfes anzurufen. Nachdem er sich zum Christentum bekehrt hatte, sammelte er zehn der populärsten christlichen Musikproduktionen und klassifizierte sie als „unakzeptabel und anstößig".[9]

Um dies einordnen zu können, setzen wir zunächst die Gültigkeit des Zeugnisses voraus. Dieser Mann wuchs in einem Stamm auf, der einen bestimmten Rhythmus benutzte, um Dämonen zu rufen. Beweist das, daß dieser Rhythmus von Natur aus dämonisch ist und böse Geister aufruft, unabhängig von Kontext und Kultur? Man könnte diese Hypothese unterstützen, indem man aufzeigt, daß eben dieser Rhythmus in vielen isolierten Kulturen für die Dämonenverehrung benutzt wird. Wenn derselbe Rhythmus in mehreren voneinander unabhängigen Kulturen auftauchte, dann könnte man der Theorie Glauben schenken. Um diese Schlußfolgerung zu ziehen, brauchen wir die Perspektive von jemandem, der mit der Musik vieler Kulturen vertraut ist, so daß er herausfinden kann, ob der „dämonische Rhythmus" von Stamm zu Stamm der gleiche bleibt.

G. William Supplee, Musikprofessor am Columbia Bible College and Seminary, wuchs in Indien auf und hat in über fünfzig verschiedenen Kulturen Musik gelehrt und studiert. Für seine Forschung über die Theorie des dämonischen Rhythmus' isolierte er erst den Rhythmus, der in einem Stamm für die Dämonenverehrung benutzt wird. Er fand heraus, daß zusätzlich zu den Trommelschlägen, die zum Anrufen der Dämonen benutzt wurden, bestimmte Melodien und sogar Farben mit dieser Praxis in Verbindung gebracht wurden. Als er aber diese Assoziationen mit denen anderer Stämme verglich, fand er heraus, daß zum Beispiel ein Stamm, der von einem anderen nur durch einen Berg getrennt war, die Melodie, die bei dem ersten Stamm zur Dämonenverehrung diente, mit Spiel in Verbindung brachte.

Unter dem Strich fand Supplee nach Forschungen in vielen Kulturen, sorgfältigem Aufzeichnen und Vergleichen ihrer Trommelmuster keinen beständigen Rhythmus, der in mehreren Kulturen für das Anrufen von Dämonen verwandt wurde. Tatsächlich wurde der Dämonenruf in manchen Stämmen mit anderen Riten als Trommelschlägen in Verbindung gebracht, zum Beispiel mit einer bestimmten Tonfolge. Einen durchgängigen „Dämonenrhythmus" gab es nicht.[10]

Gilbert Rouget, Leiter der Abteilung Ethnomusikologie des Musée de l'Homme in Paris, analysierte die Beziehung zwischen Besessenheit und Musik sehr gründlich. Seine Arbeit sollte von jedem Anhänger der „Dämonenrhythmus-Theorie" gelesen werden. In seinem Buch *Music and Trance* dokumentiert Rouget sorgfältig die große Bandbreite der Musik, die weltweit mit Trance und Besessenheit durch Geister in Verbindung gebracht wird, und gibt etliche sachdienliche Einblicke.

Zunächst stimmt Rouget mit Supplee darin überein, daß es keinen durchgängigen dämonischen Rhythmus gibt.[11] Trommelschläge, die mit Besessenheitszeremonien in Verbindung gebracht werden, variieren sehr von Kultur zu Kultur. Ferner assoziieren viele Kulturen andere Instrumente als die Trommel mit Besessenheit. In einer Gemeinschaft wird eine heilige Glocke benutzt, in einer anderen eine Fiedel, eine hat eine laute Flaschenkürbisrassel, eine andere zarten Gesang, begleitet von einer leisen Zither, eine Kultur benutzt eine Flöte, eine andere eine Oboe, diese eine Laute, jene eine Rassel. Manche Besessenheit wird durch Gesang ohne Instrumente erreicht.[12] Rouget schließt: „Es gibt so viele verschiedene Arten von Besessenheitsmusik, wie es verschiedene Dämonenkulte gibt."[13]

Anscheinend hatte Maphosah für seinen heidnischen Gottesdienst einen Trommelschlag benutzt, der dem Rhythmus einiger Rocksongs ähnlich war. Da er mit dieser Assoziation aufgewachsen war, war er natürlich irritiert, als er den gleichen Rhythmus in christlichen Liedern fand. Ebenso würde ein Angehöriger des VaNdau-Stammes in Mosambik fragen, wenn er eine Flöte in christlicher Musik hören würde: „Warum versucht ihr, die Dämonen zu besänftigen?" In seinem Stamm dient die Flöte nämlich zu diesem Zweck.[14] Wenn Maphosa auf einen Rhythmus negativ reagiert, nur weil sein Stamm ihn bei dämonischen Ritualen benutzt hatte, heißt das noch nicht, daß der Rhythmus selbst die Eigenschaft, Dämonen aufzurufen, in sich trägt.

FALLSTRICKE

Oberflächlich gesehen, wird die Musikdebatte ein glasklarer Fall, wenn man das Thema ‚Ärgernisse und Fallstricke' einbezieht.

Prämisse 1: Die Bibel sagt, es sei falsch, Mitgläubigen ein Ärgernis zu geben.

Prämisse 2: Gläubige bezeugen, daß zeitgenössische christliche Musik ihnen ein Ärgernis ist.

Daraus folgt: Es ist falsch, zeitgenössische christliche Musik zu verwenden.

Um diese Sicht der Dinge vernünftig zu bewerten, müssen wir das Verhältnis zwischen den „schwächeren Brüdern", die fälschlicherweise glauben, eine moralisch neutrale Praxis sei sündhaft, und den „stärkeren Brüdern", die erkennen, daß eine bestimmte Praxis moralisch neutral ist, und sie mit reinem Gewissen ausführen können (siehe Röm. 14,1-15,7 und 1. Kor. 8-10), genauer in der Bibel betrachten. Um der Argumentation willen gehen wir davon aus, daß zeitgenössische christliche Musik in Ordnung ist, aber für einige, die sie als falsch ansehen, ein Ärgernis darstellt.

Der schwächere Bruder aus Römer 14 hielt Fleischessen irrtümlich für sündhaft, aber die Tatsache, daß seine Annahme falsch war, gab dem stärkeren Bruder nicht das Recht, ihn zu verachten (Vers 3 und 10) oder ihn zu verletzen (Vers 13 und 15). Der stärkere Bruder wird vielmehr zur Vorsicht angehalten, damit das, was ihm gut erscheint, dem Schwachen nicht zum geistlichen Problem wird. Es kann also Situationen geben, in denen jemand, der vor Gott die Freiheit hat, moderne christliche Musik zu hören, trotzdem auf dieses Recht verzichten muß. Der entscheidende Faktor ist der potentielle Schaden am schwächeren Bruder, der dadurch verletzt oder verführt werden könnte, Musik zu hören, die für ihn sündig ist.

Das führt uns zu der Frage: Muß der stärkere Bruder dann jede Praxis aufgeben, von der andere Gläubige bezeugen, sie sei ihnen ein Ärgernis? Ein näheres Hinsehen auf die biblischen Fakten zeigt Einschränkungen, die wir nicht außer acht lassen dürfen.[15]

1. *Geographische oder gesellschaftliche Entfernung schränkt die Verantwortung ein.* Paulus riet der Gemeinde in Korinth, „alles zu essen, das auf dem Fleischmarkt verkauft wird" (1. Kor. 10,25). Paulus wußte jedoch, daß es in Rom einige überzeugte Vegetarier gab (Röm. 14,2). Offensichtlich sollten sich um die Skrupel einiger nur dieje-

nigen Gedanken machen, die mit ihnen in Kontakt kamen, und nicht jeder überall.

Gläubige in Kuba lehnen das Dominospiel ab. Die Amish People tragen keine Krawatten. Viele behaupten steif und fest, die King James Version sei die einzig wahre englische Bibel. Soweit ich weiß, fühlt sich aber keine dieser Gruppen durch mein Zuwiderhandeln gestört. In meiner lokalen Situation bin ich nicht verantwortlich, meine Freiheit in diesen Bereichen einzuschränken. Ebensowenig wird ein Ärgernis gegeben, wenn moderne christliche Musik benutzt wird, um Menschen anzusprechen, die damit keine Probleme haben.

2. *Ein reiner Geschmacksunterschied sollte die Freiheit nicht einschränken.* Mancher, der christlichen Rock ablehnt, ist nicht wirklich verletzt. Ebensowenig ist er versucht, die „anstößige" Musik anzuhören. Er fand sie nur einfach von Anfang an nicht schön.

Keine Gemeinde kann dem persönlichen Geschmack jedes einzelnen Mitglieds entsprechen. Einige mögen einen formaleren, liturgischen Gottesdienst. Manche wünschen sich mehr Lobpreislieder, andere mehr traditionelle Kirchenlieder oder „Good ol' gospel music".

Wir sollten zwar Vorlieben berücksichtigen, wenn wir einen Gottesdienst planen, müssen uns aber doch vor Augen halten, daß es sich hierbei nicht um das Thema „die Starken und die Schwachen" im biblischen Sinne handelt. Der wirkliche schwache Bruder hält eine bestimmte Praxis für sündhaft, nicht nur für unpassend.

3. *Es ist manchmal nicht das beste für einen übertrieben skrupelhaften Menschen, wenn zu sehr auf ihn eingegangen wird.* Im allgemeinen sollen wir zwar „weder bei den Juden noch bei den Griechen noch bei der Gemeinde Gottes Anstoß erregen" (1. Kor. 10, 32), dennoch ist das zugrundeliegende Prinzip, „zu suchen, was vielen dient, damit sie gerettet werden" (1. Kor. 10,33). Manchmal ist Nachgeben nicht die beste Art, jemandem zu dienen.

Jesus beleidigte (griechisches Wort für „Ärgernis geben" in anderem Zusammenhang) die Pharisäer bewußt, indem er alles Essen für rein erklärte (Matth. 15, 12). Anscheinend hatte in diesem Fall die notwendige Korrektur einer falschen Theologie Vorrang vor der Möglichkeit, jemandem ein Ärgernis zu geben. Hätte Jesus sich den Ernährungsskrupeln der Pharisäer gefügt, hätte er wahrscheinlich eine Tradition gestärkt, die fälschlicherweise äußere Sauberkeit mehr betonte als innere Heiligkeit (siehe Matth. 15,17-18).

Jesus schockierte die geistliche Führung seiner Zeit mit seiner Nähe zu Sündern, seinem Umgang mit Samaritern und dem „Brechen“ des Sabbatgebotes. Manchmal verzerren unsere Gefälligkeiten die Wahrheit. In solchen Fällen müssen die schwächeren Brüder erwachsen werden, und es ist unsere Verantwortung, sie in Liebe zu erziehen und herauszufordern, statt uns ihren mitunter unreifen Launen zu unterwerfen.

Die Gläubigen aufzuerbauen und die Verlorenen zu gewinnen sollte unser Leitprinzip sein.

Viele Gläubige heute bezeugen, daß moderne christliche Musik ihr Leben positiv beeinflußt. Al Menconi bekam, während er schrieb, über 3500 Briefe mit diesem Inhalt.

Wenn 95 Prozent der Gemeindeglieder sagen, Lobpreislieder und zeitgenössische Specials seien die besten musikalischen Mittel, um sie Gott in der Anbetung nahezubringen, warum sollte diese Struktur wegen der Klagen einiger weniger Verstimmter aufgegeben werden? Wenn nun die Strukturänderung zugunsten der 5 Prozent die 95 Prozent in ihrer Anbetung hinderten? Das wäre sicherlich nicht gut.

In dieser Situation sollte die Gemeindeleitung der kleinen Gruppe vielleicht etwas über die Legitimität von solchen Musikformen beibringen. Wenn die Gruppe an ihren Überzeugungen festhält, müssen sie die biblische Verantwortung des schwächeren Bruders gegenüber dem stärkeren lernen - nicht verdammen (Röm. 14,3), keine Spaltung herbeiführen (Röm. 14,19) etc. -, um die Einheit des Leibes zu erhalten.

4. *Einander widersprechende Skrupel machen es manchmal unmöglich, ihnen stattzugeben.* Viele Baptisten sind davon überzeugt, daß jeder Gottesdienst mit einem evangelistischen Aufruf schließen sollte. Viele Calvinisten (einige von ihnen sind sogar Baptisten) bestehen mindestens ebenso stark darauf, daß überhaupt nicht aufgerufen werden sollte. In bezug auf Musikstil glauben manche, daß traditionelle Lieder die beste Kirchenmusik darstellen, andere glauben ebenso stark, daß sich die Kirche der individuellen Kultur anpassen muß. Einige führen ins Feld, daß Instrumente von der Anbetung ablenken, andere behaupten, wir hätten ein biblisches Mandat zur Verwendung von Instrumenten. Es ist offensichtlich, daß man es nicht allen Parteien in jedem Gottesdienst recht machen kann. Entweder benutzen wir Instrumente oder nicht, und wenn Vertreter

beider Gruppen im selben Gottesdienst sitzen, wird irgendwer wohl gekränkt sein.

5. *Auf die Vielzahl aller möglichen Skrupel einzugehen wird eine Verzerrung der Natur des Christenlebens darstellen.* Es gibt Gläubige, die sind voller Überzeugung dagegen, daß man Jeans trägt (sie gelten als Zeichen für Rebellion), daß Männer ihr Haar länger als bis zum Ohr oder Bärte tragen, daß Frauen Hosen anziehen oder sich schminken, daß im Gottesdienst irgendein Instrument (Orgel und Klavier eingeschlossen) verwendet wird, daß man neue Übersetzungen der Bibel (d. h. jede Übersetzung, die nach 1611 angefertigt wurde) liest oder daß Kirchenlieder gesungen werden (nur Psalmen sollten gesungen werden). Sobald eine Gemeinde aus mehr als einer Person besteht, gibt es zu allen möglichen Themen eine Menge tiefer Überzeugungen.

Wenn wir uns zu sehr mit Regeln und Verboten beschäftigen, verliert unser Leben die Qualität, die Gott vorgesehen hat. Zur Freiheit hat uns Christus befreit, nicht damit wir wieder zur Knechtschaft zurückkehren! (Vergl. Gal. 5,1).

Viele Christen haben Schwierigkeiten mit Praktiken, die für andere nichts Schlimmes bedeuten, weil sie sie mit etwas Schlechtem aus ihrer nichtchristlichen Vergangenheit in Verbindung bringen. Individuelle Assoziationen können viele Dinge zu potentiellen Ärgernissen machen. Ein Seelsorger berichtet, daß sogar ein Seil schlechte Gedanken in einem Sadomasochisten hervorrufen kann.[17] Im Umgang mit solch einem Menschen müssen wir auf sein Problem Rücksicht nehmen. Aber sollen deshalb alle Jugendgruppen im Sommerlager auf das Tauziehen verzichten? Wenn diese Assoziation sehr verbreitet wäre, vielleicht. Bevor wir aber alle Seile aus kirchlichem Gebrauch verbannen, muß erst das Ausmaß des Problems ermittelt werden. Vielleicht haben – auf die Nation verteilt – viele Leute Schwierigkeiten mit Seilen, aber auf lokaler Ebene dürften es nur wenige oder niemand sein.

Jemand assoziiert mit klassischer Musik die Übel seines vorchristlichen Lebens und fühlt sich also gehalten, auf bestimmte Klassikstücke zu verzichten. Andere hören auf, in ihrer Freizeit einen Sport wie Football zu spielen. Ihr Training während der Schulzeit war dermaßen ‚siegorientiert' gewesen, daß sie bis heute nicht spielen können, ohne wieder den ‚Killerinstinkt' zu spüren.

Solche Assoziationen sind aber so individuell und unterschiedlich, daß ein Leben ohne all dies praktisch unmöglich ist. Aus Liebe zu dem Bruder, der klassische Musik mit der Welt assoziiert, verzichte ich gerne auf sie, wenn er bei mir ist. Ich fühle mich aber überhaupt nicht verpflichtet, meine Klassikaufnahmen zu verbrennen und sie nie wieder anzuhören.

Auf ähnliche Weise haben einige den Stil der Rockmusik mit nichtchristlichem Lebensstil in Verbindung gebracht. Wir sollen zwar unserem Bruder in einer persönlichen Situation entgegenkommen, seine Schwäche soll uns aber nicht immer und überall von unserer Musik abhalten.

6. *Schließlich können wir, um nach biblischem Vorbild die Verlorenen zu retten, Methoden anwenden oder einen Lebensstil annehmen, den manche Gläubige in Frage stellen könnten.* Wie entscheiden wir im Zweifelsfall zwischen Freiheit und Einschränkung? Paulus machte seine Entscheidung zum Teil von der Effektivität beim Erreichen der Verlorenen abhängig (1. Kor. 9). Er wurde wie ein Jude, um die Juden effektiver erreichen zu können; er wurde wie jemand, der das Gesetz nicht kannte, um die ohne Gesetz zu erreichen (1. Kor. 9,20-21). Viele im ersten Jahrhundert benutzten die detaillierten pharisäischen Gesetze, um andere zu verdammen und Werkgerechtigkeit zu fördern; andere sahen in der Freiheit vom Gesetz einen Freibrief für ungezügelte Sünde. Paulus wußte, daß Halten oder Nichthalten dieser Gesetze an und für sich weder falsch noch richtig waren; man muß sich aber einmal vorstellen, welche Probleme andere mit dieser Haltung gehabt haben werden!

Wenn ein Heide Paulus all die jüdischen Gesetze hätte sorgfältig beachten sehen, dann hätte er das leicht mit der damals so verbreiteten Gesetzlichkeit in Verbindung bringen können. Auf der anderen Seite hätte ein Jude Paulus bei den gesetzlosen Heiden beobachten und über seine Mißachtung der für den Juden wichtigen Gesetze straucheln können. Der Jude wäre vielleicht versucht worden, Gesetze zu mißachten, die für ihn wichtig waren, und hätte sich so verunreinigt. Paulus wußte aber, daß er dieses Risiko eingehen mußte, um die Heiden, die sonst seine genaue Beachtung der Gesetze als Gesetzlichkeit interpretiert hätten, zu erreichen.

Heute haben wir es mit Ungläubigen zu tun, die sich mit der traditionellen Kirchenmusik schwertun, weil sie sie für antiquiert halten. Außerdem gibt es lebendige Christen, die nach eigener Aussage durch traditionelle Formen in der Anbetung behindert werden. Vielleicht fanden sie durch einen Dienst zu Christus, der zufällig moderne Musik benutzte, halten jetzt fälschlicherweise traditionelle Musik für tot und heuchlerisch und empfinden solche Gottesdienstformen als ihrem geistlichen Leben abträglich.

Dies ist keine hypothetische Situation. Erfahrungsberichte dieser Art gibt es.[18] Also könnte es tatsächlich so sein, daß wir, indem wir ein Hindernis vor denen, die moderne Musik nicht für angemessen halten, entfernen, ein anderes Hindernis vor denen aufbauen, die ihrerseits traditionelle Musik ablehnen.

Jesus aß mit Sündern, wohl wissend, daß viele religiöse Leute daran Anstoß nahmen. Es ging aber um etwas viel Wichtigeres, als den übergenauen Pharisäern zu Gefallen zu sein. Er kümmerte sich darum, die verlorene Münze zu finden, verließ die neunundneunzig, um das eine verlorene Schaf zu finden.

Wir können Dienste, die Tausende erreichen, nicht wegen Einzelner lahmlegen, die ihr Straucheln einer Musikrichtung in die Schuhe schieben. Das Risiko wäre groß, daß wir den Scharen von Menschen, die auf einen anderen Stil nicht ansprechen, Steine in den Weg legten.

In den späten sechziger und frühen siebziger Jahren erwarteten einige Kirchen tatsächlich von potentiellen männlichen Mitgliedern, daß sie ihre Haare nicht länger als bis zu den Ohren trugen. Mindestens eine Gemeinde ging so weit, zur Sicherstellung dieser Voraussetzung einen Friseurstuhl aufzustellen. Man darf sich fragen, wie viele wohl über den Friseurstuhl stolperten, als sie die Botschaft der Gnade in Erwägung zogen.

Der berühmte englische Prediger Charles H. Spurgeon wurde scharf angegriffen, weil er die Londoner Surrey Gardens Music Hall für seine Gottesdienste benutzte. Auch hier ging es um Wichtigeres: Die Kirchen konnten die Menschenmengen, die seine Botschaft hören wollten, nicht fassen. Er entschied sich, trotz der Opposition zu bleiben.

Mit der Verwendung weltlicher Melodien und Instrumente stieß William Booth, der Gründer der Heilsarmee, auf einigen Widerstand. Wieder ging es aber um Wichtigeres: die unerreichten Massen, die auf die traditionellen Evangelisationsformen nicht ansprachen, zu erreichen. Die Zahl der Bekehrungen durch Booths Dienst ist beeindruckend. Der Evangelisation wurde bei der Auswahl der Methodik die erste Priorität eingeräumt.

Heute sprechen innovative Kirchen sehr viele Menschen durch zeitgenössische Konzerte und Gottesdienste an, die auf unerreichte Gesellschaftsgruppen ausgerichtet sind.[19] Hätte es aus Respekt vor dem einen oder anderen Kritiker keine Konzerte gegeben - wer weiß, ob diese Ungläubigen je erreicht worden wären.

ZUSAMMENFASSUNG

Wir haben erkannt, daß unsere Reaktion auf jene, die zeitgenössische Formen der Musik ablehnen, nicht ganz so simpel ist, wie manche es hinstellen. Unser Leitmotiv sollte immer sein: die Brüder aufzuerbauen, Einheit zu fördern und die Verlorenen zu gewinnen. Manchmal müssen wir um dieser Ziele willen unsere eigenen Rechte aufgeben.

Wenn eine traditionell geprägte Gemeinde ihrem innovativen Pastor klargemacht hat, daß Popmusik sie in der Anbetung stört und sie verletzt, dann ist der Pastor klug, wenn er aufhört, moderne Musik zu benutzen, bzw. wenn er diese Formen auf zielgerichtete Dienstzweige beschränkt oder in eine andere Stelle wechselt, wo man für solche Formen offen ist.

Manchmal muß der evangelistische Kontext die passende Musik bestimmen, manchmal muß ein überempfindlicher Bruder zum Wohl der Gemeinschaft erzogen werden.

Ist christliche Rockmusik ein Ärgernis? Möglicherweise. Genauso wie Orgeln, Schlipse, klassische Musik oder Dominosteine. Nur wenn wir jede Situation unter Gebet entsprechend dem ganzen Rat aus Gottes Wort angehen, können wir sicher sein, im Zentrum des vollkommenen Willens Gottes zu stehen.

4

Vorwurf: Weltlichkeit

Habt nicht lieb die Welt noch was in der Welt ist. Wenn jemand die Welt liebhat, in dem ist nicht die Liebe des Vaters.

1. Johannes 2,15

DER KRITIKER: „Christliche Rockmusiker geben zu, daß sie einen weltlichen Stil imitieren und für Gottes Ziele einsetzen. Die Methoden der Welt zu übernehmen und sie für Gott zu benutzen bedeutet aber ganz klar, einen Kompromiß einzugehen. Der biblische Auftrag in Römer 12,2 ist eindeutig: ‚Stellt euch nicht dieser Welt gleich.'"

Oberflächlich gesehen erscheint diese Attacke unüberwindbar: „Ihr könnt entweder eure moderne Musik oder die Bibel haben, aber nicht beides." Bei näherer Betrachtung weist diese Denkweise jedoch wesentliche Fehler auf.

DIE SCHWIERIGKEIT EINER GÜLTIGEN DEFINITION DES BEGRIFFES „WELT"

Es wäre unkorrekt, *die Welt* aus Textabschnitten wie Röm. 12,1-2 und 1. Joh. 2,15-17 so zu interpretieren, daß damit alles gemeint sei, was in der sündigen Welt wurzelt oder Verwendung findet. Bedenken Sie, daß diese Passagen beide ursprünglich in griechisch dastanden, einer Sprache, die von Heiden entwickelt und gesprochen wurde. Römische Beamte benutzten diese Sprache, um militärische Offensiven zu planen und unschuldige Nationen zu unterwerfen. Materialistische Händler sprachen das wohlklingende Griechisch, um ihre naiven Käufer über das Ohr zu hauen. Heidnische Götter wurden angebetet, Prostituierte für ihre Dienste bezahlt, das Evangelium gepredigt - auf griechisch. Wenn wir die obengenannte Definition von *Welt* zugrundelegten, wäre es nicht richtig, für einen wie auch immer gearteten Text über Gott die griechische Sprache zu verwenden.

Auch heute noch wird die Bibel in viele Sprachen übersetzt. Genau dieselben grammatischen Formen, mit denen vorher heidnische Götter angebetet und schmutzige Witze erzählt wurden, dienen dann zur Verbreitung von Gottes Wort.

Über die Verwendung der griechischen Sprache hinaus zitierte Paulus sogar heidnische Dichter und Philosophen wie Epikur und die Stoiker (siehe Apg. 17,16-34). Offensichtlich hielt der Apostel nicht alles, was von schlechten Menschen entwickelt oder benutzt wurde, für weltlich. Zumindest die Sprache wurde als neutrales Medium angesehen.

Wie verhält es sich aber mit den *Praktiken*, die sich in der Welt entwickelten? G. R. Beasley Murray führt in seinem Standardwerk *Baptism in the New Testament* die Herkunft der christlichen Taufe auf uralte heidnische Religionen zurück.[1] Obwohl einem Christen die Symbolik, die dem Ritual in früheren Zeiten anhaftete, gotteslästerlich erscheinen mag, übernahmen die Hebräer es später, und zu Zeiten des Neuen Testaments hatten weder Johannes der Täufer noch Jesus Bedenken dabei, dieses Ritual mit dem heidnischen Ursprung als wunderbares Bild für die christliche Bekehrung zu verwenden.

Trennung von der Welt kann also nicht bedeuten, daß wir uns von allem distanzieren, was seinen Ursprung oder seine Verwendung in der sündigen Welt hat. Sonst wären Paulus, Johannes der Täufer und sogar Jesus der Weltlichkeit schuldig geworden.

DEFINITION VON „WELT"

Was ist nun also diese *Welt*, der sich Christen nicht gleichstellen sollen? Das griechische Wort für Welt, *kosmos*, trägt unterschiedliche Bedeutungen in verschiedenen Zusammenhängen. In Joh. 3,16 lesen wir, daß Gott die Welt liebte; in 1. Joh. 2,15 wird der Christ davor gewarnt, die Welt zu lieben. Dasselbe griechische Wort wurde benutzt, aber mit unterschiedlichen Bedeutungen.

Das gleiche Phänomen haben wir im Deutschen, wenn wir von fort*gehen* sprechen (= fahren), von kaputt*gehen* (= zerstört werden), ins Ausland *gehen* (= auswandern) oder auf die Nerven *gehen* (= nervös machen). Wenn ein Wort mehrere Bedeutungen haben kann, muß der Zusammenhang die Definition bestimmen.

Was meint also Paulus, wenn er in Römer 12 von der Welt spricht? Hierzu schreibt der Kommentator Robert Haldane: „Dieses Verbot bezieht sich jedoch nur auf sündige Dinge und erwartet nicht, daß ein Christ in Angelegenheiten, die dem Gesetz Christi nicht entgegenstehen, sonderbar wird."[2]

Paulus drängt die Christen nicht, sich in allen Kleidungs- und Freizeitbelangen deutlich abzusetzen, sondern nur in denen, die sündig sind.

Also gut. Was haben wir von Johannes' Verwendung des Wortes *Welt* in 1. Joh. 2 zu halten? F.F. Bruce beschreibt es folgendermaßen: „Angesichts vieler oberflächlicher Gedanken und Aussagen zu diesem Thema muß betont werden, daß Weltlichkeit nicht in Dingen, die wir tun, oder Orten, an denen wir uns aufhalten, liegt; sie findet sich im menschlichen Herzen, im Sitz der menschlichen Gefühle und Haltungen." In bezug auf materiellen Gewinn zum Beispiel „ist Weltlichkeit nicht in ‚Dingen' als solchen zu finden, ganz gewiß aber in unserer Konzentration auf diese Dinge."[3]

I. Howard Marshall definiert sie ein wenig umfassender als „‚Ungehorsam gegenüber der Herrschaft Gottes im Leben', und ihr Vorhandensein läßt sich anhand der Frage nach Gottes Willen feststellen, nicht anhand einer menschlichen Verbotsliste."[4]

Mit anderen Worten: Weltlichkeit bedeutet Anteilnahme an Haltungen oder Aktivitäten der Welt, die Gott entweder direkt oder im Prinzip als „Sünde" bezeichnete. Eine erweiterte Definition - z. B. „alles, was von schlechten Menschen produziert oder benutzt wird" - läßt sich nicht halten.

WIR WOLLEN DOCH KONSEQUENT SEIN...

Josh McDowell war mit der christlichen Rockgruppe Petra auf Tour. Oft lud er vor den Konzerten die örtlichen Pastoren zu einem Treffen ein, um ihre Fragen bezüglich dieses Dienstes zu beantworten. Wenn Kritiker klagten, christliche Bands sähen oft aus wie weltliche, dauerte es nicht lange, und Josh hatte einen Pastor bei einer Inkonsequenz erwischt.

Er sucht im Raum umher, bis er einen Herrn im typischen Pastorenaufzug sieht - grauer Nadelstreifenanzug, Oxford-Hemd, auffällige Krawatte, blitzblanke Schuhe. „Sind Sie Pastor, mein Herr?" Zustimmendes Nicken. „Wissen Sie, ich kann Sie nicht von jemandem aus der Welt unterscheiden. In Amerika sieht jeder Pastor, der am Sonntagmorgen auf der Kanzel steht, weltlich aus - IBM in Reinkultur. Und wenn ich Ihre Kirchen besuche, muß ich mich anziehen, als wäre ich zur Wall Street unterwegs, andernfalls würden die meisten von Ihnen mich nicht zu ihrer Gemeinde sprechen lassen."[5]

Wer sich gegen die Gleichstellung mit der Welt ausspricht, sollte diese Anordnung über sein ganzes Leben verhängen. Tatsächlich hören aber sogar die, die sich von weltlicher Musik abgrenzen, ihre traditionellen Kirchenlieder aus weltlichen Kassettenrecordern, die mit dem Strom weltlicher Generatoren laufen und über Verstärker der Marke, die auch Lieder der Rolling Stones verstärken. Mit anderen Worten, viele Dinge, die in der Welt entwickelt und benutzt werden, sind in sich moralisch neutral. Ein Skalpell ist in der Hand eines Chirurgen ein Instrument zur Heilung, in der Hand des Nazi-Kriegsverbrechers aber ein Terrorinstrument.

WAS IST EIN KOMPROMISS?

Die Angst vor einem Kompromiß ist einer der stärksten Gründe dafür, daß Menschen sich gegen eine Gleichstellung mit der Welt aussprechen. Christen wollen einen Kompromiß vermeiden, der ihren Glauben und ihr Zeugnis verwässert. Nehmen wir das Kino als Beispiel. Stellen Sie sich vor, wie Bob am Donnerstagabend loszieht, um einen nicht jugendfreien Film anzusehen. Er kauft eine Eintrittskarte, geht ins Kino, kauft Popcorn und eine Cola, tritt auf ein altes Kaugummi, verschüttet ein bißchen Cola auf den bereits klebrigen Fußboden und setzt sich hin, um sein Hirn mit all dem zu füllen, dem Philipper 4,8 entgegensteht.

Der Freitag geht ins Land, und Bob nimmt sich vor, wieder einen Film anzusehen. Er geht in dasselbe Kino, kauft Popcorn und Cola, tritt auf ein altes Kaugummi, verschüttet ein bißchen Cola auf den bereits klebrigen Fußboden und setzt sich hin, um *The Prodigal* anzusehen, einen Film von Billy Graham, der eine klare evangelistische Botschaft enthält und zur Wende in Bobs ewiger Bestimmung führt. Beachten Sie, daß alle Aspekte des Kinos in beiden Fällen vorhanden sind. Der einzige Unterschied ist der *Inhalt* der Filme.

Kompromittiert sich Billy Graham, weil er Kinofilme benutzt, ein Medium, daß das Böse noch mehr zu fördern scheint als moderne Musik? Nein. Ein Film kann eingesetzt werden, um Gutes oder Böses zu verbreiten. Worin besteht dann ein Kompromiß? Nehmen wir an, eine christliche Organisation produzierte einen Film, der für sexuelle Sünde – oder irgendetwas Anderes, das Gottes

Gesetz entgegensteht - wirbt und dann mit einer Predigt des Evangeliums endet. Das würde bedeuten, Weltliches, nämlich ein Script, das der Lehre von Phil. 4,8 entgegensteht, zu benutzen, um Gutes zu fördern. Das wäre ein Kompromiß.

EIN VERBREITETER FEHLER

Im dritten Teil dieses Buches lernen wir eine wichtige Lektion aus der Geschichte: Selbst Gottesmänner waren oft blind für die guten Möglichkeiten eines Instruments oder Stils, weil ihre Generation dieses Instrument oder diesen Stil mißbraucht hatte. Wenn wir nur hinter unsere eigenen Erfahrungen sehen könnten! Wir würden merken, daß diese Dinge, wenn sie nicht mißbraucht werden, ein großartiges Werkzeug für Gott sein könnten.

Die Laute diente Luther zur Erholung, für Bach wurde die Orgel zum Lobpreisinstrument, und ein moderner Stil eröffnete der Evangelisation D.L. Moodys und Ira Sankeys ungeahnte Möglichkeiten. Dennoch waren diese Instrumente und Formen bei vielen ihrer Zeitgenossen wegen weltlicher Assoziationen verpönt.

Ein in einer Gesellschaft als neutral geltendes Medium für die Verbreitung des Evangeliums einzusetzen ist nicht nur akzeptabel, es ist sogar gesunde, vernünftige Missionsstrategie. Paulus tat das, wie wir in Kapitel 3 sahen, als er „allen alles" wurde, damit er „auf alle Weise einige rette" (1. Kor. 9,22). Paulus war bereit, den von ihm bevorzugten Lebensstil einem größeren Ziel unterzuordnen: die Verlorenen für Christus zu gewinnen.

Heute haben so mächtige Medien wie Radio, Filme und moderne Musik großen Einfluß auf die Welt, die zu erreichen wir gesandt sind. Sind wir bereit, in Paulus' Fußstapfen zu treten und „allen alles zu werden", um unsere Generation zu erreichen? Dann müssen wir uns sehr darum bemühen, Praktiken, die tatsächlich neutrale Werkzeuge sind und nur darauf warten, zur Verbreitung des Evangeliums eingesetzt zu werden, nicht als „weltlich" oder falsch zu bezeichnen.

5

Vorwurf: Ästhetische Minderwertigkeit. Die innere Stimme

Ich bin nicht ein einziges Mal über das richtige Ziel geflogen, ohne beschossen worden zu sein.

Colonel Nimrod McNair

ÄSTHETISCHE QUALITÄT: GIBT ES SIE? BRAUCHEN WIR SIE?

DER KRITIKER: „Die höchste Form der Musik haben wir heute in der Klassik. Als Christen sollten wir nach musikalischer Vollkommenheit streben, und die erreichen wir niemals, wenn wir uns auf das mittelmäßige künstlerische Niveau begeben, das die Massen begeistert." Die Vorstellung, mit moderner Musik ließe sich die Kirche auf Mittelmäßigkeit oder, noch schlimmer, Minderwertigkeit herab, ist weit verbreitet. Wie müssen wir „gute", d. h. ästhetisch hochwertige Musik definieren? Zwei Merkmale, die Kritiker immer wieder gegen moderne Musik anführen, sind: Musik sollte reich an Harmonien sein, und sie sollte Richtung und Bewegung ausdrükken. Diese spezifischen Merkmale „guter" Musik wollen wir einmal genauer betrachten.

Reiche Harmonien. Ein Gegner der christlichen Popmusik findet, daß gute Musik reiche Harmonien haben sollte. Bedeutet das, daß Musik mit einfachen Harmonien schlecht ist? War „Edelweiß" in *The Sound of Music* armselig, solange Christopher Plummer es zur Begleitung von einfachen Gitarrenakkorden sang? Im Gegenteil - die Einfachheit des Liedes hat ihre Aufgabe, das Nationalgefühl der vom Naziregime überrollten Österreicher auszudrücken, gut erfüllt. Es wäre unfair, das Lied aus seinem Zusammenhang zu reißen und mit Beethovens *Fünfter Symphonie* zu vergleichen. Ein Stil sollte nur von den Leuten, für die er gedacht ist, im Kontext der angestrebten Funktion beurteilt werden.[1]

Ein Musiker, der sich ganz auf sein Studium und die Begeisterung für „schöne" Musik konzentriert, verschreibt sich damit nicht etwa einem wertlosen Unterfangen. Er muß aber aufpassen, daß seine Bewunderung für die Klassik ihn nicht dazu verleitet, einen einfacheren Stil zu verachten. Wenn die höchste Form der Künste jeweils die für die Kirche beste wäre, dann hätte man das *koine* (gemeine, umgangssprachliche) Griechisch des Neuen Testaments als unter Niveau empfinden müssen, verglichen mit dem in Künstlerkreisen bevorzugten klassischen Griechisch. Auf ähnliche Weise wäre an dem Standard ‚reiche Harmonien' jegliche Musik gescheitert, mit der man zur Zeit des Alten Testaments die Psalmen begleitete.[2]

Ich bin der Meinung, daß einem Raumfahrtingenieur, der nicht mehr gerne mit seinem Kind einen Drachen steigen läßt, etwas verlorengegangen ist - ebenso wie dem Berufsmusiker, der „Edelweiß" als einfaches Volkslied nicht mehr genießen kann, wenn es zur Begleitung einer Gitarre von einer nicht opernfähigen Stimme gesungen wird. Der wortgewaltige Redner, dessen Ansprachen aufgezeichnet und für zukünftige Generationen erhalten werden, hat etwas verloren, wenn er sich nicht mehr von einem hingegebenen Landprediger auferbauen lassen kann, der vielleicht nie die Gelegenheit hatte, ein Studium abzuschließen. Die allergrößten Anstrengungen des einfachen Predigers würden den rhetorischen Kriterien seiner Zeit nie genügen. Es ist aber durchaus möglich, daß seine Gemeinde auf den Stil der „großen" Redner nicht ansprechen würde. Um den Wert eines Stils zu beurteilen, muß man die Funktion mit bedenken.

Richtung und Bewegung. Andere Kritiker der modernen Musik argumentierten, daß „gute" Musik sich nach einem klaren Anfang zum Höhepunkt hin aufbaut und einen deutlichen Schluß hat. Sie behaupten, Einblenden kennzeichne eine evolutionäre Philosophie, und durch Ausblenden werde das Jüngste Gericht symbolisch geleugnet. Könnte man aber nicht ebensogut sagen, Musik mit einem definitiven Anfang symbolisiere, daß Gott einen Anfang habe, und Musik mit einem definitiven Schluß widerspräche der Lehre von der ewigen Strafe und dem ewigen Leben?

Worin sind diese Behauptungen begründet? Stellt man sich vor, jeder ehrlich Suchende würde sie intuitiv als offensichtlich empfinden? Oder - und das ist wahrscheinlicher - bevorzugt der Kritiker einfach den Stil der „guten" westlich-klassischen Musik, in der er nämlich ausgebildet wurde, und nimmt an, daß jeder mit einem guten Musikgeschmack ihm beipflichtet? Einige kulturübergreifende Beobachtungen unterstützen letztere Annahme.

Die Auca-Indianer haben komplizierte Trommelmuster in ihrer Musik, Rhythmen, die wir weder ganz schätzen noch vielleicht auch nur nachmachen können. Wenn ein Mitglied dieses Stamms Standards für „gute" Musik aufstellen sollte, würde er sehr wahrscheinlich die Armut an interessanter Percussion in westlicher Musik als recht primitiv bezeichnen.

Uns scheint die Dominanz der Trommeln von dem, was wir für die Hauptsache halten, der Melodie, abzulenken. Für die Aucas könnte sehr wohl das komplizierte Trommelmuster selbst die Hauptsache sein. „Aber die Melodieführung sollte dominieren!" ruft der Westler. Warum? Hat die Psychologie herausgefunden, daß das gesünder sei? Nein. Spricht die Bibel von der Dominanz von Melodien? Nein.

„Aber die Melodie ist für gute Musik so zentral wichtig wie der Reim für gute Dichtung", erwidert der Kritiker scharf. Nun gilt der Reim aber *nicht* immer und überall als unerläßlich für gute Dichtung. Wir mögen Reime, weil wir gelehrt wurden, Reime zu mögen. Sind die westlichen Standards für schöne Poesie die höchsten Standards? Wenn dem so wäre, wie beurteilten wir dann die Dichtung der Psalmen, in denen sich das hebräische Versmaß ganz gewaltig von unseren Standardmustern unterscheidet und Reim noch nicht einmal in Betracht gezogen wurde?[3] Wir könnten nur mit großer Mühe die Schönheit in der alten hebräischen Poesie erkennen. Auf der anderen Seite hätten die Hebräer Mühe, in unseren Formen „gute" Dichtung zu entdecken.

Bei uns gilt die doppelte Verneinung („er hat keine guten Manieren nicht") eindeutig als sprachlich schlecht. Nicht so bei den alten Griechen, die Negative anhäuften, um eine stärkere Betonung zu erzielen. Johannes 15,5 hieße, wörtlich aus dem Griechischen übersetzt: „Ohne mich könnt ihr nichts nicht tun."

Verfallen wir nicht einer Art „Ethnozentrismus", wenn wir die Standards der westlichen Klassik zum allgemeinen Maßstab für Musik oder was auch immer erheben? Wirklich gute Musik muß innerhalb einer Form von denen beurteilt werden, die die Form mögen, nicht von denen, die sie weder verstehen noch genießen.[4]

Lehren aus der Geschichte. Bevor die Fürsprecher der allgemein als „ernsthaft" angesehenen Musik alle neuen Richtungen kategorisch einer ästhetischen Wüstenei zuordnen, täten sie gut daran, die Kritiker anzuhören, die ein ähnliches Urteil über die Neuerungen ihrer Zeit gefällt hatten.

Man hört ein Durcheinander von Klängen, eine Vielfalt von Teilen, ein Donnern von Harmonien, die vom Ohr nicht toleriert werden können. Jemand singt in schnellem Tempo, ein anderer in langsamem; eine Stimme hat hohe Noten, eine andere tiefe Noten; und als ob dies nicht schon genug wäre, singt eine dritte Stimme in der Mitte... Beim allerbesten Willen, wie kann der Geist in diesem Chaos Licht erblicken? (Artusi über Monteverdi, 1608)

Drei der Sätze in Beethovens Symphonie in A sind ohne klare Linie, durcheinander, voller Dissonanzen. (1823)[5]

Keine Form, keine Linie, kein Rhythmus, keine Symmetrie (D'Ortigue über Wagner, 1861)

Ich höre Klänge in ununterbrochener Folge, ohne die Spur einer Linie oder Form, eines Motives, eines Akzents zu finden. (Ein französischer Schreiber über Debussys Pelléas et Mélisande, 1902)

Bedeutungslose Notenbündel ... zusammengeklatschter Unsinn (F. Corder über Schönberg, Musical Quarterly, 1915)

Wilde Verrücktheiten wie intellektualisierte Kunst stoßen ab; und die Geister der Scheußlichkeit und Zerstörung kündigen die letzte intellektuelle Bindung des Wohlklangs auf ... Die Periode der tiefsten musikalischen Erniedrigung ... von Schönberg und Strawinski mit idiotischem Geplärre schamlos eingeläutet (Rutland Boughton, Musical Times, 1922)[6]

Es scheint, als erlaube man leicht dem persönlichen Geschmack, dem Schönen niemals vorgesehene Grenzen zu setzen.

WARNENDE INNERE STIMME

Es gibt natürlich Menschen, die sagen über zeitgenössische christliche Musik: „Ich verspüre in meinem Geist nicht das Zeugnis des Heiligen Geistes, daß diese Musik in Ordnung sei.“ Wenn jemand über ein strittiges Thema betet und glaubt, Gott habe ihm nicht die Freiheit darin gegeben, sollte man diese Entscheidung respektieren und ihn nicht zu etwas drängen, das für ihn falsch sein könnte.

Ist aber die innere Warnung, die einige bezüglich moderner christlicher Musik verspüren, für jeden bindend?

Wenn der Geist Gottes über dieses Thema klar zu uns spräche, dann könnte man doch unter denen, die sich von Gott leiten lassen, eine gewisse Übereinstimmung erwarten. Die gibt es aber nicht. Manche meinen, nachdem sie gebetet haben, Gott möchte, daß wir nur die klassischen Arrangements der traditionellen Kirchenlieder hören. Andere werden durch die Middle-of-the-road-Musik der Gaithers auferbaut, empfinden aber Keith Greens Stil schon sehr nah an der fragwürdigen Rockmusik. Wieder andere finden Keith Green großartig, bei ihnen blinkt das Alarmlämpchen bei Petras Stil. Einige von uns haben über das Thema gebetet und gefastet und empfinden eine absolute Freiheit bei der ganzen Bandbreite der verschiedenen Musikrichtungen.

Kritiker der modernen christlichen Musik würden natürlich ins Feld führen, daß die, bei denen jenseits des vom Kritiker Bevorzugten kein Alarmglöckchen klingelt, im Laufe der Zeit verhärtete Herzen bekommen haben, so daß ihre Sensibilität gegenüber dem Geist abgestumpft ist. Woher wissen wir aber, daß nicht das Gegenteil zutrifft - daß die Kritiker selbst sich weigern zu akzeptieren, daß Gott Stilrichtungen benutzen könnte, die sie persönlich nicht mögen? Im Laufe der Zeit haben sie das Gewissen der „Schwachen im Glauben" aus Römer 14 entwickelt, von Herzen überzeugt, daß gewisse legitime Praktiken falsch seien.[7]

Bei diesem Thema müssen wir sicherlich alle um Weisheit und Sensibilität gegenüber der Leitung des Geistes beten. Bevor die Sache aber aufgrund eines Gefühls entschieden wird, das wir für geistgewirkt halten, müssen einige Faktoren in Betracht gezogen werden.

Durch die ganze Kirchengeschichte hindurch haben Menschen die persönliche Führung des Geistes mit der Beeinflussung durch ihren kulturellen Hintergrund verwechselt. Der Stil unserer geliebten Kirchenlieder wurde einst als ungöttlich oder sogar dämonisch verunglimpft. Diese frühen Kritiker waren offenbar fest davon überzeugt, Gottes Willen zu tun, während sie tatsächlich seinem Wirken Widerstand leisteten.

Heute gibt es sogar Menschen, die berichten, daß ihre frühere Ablehnung von moderner christlicher Musik unreif und fehlgeleitet war. So gewann Josh McDowell die Einsicht, daß er einige Bands um Vergebung für seine Kritik bitten mußte.[8]

Andere erlebten einen ähnlichen Sinneswandel und sind jetzt der Überzeugung, daß der Geist diese neuen Formen benutzt. Wie aber schon Spurgeon sagte, „wirkt es seltsam, daß manche Männer, die so viel davon reden, was der Heilige Geist ihnen offenbart, so wenig von dem halten, was er anderen offenbarte.“[9]

Wann immer sich eine Änderung des Kirchenmusikstils abzeichnete, gab es Gegner, Gläubige, die den jeweils neuen Stil als unpassend oder sogar satanisch verdammten. Wegen ihrer kulturellen Konditionierung waren sie nicht in der Lage, das neue Wirken des Geistes zu erkennen, und begingen so den schlimmen Fehler, das Werk Gottes dem Teufel zuzuschreiben. Diese Tendenz müssen wir im Auge haben, wenn wir heute über neue Musikformen nachdenken. Bevor man voreilig das ganze Unternehmen als vom Satan inspiriert verdammt, sollte man vielleicht eher den Rat befolgen, den Gamaliel gab, als eine neue Sekte aus dem Judentum hervorging:

> *Ihr Männer von Israel, seht genau zu, was ihr mit diesen Menschen tun wollt. ... Ist dies Vorhaben oder dies Werk von Menschen, so wird's untergehen; ist es aber von Gott, so könnt ihr sie nicht vernichten - damit ihr nicht dasteht als solche, die gegen Gott streiten wollen. (Apostelgeschichte 5,35-39)*

6

Vorwurf: Ungute Assoziationen, fragwürdige Motive, gefährliche Versuchungen

Wenn ihr nun mit Christus den Mächten der Welt gestorben seid, was laßt ihr euch dann Satzungen auferlegen, als lebtet ihr noch in der Welt: Du sollst das nicht anfassen, du sollst das nicht kosten, du sollst das nicht anrühren?

Kolosser 2,20-21

UNGUTE ASSOZIATIONEN

DER KRITIKER: „Christen sollten gemäß 1. Thess. 5,22 alle Erscheinungsformen des Bösen meiden. Christliche Musiker sind oft von - üblen - säkularen Musikern nicht zu unterscheiden und verletzen also dieses Prinzip."

Kritiker glauben, daß zeitgenössische Musik Zuhörer und Musiker in ungute Assoziationen mit weltlichen Gruppen und Musik verwickelt. Diese Sorge baut sich oft, wie oben angeführt, auf 1. Thess. 5,22 auf. Zunächst muß beachtet werden, daß dieser Vers im allgemeinen falsch ausgelegt wird. Das griechische Wort, das mit „Aussehen, Gestalt" („appearance" in der *Authorized Version)* übersetzt wird, würde weniger Verwirrung stiften, wenn es entweder als „Art"[1] oder „sichtbare Form" übersetzt würde. M.R. Vincent kommentiert, daß das griechische Wort „niemals im Sinne von Anschein gebraucht wurde".[2] Dennoch wird es oft irrtümlich für genau das gehalten. Jesu Nähe zu Sündern wirkte auf Viele verwerflich. Diese Nähe war aber keine Sünde.

Wir wollen einräumen, daß wir uns grundsätzlich nicht ein ‚übles' Aussehen geben sollten. Dann stellt sich die Frage: Wirken christliche Musiker übel auf ihr Publikum?

In einigen Aspekten sehen sie ihren gottlosen Kollegen ähnlich. Das ist aber nicht Grund genug, ihr Aussehen zu verurteilen; es gibt ja auch, wie wir gesehen haben, Ähnlichkeiten zwischen christlichen Predigern und üblen Geschäftemachern aus der Wall Street.

Die Konzerte christlicher Künstler unterscheiden sich in manchem ganz wesentlich von Prince- oder Iron-Maiden-Konzerten. Zum Beispiel kleiden sich die christlichen Musiker, die ich auf der Bühne erlebte, zwar entsprechend dem akzeptierten Stil ihrer Musik, vermeiden jedoch eine sexuelle Zurschaustellung, die man z. B. bei Cher findet. (Wenn sich christliche Musiker aufreizend kleiden, sollten wir sie zur Rede stellen.) Die Botschaften der christlichen Künstler stehen auch in starkem Kontrast zu Princes Verführung zu ungehemmtem Sex oder Venoms Lästerungen. Beachten Sie auch, daß bei christlichen Konzerten kein Zigaretten- oder Marihuanarauch in der Halle schwebt. Bringen Sie ein Mötley-Crüe-Groupie von einem weltlichen Rockkonzert in eins der Gruppe Petra, und es wird sofort den Unterschied sowohl in der Darbietung als auch in der Atmosphäre spüren.

Bislang können Sie diese Unterschiede vielleicht nicht ganz nachempfinden. In Kapitel 12 bis 14 habe ich Material zusammengestellt, das Ihnen helfen wird, sie besser zu verstehen. Halten Sie bitte die Beurteilung der Erscheinungsformen zurück, bis diese Kapitel Ihnen ein klareres Bild der heutigen säkularen und christlichen Musiker vor Augen stellt.

FRAGWÜRDIGE MOTIVE

DER KRITIKER: „Christliche Musiker sind einfach nur auf Geld und Berühmtheit aus.“

Diese Einstellung ist unter den Gegnern der modernen Musikszene sehr verbreitet. Einigen wir uns darauf, daß jeder christliche Leiter, der ein selbstsüchtiger Materialist ist, persönlich zurechtgewiesen werden sollte (wie es in Matth. 18,15 und Gal. 6,1 klar dargestellt wird). Wenn er sich weigert, Buße zu tun, hat er sich für geistliche Leiterschaft disqualifiziert (siehe 1. Tim. 3,3 und 6,9).

Aber selbst wenn hier und dort christliche Musik mit den falschen Motiven aufgeführt wird, sollte das nicht das ganze Unternehmen in Frage stellen. Das macht genauso wenig Sinn, wie wenn wir unsere Meinung über sämtliche Dienste im Reich Gottes vom Spendenmißbrauch immerhin so zahlreicher Pastoren und Evangelisten beeinflussen ließen. Wir müssen aufpassen, daß wir nicht über die Einstellung Anderer urteilen, bevor wir keinen soliden Beweis für ihren Fehler haben (1. Kor. 4,5). Einige Künstler verdienen zweifellos ganz gutes Geld, aber oft wird es direkt wieder für die Bandausrüstung und den Dienst verwendet.

In jedem Beruf ist es nicht die Menge des verdienten, sondern die Menge des behaltenen Geldes, die jemanden zum Materialisten werden läßt. Die, die Motive anprangern, müssen noch den Beweis erbringen, daß die heutigen christlichen Künstler solche sündigen Motive und Praktiken haben.

Tatsächlich sind wohl nur wenige christliche Künstler so gut gestellt, daß sie Probleme mit Reichtum haben könnten.[3] Der Spezialist für christliche Musik, Al Menconi, sagt: „Nur eine Handvoll kann überhaupt anständig davon leben." Die meisten sind regional bekannte Künstler, die ihr Einkommen entweder durch einen Nebenjob aufbessern müssen oder sich recht und schlecht und ohne große Hoffnung auf langfristige finanzielle Sicherheit mit dem Dienst durchschlagen.

GEFÄHRLICHE VERSUCHUNGEN

DER KRITIKER: „In Bereichen, in denen unter Christen Uneinigkeit besteht, ist es immer sicherer, sich im Zweifelsfall auf der konservativen Seite zu irren. Die Menschen nehmen sich schnell zu viele Freiheiten heraus und begünstigen so die Möglichkeit, in Sünde zu fallen."

Manch einer faßt dieses Argument in Worte, aber für viele ist es eine unausgesprochene Voraussetzung, die sie in vielen Lebensentscheidungen leitet. In einigen Situationen sollte dieser Richtschnur gefolgt werden; je weiter wir uns von der Sünde fernhalten, könnte man denken, desto weniger wahrscheinlich werden wir in sie fallen. Dieser Ansatz ist besonders für persönliche Richtlinien bezüglich sexueller Reinheit wertvoll, ebenso für die Sicherheit in Studentenwohnheimen (keine Männer in Mädchenschlafsälen etc.). Allerdings ist es nicht ganz ungefährlich, dieses Prinzip immer und überall durchzuziehen oder dort anzuwenden, wo es unangemessen ist.

Wenn wir eine zu große Fülle von außerbiblischen Regeln festlegen oder diese Regeln in den Status von Gottes Wort erheben, haben wir keinen sicheren Boden mehr unter den Füßen. Ein Ansatz mag auf den ersten Blick ganz plausibel wirken, dennoch zeigt sich vielleicht bei näherer Betrachtung, daß er nicht zu sicherem Weidegrund, sondern zu sehr gefährlichen Abgründen führt. Einige Beispiele:

Die Gefahr des Pharisäismus. Gottes Wort genau zu befolgen ist überhaupt nichts Schlechtes; durch Gehorsam zeigen wir unsere Liebe zu Jesus (Joh. 14,15). Außerbiblische Gebote streng vorzuschreiben kann uns jedoch in die Sünden der Pharisäer stürzen, die von unserem Herrn nicht gerade zart zurechtgewiesen wurden: „Vergeblich dienen sie mir, weil sie lehren solche Lehren, die nichts sind als Menschengebote" (Mark. 7,7).

Wir sind schnell dabei, uns mit Jesus gegen diese Sekte zu stellen. Haben wir aber je darüber nachgedacht, wie leicht es wohl war, die Extreme zu entwickeln, die ihren Fall bedeuteten? Betrachten wir als Beispiel das Sabbatgebot. Gott gab uns ein kurzes, grundsätzliches Gebot zum Sabbat: Ruht von eurer Arbeit, um diesen Tag für Gott zu heiligen. Es ist nicht schwer, sich in die Lage des alttestamentlichen Juden zu versetzen, der in Ehrfurcht vor seinem heiligen Gott stand.

„Wir wollen ganz sicher gehorchen. Laßt uns einige Richtlinien aufstellen, damit wir es merken, wenn wir diesen heiligen Tag entweihen!" hat sich der alte Hebräer wahrscheinlich überlegt. „Bestimmt erlaubt uns Gott, am Sabbat zu laufen, aber zuviel Laufen, zum Beispiel mehr als eine Meile, ist dann doch wieder Arbeit und dem Gebot der Ruhe entgegengesetzt. Wir werden uns also, um den Sabbat heilig zu halten, auf ein bestimmtes Maß beschränken.

Darüber hinaus wollen wir auch die Mitglieder unserer Synagoge, besonders die Jugend, schützen, indem wir Richtlinien aufstellen und sie als bindend predigen. Schließlich würde mancher, wenn wir das Sabbatgebot nicht etwas genauer auslegten, seinen Vorteil daraus ziehen nach dem Motto: Reicht er mir den kleinen Finger, nehme ich die ganze Hand."

Das hört sich alles vernünftig an. Ist solches außerbiblische Lehren aber richtig, besonders, wenn es den Status der göttlichen Wahrheit erhält? Nun, denken Sie über Jesu Reaktion nach. Als er die Szene betrat, hatten sich die Ergebnisse dieses Denkens in einer Liste von Ge- und Verboten verfestigt, die den Geist der Zehn Gebote überschatteten (z. B. daß der Sabbat für den Menschen gemacht war, nicht anders herum). Und Jesus verurteilte das bei den Pharisäern.

Die Gefahr, Suchende zu irritieren. Außer einem Hinzufügen zu Gottes Wort, das dem Gläubigen das Befolgen beinahe unmöglich macht, stellt eine überstrenge Predigt ein Hindernis für die Welt dar. Der christliche Künstler Dana Key erzählt von dieser Desillusionierung, die er früh in seinem geistlichen Leben erfuhr, als man seine Jeans im Gottesdienst kritisierte.[5] Verletzt und verwirrt, ging er eine Zeitlang gar nicht mehr zur Kirche. Heute, nachdem sein Glaube in etlichen Jahren festere Wurzeln bekommen hat, sagt Key, wäre er bereit, einen rotkarierten Anzug mit Blümchen oder auch eine Toga zu tragen, nur um Gemeinschaft mit anderen Gläubigen zu haben, aber als zarter junger Christ erschien ihm das Thema „Blue Jeans" übermächtig. Dasselbe kann sich abspielen, wenn moderne Musik dogmatisch als Sünde verunglimpft wird, besonders wenn sich das mit dem Jeansthema vereint.

Die Gefahr, effektiven Dienst zu lähmen. Die Pharisäer schnitten sich erfolgreich von einem produktiven Dienst ab, indem sie sich von den Verlorenen distanzierten. Sie benutzten ihre außerbiblischen Standards als Schild gegen die Ungläubigen. Als Jesu Nähe zu den Sündern von den Pharisäern hinterfragt wurde, entgegnete er: „Die Starken bedürfen keines Arztes, sondern die Kranken. Ich bin gekommen, die Sünder zu rufen und nicht die Gerechten" (Mark. 2,17).

Der Arzt, der sich nur mit Gesunden beschäftigt, verringert sicherlich die Möglichkeit einer Ansteckung, ist aber ein armseliger Arzt. Der effektive Dienst des Evangeliums an kommenden Generationen schreit nach neuen Methoden jenseits der Bequemlichkeit der meisten Christen. Wer sich an die Sicherheit des Althergebrachten klammert, könnte Gottes Wirken verpassen.

Im Jahre 1024 verstieß eine Gruppe von Mönchen, das Neue beargwöhnend, ihren Bruder Guido von Arezzo, weil seine vereinfachte Methode des Musikunterrichts seinen Chorjungen erlaubte, die Melodien schneller als je zuvor zu lernen. Die staunenden Mitbrüder witterten hinter Guidos Verbesserung sofort irgendeinen finsteren Einfluß. Ein Dienst, der am Ball ist, wird von den Hütern der Tradition immer für „zu nah an der Welt" gehalten werden.[6]

Wenn Spurgeon, einer der größten Prediger aller Zeiten, sich zur Sicherheit auf der Seite der Konservativen gehalten hätte, hätte er seine Gottesdienste nie in der Londoner Surrey Gardens Music Hall gehalten. Die *Saturday Review* schrieb, ähnlich wie fast alle Londoner Zeitungen:

> *Das Anmieten von Amüsierlokalen für eine Sonntagspredigt ist eine Neuheit und ein starkes Stück. Es sieht so aus, als ob die Religion aus dem letzten Loch pfeift. Dies ist ein deutliches Zeichen von Schwäche,*

nicht etwa ein Beweis der Stärke. Es ist nicht ein Ringen mit Satan in seinem Machtbereich ..., sondern ein feiger Waffenstillstand und ein Bündnis mit der Welt.[7]

Spurgeon predigte aber weiterhin in dieser Halle, und das Wort Gottes erreichte viel mehr Ohren, als in einem kleineren Kirchengebäude möglich gewesen wäre. Es ist auf Männer wie Spurgeon zurückzuführen, daß wir heute mit großem Erfolg und praktisch ohne Widerstand ähnliche Räumlichkeiten benutzen.

Wenn Luther oder andere Reformer auf Nummer Sicher gegangen wären, würden wir heute vielleicht immer noch in lateinischer Sprache anbeten. Allgemein wurde die alltägliche Landessprache als zu vulgär für die heiligen Gottesdienste angesehen.[8] Wenn die strengere Seite durchgehalten hätte, wäre der Stil unserer Kirchenlieder vielleicht nie über die gregorianischen Gesänge hinausgekommen.

Für Ira Sankey war Horatius Bonar der „Fürst unter den Kirchenlieddichtern“ seiner Zeit.[9] Bonars Kirche jedoch hielt sich auf der Seite des „sicheren“ Irrtums und beschränkte sich darauf, ausschließlich Psalmen zu singen. Bonars Lieder haben viele Generationen gesegnet und bereichern die Gesangbücher bis heute, aber der Segen ging an seiner eigenen Gemeinde vorbei. Könnte es sein, daß viele Kirchen heute wegen eines ähnlichen Fehlers Segen verpassen?

Es stimmt, je näher man sich zu Gott hält, desto mehr verabscheut man die Sünden der Welt (Röm.12,9). Satan ist aber sehr listig. Er erkennt, daß sich manche Gläubige nicht in die Unmoral der Welt zurücklocken lassen, und so propagiert er größere Heiligkeit, erreichbar durch eine andere Form von weltlichem Wesen, nämlich Gesetzlichkeit. „Wenn ein paar Regeln gut sind,“ lautet seine verführerische Argumentation, „dann sind viele Regeln sicher ganz besonders gut!“

Das Ergebnis dieser Argumentation kann ein als Heiligkeit und Reinheit verkleidetes, verkrüppelndes, gesetzliches Denkschema sein. Je weiter er diesen Weg geht, desto mehr konzentriert sich das Leben des Christen auf das uralte „Nicht anfassen, nicht kosten, nicht anrühren!“, und desto mehr entfernt es sich von „Gerechtigkeit und Frieden und Freude im Heiligen Geist“ (Röm.14,17).

Vielleicht schockiert es den einen oder anderen zu entdecken, daß die Heilige Schrift den Begriff Weltlichkeit nicht auf übermäßige Freizügigkeit beschränkt, sondern auch die intensive Beschäftigung mit außerbiblischen Regeln einschließt. Paulus warf den Kolossern vor: „Sehet zu, daß euch niemand einfange durch Philosophie und leeren Trug, gegründet auf der Menschen Lehre und auf die Elemente der Welt und nicht auf Christus" (Kol. 2,8). „Welt" ist hier die Übersetzung des griechischen Wortes *kosmos*, das auch in 1. Joh. 2,15 steht. Der Kolosserbrief ist aber an Menschen geschrieben, die übertrieben viele außerbiblische Regeln aufstellten: über das Essen, über das Trinken, die Einhaltung des Sabbats, falsche Demut und verfehlte Vorschriften, wie wir in Kol. 2,8-23 lesen.[10]

„Es sind Gebote und Lehren von Menschen, die zwar einen Schein von Weisheit haben durch selbsterwählte Frömmigkeit und Demut und dadurch, daß sie den Leib nicht schonen; sie sind aber nichts wert und befriedigen nur das Fleisch" (Kol. 2,22b-23).

Wir müssen also aufpassen, damit wir nicht aus der Welt aufbrechen, nur um im Schoße einer anderen, subtileren, aber nicht minder tödlichen Form von Weltlichkeit landen. „Gesetzlichkeit, Asketismus und Ritualismus sind die schwachen und schwächenden Ersatzformen der Welt für wahre Religion" sagt R.V.G. Tasker, emeritierter Professor für Exegese des Neuen Testaments. „Also werden falsche Propheten, die solche Dinge ... vertreten, bei den Menschen dieser Welt immer auf ein offenes Ohr stoßen."[11]

Paulus schreibt, daß „in den letzten Zeiten etliche von dem Glauben abfallen werden und anhangen den verführerischen Geistern und Lehren böser Geister" (1. Tim. 4,1). Was ist es aber nun, das diese Individuen mit dem „gebrandmarkten Gewissen" (4,2) vertreten werden? Etwa ein neues Heidentum? Noch einmal: Es ist eine neue Gesetzlichkeit, die die Enthaltsamkeit von bestimmten Speisen einschließt (4,3).

Offensichtlich können Dinge, die uns belanglos vorkommen (ein paar Skrupel bei der Essensauswahl zu lehren), nach Gottes Einschätzung eine bedeutende Ketzerei (Lehren böser Geister) darstellen. Das Festhalten an einer maßgebenden Lehre von Prinzipien, die strenger sind als die der Bibel, ist weit entfernt von der Nummer Sicher – es ist vielmehr eine subtile Form der Weltlichkeit, vom Feind initiiert.

Es ist *nicht* sicherer, sich auf der konservativen Seite zu irren. Irren ist nie sicher.

Teil II

EINE BIBLISCHE PERSPEKTIVE

7

Die Bibel zum Thema Musik

Denn alle Schrift, von Gott eingegeben, ist nütze zur Lehre, zur Zurechtweisung, zur Besserung, zur Erziehung in der Gerechtigkeit, daß der Mensch Gottes vollkommen sei, zu allem guten Werk geschickt.

2. Tim. 3,16-17

Die meisten Leser dieses Buches erkennen die letzte Autorität nicht in den vorübergehenden Launen der Psychologie oder dogmatischen Behauptungen der musikalischen Elite, sondern in Gottes Offenbarung an die Menschen, der Bibel. Ob es um Finanzen geht, um Beziehungen oder um Musik - Gottes Wort ist „meines Fußes Leuchte und ein Licht auf meinem Wege" (Ps. 119,105).

Besonders auf dem Gebiet der Musik ist es wichtig, sich auf die biblischen Aussagen zu konzentrieren, weil immer wieder in der Geschichte die Wahrheit von subjektiven Gefühlen und kulturellen Voreingenommenheiten überschattet wurde. Calvin beschränkte den gemeinsamen Lobpreis auf die metrische Version der Psalmen. Schließlich ist der Psalter das Gesangbuch der Bibel. Wie könnte sich irgendeine menschliche Komposition je mit dem Text des Wortes Gottes selbst messen? Diese Schlußfolgerung wirkte auf Calvin und Scharen seiner Anhänger vernünftig. War sie aber biblisch? Wurde in der Bibel selbst dem gemeinsamen Gottesdienst diese Einschränkung auferlegt?

Die Geschichte hilft uns zu erkennen, daß man sich auf diesem Gebiet nicht ausschließlich auf seine Gefühlen verlassen kann, mögen sie auch noch so stark sein. Unsere eigene Erziehung und Kultur haben uns so fest im Griff, daß es schwierig ist, objektive Entscheidungen zu treffen. Wir müssen unbedingt unsere subjektiven Meinungen an dem objektiven Wort Gottes prüfen lassen. Nur dann können wir Tatsachen von Phantasie trennen, Wahrheit von Spekulation.

In diesem Kapitel werden wir sehen, was die Bibel über Musik und Lobpreis sagt und welche Wahrheiten sie über die Bedeutung,

Formen (Stil, Instrumente, Methoden) und Funktionen (Ziel, Zweck, Gebrauch) der Musik offenbart. Obwohl ich mich um Vollständigkeit bemühe, ist es wegen der Fülle des biblischen Materials sehr wahrscheinlich, daß bestimmte Schriftstellen übersehen wurden. Die folgende Studie ist also eher repräsentativ als erschöpfend.

VORRANG DES LOBPREISES

Musikalischer Lobpreis ist nicht eine Randerscheinung in Gottes Plan. Luther hatte völlig recht, als er Musik in den höchsten Tönen rühmte und sie „eine schöne, herrliche Gabe Gottes" nannte, „nahe der Theologie".

Im alttestamentlichen Tempelgottesdienst waren 4000 Leviten dazu angestellt, Gott mit Instrumenten (1. Chron. 23,5) und 288 ausgebildete Sänger, ihn mit ihren Stimmen (1. Chron. 25,7) zu loben. Allein die Größenordnung zeigt, welche Vorzugsstellung der Vater dem Lobpreis einräumt.

Der Psalter, das Gesangbuch der alten Hebräer, ist das längste Buch der Bibel. Wäre einem Thema, das dem Herzen Gottes nicht nahe ist, so viel Raum zugestanden worden?

Obwohl das Opfersystem im alten Bund eine zentrale Rolle spielte, erkannte König David, daß gesungene Anbetung Gott besser gefiel. In Psalm 69,31-32 schrieb der inspirierte Psalmist:

> *Ich will den Namen Gottes loben mit einem Lied und will ihn hoch ehren mit Dank. Das wird dem Herrn besser gefallen als ein Stier, der Hörner und Klauen hat.*

Die Heilige Schrift stellt uns Gott den Vater nicht als jemanden vor Augen, der sich in Erwartung der Predigt durch den Gesangsteil des Gottesdienstes hindurchgähnt. Vielmehr sucht der Vater aktiv wahre Anbeter, die ihn im Geist und in der Wahrheit anbeten (siehe Joh. 4,20-24).

Je mehr wir Anbetung und Lobpreis geringschätzen, entweder durch Reduzierung auf einen kleinen Teil des Gottesdienstes oder durch mangelhafte Vorbereitung, desto mehr entfernen wir uns vom biblischen Standard. Anbetung hat Vorrang.

FORM IM GOTTESDIENST

Wie sollen wir aber im kirchlichen und täglichen Leben Musik einsetzen? Gott hätte einen Schreiber inspirieren können, der der

Heiligen Schrift eine maßgebliche Gottesdienstordnung beigefügt hätte, einschließlich der zu singenden Lieder, der zu spielenden Instrumente und des angemessenen Stils. Überlegen Sie einmal, wieviel die Kirchen allein an Druckkosten für die Liederblätter sparen würden!

Statt dessen ist das vielleicht Auffälligste am biblischen Gottesdienst die reiche Vielfalt und die geringe Zahl von Einschränkungen bezüglich der Gestaltung. Führen Sie sich vor Augen, welcher Formenreichtum dem biblischen Gottesdienst zur Verfügung stand!

Vielfältige Instrumente

Harfen (Offb. 5,8), Saiteninstrumente (Hab. 3,19), Posaunen, Trompeten, helle Zimbeln, Harfen, Lauten (1. Chron. 15,28-29 Rev. Elb.), Pauken, Tamburine (2. Mose 15,20 Rev. Elb.), die Gittith (ein Saiteninstrument) (Ps. 8), Instrument mit zehn Saiten (Ps. 92,3), Pfeife (Ps. 150,4), klingende, schallende Zimbeln (Ps. 150,5 Rev. Elb.).

Vielfältige Lautstärken und Klänge

Laut (Offb. 5,12 Rev. Elb.), wie das Rauschen vieler Wasser, wie das Rollen eines lauten Donners, wie von Harfensängern, die auf ihren Harfen spielen (Offb. 14,2 Rev. Elb.), Stimmen, die von Instrumenten begleitet werden (2. Chr. 5,12-13), Jauchzen (1. Chr. 15,28), laute Instrumente (2. Chr. 30,21), Frohlocken und Jauchzen (Ps. 95,1).

Vielfältige Anbeter

Extra angestellte Sänger und Musiker, von einem verständigen Lehrmeister unterrichtet (1. Chron. 15,22), in eine Hierarchie eingebunden (1. Chron. 16,5; 25,6), ein Duo (Richter 5,1), das ganze Volk des Landes, angeführt von Sängern und Instrumenten (2. Chron. 23,13), alles, was Odem hat (Ps. 150,6).

Vielfältige Ausdrucksformen

Hüpfen und spielen (1. Chr. 15,29), händeklatschen (Ps. 47,2), tanzen (2. Mos. 15,20), im Heiligtum Hände aufheben (Ps. 134,2), für den Lobpreis angestellt sein (nicht spontan) (2. Chron. 20,21), kontrollierte Spontanität (1. Kor. 14), vom ganzen Volk, durch Sänger und Instrumente angeleitet (2. Chr. 23,13), von Vorstehern angeleitet (Neh. 12,46).

Vielfältige Örtlichkeiten
In der großen Versammlung, im Hause des Herrn (1. Chron 25,6), auf den Mauern Jerusalems (Neh. 12,31), im Gästezimmer eines Hauses (Mk. 14,26), von einer Höhe herabsteigend (1. Sam. 10,5-6), in Gottes Heiligtum, in der Feste seiner Macht (Ps. 150,1), im Bett (Ps. 149,5), im Gefängnis (Apg. 16,25).

Vielfältige Ausrichtungen
An alle Völker (Ps. 117), aneinander (Eph. 5,19), an einen König in Schwierigkeiten (1. Sam. 16,23), an heidnische Könige (Ps. 2), an die ganze Erde (Ps. 100), an Gott gerichtet (Ps. 138).

Vielfältige Inhalte

- Lehre oder Darstellung der Wahrheit: inhaltsreich (Ps. 1, 119, 127), eher oberflächliche Betrachtung einer Wahrheit (Ps. 133).
- Gebet: Öffnen des Herzens vor Gott (Ps. 131), Bitte um Befreiung (Ps. 3, 38), mit Betonung auf persönlichen Nöten (Ps. 6), Bitte um Rache an Feinden (Ps. 137), Bekenntnis, Bitte um Vergebung (Ps. 51).
- Lobpreis: für Gottes wunderbare Werke (Ps. 8), Danksagung (Ps. 138), Zeugnis über Gottes Handeln im persönlichen Leben (Ps. 18, 116), Zeugnis über Gottes Handeln im Leben und in der Geschichte eines Volkes (Ps. 78, 105).
- Ermahnung: an heidnische Könige (Ps. 2), an Gläubige, den Herrn zu loben (Ps. 134), zu danken (Ps. 136), auf Gott zu hoffen (Ps. 131).
- Ein Bekenntnis persönlicher Aufrichtigkeit (Ps. 101).
- Wiederholung (Ps. 136 wiederholt denselben Satz 26 mal).

Vielfältige Gelegenheiten
Einweihung einer Mauer (Neh. 12,27), vor der Armee hermarschierend (2. Chron. 20,21), Begleitung während des Opferns (2. Chron. 23,18), Begleitung bei einem Fest (2. Chron. 30,21), Salbung eines Königs (1. Kön. 1,34), während eines Neumonds, während eines Vollmonds (Ps. 81,3), innerhalb eines gemeindlichen Gottesdienstes (1. Kor. 14), beim Heraufführen der Bundeslade (2. Sam. 6,5), beim

Passamahl (Mk. 14,26), während einer persönlichen Krise (Apg. 16,25).

Vielfältige Tageszeiten
Morgen, Abend (1. Chron. 23,30), Nacht (Ps. 92,3), „vom Aufgang der Sonne bis zu ihrem Niedergang" (Ps. 113,3).

Vielfältige Körperhaltungen
Stehen (1. Chron. 23,30), vor einer Armee gehen (2. Chron. 20,21), Hände heben (Ps. 28,2), niederbeugen, knien (Ps. 95,6).

Vielfältige Stimmungen
Freude (Ps. 33,1), beim Spielen auf der Harfe (Ps. 92,4), Klage (2. Chron. 35,25).

PRAKTISCHE ANWENDUNG

Diese ausführliche Übersicht wirft ein neues Licht auf die heutige Auseinandersetzung. Erstens erlaubt unser kreativer Gott seinen Geschöpfen, in der Anbetung sehr einfallsreich zu sein. Und Gottes Wort beschränkt uns nicht nur auf die Formen, die in der Bibel vorkommen.

Mit anderen Worten, das Händefalten zum Gebet wurde zwar in der Bibel nie erwähnt, sollte aber nicht aus diesem Grund verboten werden. Wenn einer Kultur ein Klavier angemessen erscheint und dadurch kein biblisches Prinzip verletzt wird, ist es uns offensichtlich freigestellt, im Gottesdienst eines einzusetzen. Gott befahl sicher nie, daß bestimmte feste Formen Woche für Woche rigoros zum Einsatz kommen, unabhängig von der herrschenden Kultur. Stellen wir nicht vielleicht unseren kreativen Gott oft falsch dar, wenn wir uns auf wenige abgegriffene Formen beschränken?

Zweitens konnten mehrere Kritikpunkte an zeitgenössischer christlicher Musik nicht als biblisch überzeugen. Zum Beispiel bemängeln manche Kritiker Lobpreislieder, die theologisch zwar korrekt sind, aber verglichen mit, sagen wir, Wesleys Werken keinen theologischen Tiefgang haben. Wesley und seine Nachfolger machten sich um eine Tradition von Kirchenliedern verdient, die der Kirche beim Lehren biblischer Theologie eine gute Hilfe darstellten.

Ein modernes Lied abzulehnen, weil es nicht mehr als ein persönliches Zeugnis von Gottes Befreiung ausdrückt, ist aber nicht reife geistliche Unterscheidung, sondern ein ungebildetes Vorurteil.

Viele inspirierte Psalmen haben in keiner Weise „theologischen Tiefgang“. Psalm 70 ist einfach ein Hilfeschrei zu Gott. Psalm 150 ist eine Ermahnung, Gott an verschiedenen Orten und auf verschiedene Weise zu preisen. Nicht jedes christliche Lied muß lehrmäßige Tiefe haben, um für den Gottesdienst brauchbar zu sein.

Die Kritiker müssen aufpassen, daß sie sich nicht irgendwann in der unbequemen Lage wiederfinden, eine Erklärung zu der Überlegenheit des theologisch gründlichen Liedes „And Can It Be“ über viele der göttlich inspirierten Psalmen abgeben zu müssen.

Ich gebe zu, daß Wesleys Lieder ihren Platz haben. Seinen Stil zur Meßlatte für jedes andere Kirchenlied zu erheben ist aber biblisch nicht zu rechtfertigen.

Wenn ein Lied nur darüber geschrieben würde, wie schön es ist, wenn Menschen miteinander auskommen, würden wir das als flach empfinden? Das hieße, Psalm 133 geringzuschätzen. Der Standard „theologische Tiefe“ wirkt weise und geistlich, ist aber tatsächlich nichts anderes als der Versuch, geistlicher zu sein als die Bibel.

Andere wählten reiche Harmonien als Charakteristikum für jegliche gute Musik. Die Bibel sagt aber nichts über reiche Harmonien, weil es Harmonien, wie wir sie kennen, zur Zeit der Bibel noch nicht gab. Wenn einer bestimmten kulturellen Gruppe so etwas wichtig ist, gut. Aber reiche Harmonien als Standard für gute Kirchenmusik für alle Kulturen zu allen Zeiten festzulegen hieße sicherlich, über die Bibel hinauszugehen.

Weitere Argumente - wie „Dominanz der Melodie“, „kein Ein/Ausblenden, sondern definitiver Anfang/definitiver Schluß“, „körperliche Beeinflussung durch den Rhythmus“ - finden ihre Unterstützung nur außerhalb des offenbarten Wortes Gottes.

Wenn aber eine solch große Bandbreite von Gestaltungsmöglichkeiten zur Verfügung steht, wie entscheiden wir, welche Form anzuwenden ist? Wechseln wir um der Abwechslung willen ab, damit die Gemeinde sich nicht langweilt? Sollten wir alle vorgenannten Methoden irgendwann im Jahr einmal drankommen lassen? Kann der Pastor das auswählen, was ihm persönlich am besten gefällt, unabhängig von der Tradition?

Was, wenn ‚Udo und seine Jungs‘ anbieten, die heilige Stille während des Abendmahls mit ihren Mundharmonikas zu untermalen? Würde unsere Ablehnung nicht nach kultureller Befangenheit riechen - dem Gegenteil von göttlicher Kreativität?

Diese und ähnliche Fragen können nur beantwortet werden, wenn wir die Aufgaben der Musik in der Bibel studieren. Wenn wir erst einmal begreifen, wie Musik in einem bestimmten Zusammenhang funktionieren soll, können wir die Form wählen, die dieser Funktion am besten dient.

AUFGABEN DER MUSIK

Bevor wir die Schrift auf die Aufgaben der Musik hin untersuchen, müssen wir uns auf zwei Leitlinien festlegen. Erstens erkennen wir alles, was in der Bibel bestimmt wird, als normgebend an. Zweitens folgt aus der Inspiriertheit der Psalmen, daß ihre verschiedenen Funktionen eine Berechtigung haben. Welche Aufgaben hat Musik also nach diesen zwei Leitlinien in der Heiligen Schrift?

Wie bei den Formen finden wir auch vielfältige Aufgaben der Musik in der Bibel vertreten.

Lehren

Kolosser 3,16 spricht von „... einander lehren und ermahnen mit Psalmen und Lobliedern und geistlichen Liedern..." (nach Rev. Elb.). Psalm 27 und die Lieder Charles Wesleys sind ausgezeichnete Modelle dieser Funktion.

Ermahnen

Wieder weist uns Kolosser 3,16 darauf hin, daß wir „einander ... ermahnen mit Psalmen und Lobliedern und geistlichen Liedern" (nach Rev. Elb.). Das griechische Wort *noutheteo* kann mit „ermahnen, warnen, instruieren" übersetzt werden.[1] Colin Brown definiert es: „untereinander Einfluß ausüben auf Willen und Entscheidungen mit dem Ziel der Hinführung zum richtigen Verhalten bzw. der Ermutigung, Anweisungen zu befolgen".[2]

Mit anderen Worten, Ermahnung setzt Lehre voraus und fordert auf, dem Kurs der Lehre zu folgen. Eigensinnige sollen durch diese Lieder korrigiert, gewarnt und zur Veränderung herausgefordert werden. Ein Beispiel ist Psalm 131, der Israel ermahnt, „auf Gott zu hoffen".

Gott loben

Das hebräische Wort *yadah* (wie in Ps. 43,4) kann mit ‚loben', ‚bekennen' oder ‚danken' übersetzt werden. Im *Theological Wordbook of the Old Testament* wird es so definiert: „öffentliche Proklamation der Eigenschaften und Taten Gottes".[3] In unserem Sündenbekenntnis erkennen wir an bzw. stimmen wir mit Gott bezüglich unserer Sünde überein, im Lob bekennen wir Gottes Eigenschaften und Werke. Danksagung kann im Lob integriert sein; Dank ist eine Form von Lobpreis. Psalm 8 preist Gott für seine wunderbaren Werke. Psalm 138 dankt für seinen Charakter und seine Taten.

Gott Sünde bekennen
In Psalm 51 bekennt ein Sünder seine Schuld und bittet um Vergebung.

Gott um etwas bitten
(Psalm 3)

Ein persönliches Zeugnis ablegen
(Psalm 116)

Sind dies die einzigen legitimen Aufgaben der Musik? Gott hat solche Grenzen in seinem Wort nie gesetzt. Welches Recht habe ich also, an Gottes Stelle zu sprechen und eine Funktion, die er nie verboten hatte, abzulehnen?

Auf einer Party „Happy Birthday" zu singen, in einer Schulband zu spielen oder aus reiner Freude an der Musik ein Instrumentalstück zu komponieren wird vielleicht in der Bibel nicht direkt empfohlen, es wird aber auch nicht verdammt.[4]

Was ist nun mit unserem evangelistischen Liedgut, an dem mancher kritisiert, es sei unter biblischem Standard? Noch einmal: Obwohl der evangelistische Einsatz von Musik in der Schrift nicht extra erwähnt sein mag, wird diese Funktion doch nirgends verdammt. Und da der Apostel Paulus danach trachtete, alle legitimen Mittel einzusetzen (1. Kor. 9,22), um Menschen gerettet zu sehen, lehrt uns die Geschichte ganz sicherlich, daß Musik eines der mächtigsten Mittel der Evangelisation ist, wenn sie von geistgewirkter Predigt begleitet wird.

Sogar in einem Gottesdienst erkannte Paulus die Anwesenheit von Nichtgläubigen an und wies darauf hin, daß sie bei der Planung der Gottesdienstaktivitäten bedacht werden sollten (siehe 1. Kor. 14,22-25). Sollten wir bei der Auswahl unserer Musik nicht auch die Ungläubigen bedenken?

Weiterhin könnte man Evangeliumslieder vielleicht auch als Lehre (wie man gerettet wird) oder Ermahnung (die Notwendigkeit der Errettung) ansehen, Funktionen, die im Kolosserbrief eindeutig erwähnt werden. Wie auch immer, wer die evangelistische Aufgabe der Musik schlechtmacht, verläßt den Boden der Heiligen Schrift.

ÜBER DIE AUSWAHL VON MUSIK

Aber zurück zu dem Pastor und seinem Dilemma mit der Mundharmonika-Band. Obwohl eine Vielzahl von Formen zu unserem Gebrauch zur Verfügung steht, werden nicht alle die beim Abendmahl angestrebte Aufgabe gut erfüllen. Ist das Ziel, die Gläubigen in eine tiefe Anbetung zu führen? Das würde diese Band vermutlich nicht erreichen können. Lassen Sie sie beim nächsten bunten Abend spielen.

Für das Abendmahl wäre vielleicht ein Chor geeignet, der besonders Gottes Größe besingt. Ein schönes Orgelsolo - wenn die Melodie vertraut ist - könnte die Herzen der Gläubigen bewegen, weil sie sich an den Text erinnern. Wenn das Stück unbekannt ist, würde das Solo wahrscheinlich die Aufmerksamkeit auf die Musik und den Spieler lenken und nicht auf den Herrn, und auch dann wäre die angestrebte Funktion des Lobpreises nicht erreicht.

Das bedeutet nicht, daß ein unbekanntes Orgelsolo in sich schlecht ist und nicht vorkommen sollte. Aber in dem Teil des Gottesdienstes, der dem Lobpreis vorbehalten ist, muß die Funktion die Form bestimmen.

Also sollte bei Entscheidungen bezüglich der Form *die Form immer der angestrebten Funktion in einem bestimmten Zusammenhang untergeordnet sein und von ihr bestimmt werden.* Wir müssen uns immer fragen, warum wir tun, was wir tun. Albert Einstein hat es gut ausgedrückt: „Perfektion der Mittel und Verwirrung der Ziele scheinen unser Zeitalter zu bestimmen.“[5] Allzuhäufig charakterisiert diese Schwäche auch unseren Gebrauch von Musik in der Kirche.

Wie oft wählen wir bestimmte Lieder nur deshalb, weil wir die Melodien mögen, bilden unsere Chöre in einem bestimmten Stil aus, nur weil er der Tradition entspricht, oder beschränken unsere Bandbreite an Formen auf den Musikgeschmack der Leiterschaft? Wir müßten vielmehr unsere Ziele festlegen und die Formen auswählen, die uns am besten helfen, diese Ziele zu erreichen.

Charles Wesley schrieb viele Lieder, um der breiten Masse der Bevölkerung biblische Theologie beizubringen. Während die meisten Predigten in jener Zeit für den einfachen Bürger allzu anspruchsvoll waren, machten seine Lieder die Bibel für alle erreichbar. Viele unserer heutigen Lobpreislieder, denen man häufig einen guten Dienst in der Lobpreiszeit bescheinigt, wären an Wesleys Ziel vorbeigegangen.

Ganz ähnlich wurde D.L. Moody von der Leidenschaft für Evangelisation angetrieben. Als er einen Gesangsleiter für seine Versammlungen suchte, fragte er nicht bei dem ortsansässigen Konservatorium nach dem fähigsten Musiker und Solisten. Vielmehr suchte er nach einem Menschen, dessen Gesang und Leitung die Herzen der Verlorenen und Strauchelnden anrühren konnte.

Viele ausgebildete Sänger, die gut genug für die Oper waren, hätten Ira Sankey an die Wand singen können. Aber Moodys Ziel war nicht, begeisterte Zeitungskritiken zu bekommen oder das Verständnis der Massen für schöne Musik zu fördern. Er wollte Seelen gerettet sehen. Gott benutzte Ira Sankey und seine einzigartige Fähigkeit, „das Evangelium zu singen“, in einer der effektivsten evangelistischen Kampagnen der Welt.

Bei den evangelistischen Versammlungen, die Moody hielt, erreichte Sankeys Musik den einfachen Mann auf eine Art, wie Bach es nie gekonnt hätte. Nach dem Historiker Paul Lang konnte in Bachs späten Jahren selbst seine eigene Gemeinde in Leipzig seine Musik nicht verstehen.[6] Stevenson bemerkt, daß Sankey während einer viermonatigen Veranstaltungsreihe in England vor mehr als zwei Millionen Menschen sang. Demgegenüber „ist es eine offene Frage, ... ob während des ganzen 19. Jahrhunderts 2 500 000 Menschen insgesamt zu Aufführungen von Bachs Meisterwerken wie seinen Passionen oder Messen kamen.“ [7] „Salvation and Solos“ (Sankeys Liederbuch) „hat zweifellos Millionen ‚gerettet‘. Ob auf der anderen Seite eine Komposition von Bach je auch nur eine einzige Person zum Sündenbekenntnis an den Altar oder für seelsorgerliches Gebet in den Beichtraum brachte, ist zweifelhaft.“[8]

Aus der Perspektive „ernsthafter“ Musikkritiker sind Bachs Werke denen von Sankey weit überlegen. Und es besteht kein Zweifel, daß viele durch das Anhören von Bachs Musik näher zu Gott gezogen wurden. Aber für die Menschen, die Moody erreichen wollte, und für ihre Evangelisierung erwies sich Sankeys Musik als besser.

Sollten wir uns also bei Evangelisationen alle an Sankeys Lieder halten? Nicht unbedingt. Seine Evangeliumslieder erfüllten ihre

Aufgabe in Amerika und einigen wenigen europäischen Ländern während des späten 19. Jahrhunderts gut. Heute müssen wir unsere eigene Kultur auswerten, um herauszufinden, welche Form jeweils am besten geeignet ist, die Verlorenen zu evangelisieren, Gläubige zu lehren und zu ermahnen, den Vater zu loben und zu ihm zu beten und einem Kind einen schönen Geburtstag zu wünschen.

8

Biblische Prinzipien für Musiker und Musikförderer

Dein Wort ist meines Fußes Leuchte und ein Licht auf meinem Wege.
Psalm 119,105

Ein wirksames Werkzeug muß richtig benutzt werden. Dem Meisterkoch dient die Gasflamme zum Vorbereiten eines Festmahls, in den Händen eines dummen Menschen kann sie gefährlich sein. Der Brandstifter bringt mit derselben Flamme den Tod.

So verhält es sich auch mit moderner christlicher Musik: Wenn biblische Prinzipien mißachtet werden, kann der Einsatz dieses Werkzeugs bedeutungslos, entzweiend oder zerstörerisch sein, auch wenn die Musik mit den besten Absichten gespielt wird. Über die spezifische Lehre der Bibel zum Thema Musik hinaus betrachten wir in diesem Kapitel allgemeinere biblische Prinzipien, die unsere *Verwendung* der Musik betreffen, seien wir Lobpreisleiter, Veranstalter, Künstler oder Missionar.

ALLEN ALLES WERDEN

Diese biblische Grundregel aus 1. Kor. 9,19-23 zeigt, daß wir Stilrichtungen wählen müssen, die in der Zielgruppe, die wir erreichen wollen, verstanden werden. In diesem Teil der Schrift offenbart Paulus einen wesentlichen Grundsatz seiner evangelistischen Strategie: „Ich wurde allen alles, damit ich auf jeden Fall einige rettete." Wie schon in Kapitel 3 beschrieben, wurde Paulus wie ein Jude, wenn er sich an Juden wandte. Er hielt ihre Gesetze, obwohl er frei vom Gesetz war, damit er Juden erreichen konnte. Bei der Ausrichtung auf Heiden veränderte er seine Methode, damit die Botschaft von der Gnade nicht durch ein gesetzliches Erscheinungsbild verdunkelt würde. Während also seine Botschaft feststand, waren seine Methoden flexibel. Entscheidender Faktor war der kulturelle Hintergrund seiner Zielgruppe.

Und nun wollen wir dieses Prinzip auf Fragen des Musikstils anwenden. Wie können wir mit unserer Musik allen alles werden?

Zunächst müssen wir uns vor Augen führen, daß keine einzige Musikform vor jedem kulturellen Hintergrund gleich gut aufgenommen wird. Wir dürfen unsere Entscheidungen auf keinen Fall darauf gründen, daß eine Form in der Vergangenheit funktionierte, daß sie uns gefällt oder von unserem speziellen kulturellen Erbe her angemessen zu sein scheint. Wenn wir auf diesen Grundlagen Entscheidungen treffen, drehen wir das paulinische Prinzip um. Dann lassen wir die Zielgruppe *uns* alles werden, indem wir von ihr erwarten, daß sie für ihre Rettung oder ihr Wachstum in Jesus eine kulturelle Grenze überschreitet.

Paulus tat genau das Gegenteil. Er stimmte mit dem Beispiel des fleischgewordenen Gottessohnes überein. Mit anderen Worten, Paulus verließ sein eigenes bequemes Umfeld, das gesellschaftliche Erbe, in dem er sich wohlfühlte, um andere mit Methoden zu erreichen, bei denen *sie* sich wohlfühlten. Um also dem biblischen Beispiel zu folgen, müssen wir unsere Zielgruppe kennen und letztlich auf die geistlich gesinnten Vertreter dieser Gruppe vertrauen, wenn sie uns nahebringen, was bei ihren Leuten ankommt.

Ist langes Haar für einen männlichen Sänger ungebührlich? Deutet ein Rock an einem Mann auf Transvestismus hin? Ist ein großer Chor am besten geeignet, in ehrfürchtige Anbetung zu führen? Diese Fragen scheinen, oberflächlich betrachtet, leicht zu beantworten zu sein. Eine Veränderung des gesellschaftlichen Umfelds kann jedoch zu genau umgekehrten Ergebnissen führen. John Wesley hatte langes Haar, was in seiner Kultur angemessen war. Die römischen Soldaten des ersten Jahrhunderts trugen Röcke, und niemand würde wagen, sie feminin zu nennen! Wir genießen es vielleicht, wenn ein Chor traditionelle Kirchenlieder vorträgt, aber einige Afrikaner finden solche Musik in einem Gottesdienst völlig unangebracht. Warum? Weil sie wie ihre Beerdigungsmusik klingt.[1]

„Welche Kirchenmusik ist also dann die beste?“ fragen wir vielleicht. Paulus hätte wohl geantwortet: „Nennt mir eure Zielgruppe, und was ihr in der Gruppe erreichen wollt, und wir werden entscheiden.“ Planen Sie ein evangelistisches Dinner für eine kultivierte Gruppe Erwachsener der oberen Mittelschicht in München? Ein Bach-Abend mit Zeugnis eines der Künstler könnte gute Ergebnisse zeigen. Leiten Sie die Anbetungszeiten während einer Sommerfreizeit für Teenager? Doug Couch, Jugendevangelist der Georgia

Baptist Convention, führt Sommer-Jugendkonferenzen durch, die Jahr für Jahr mehr als sechstausend Teenager anziehen. Für dieses Ereignis engagiert er Lobpreisleiter, die „High energy"-Musik machen und Gitarren oder Keyboards spielen. Das zieht die Kids effektiv in die Anbetung und bereitet sie für das gesprochene Wort vor. Gruppen wie Truth und New Song treten dort auch jedes Jahr auf. Die Frucht dieser Arbeit ist beeindruckend.

Arbeiten Sie mit Großstadt-Jugendlichen? Versuchen Sie ein Konzert mit der Resurrection Band für die Hardrocker oder einer christlichen Rapgruppe für diejenigen, die diesen Stil gut finden. Arbeiten Sie mit Kindern? Al Menconi hörte sich eine christliche Produktion an und kritisierte, sie habe „den geistlichen Tiefgang eines Zehnjährigen". Bevor er die Platte jedoch beiseitelegte, fiel ihm seine zehnjährige Tochter ein. Er gab sie ihr, und sie war begeistert![2]

Die Verfügbarkeit von Radios, Kassetten und CDs hat zu einer solchen Bandbreite beliebter Stilrichtungen geführt, daß die Vorhersage der Effektivität einer Richtung selbst für eine bestimmte Gesellschaftsschicht - z. B. den amerikanischen Teenager - nicht einfach ist. Manche Teenager bevorzugen Country-Musik und wären von Petra abgestoßen. Andere hören lieber Rock und machen sich über Country-Musik lustig. Einige reagieren begeistert auf Amy Grant, andere finden ihre Musik schlapp. Es ist eigentlich interessant, wie sehr Jugendliche, die auf der einen Seite Erwachsenen, die ihre Musik nicht verstehen, so kritisch gegenüberstehen, auf der anderen Seite ihre Altersgenossen verachten, die einen anderen Stil als sie bevorzugen. In der Musik kann der Unterschied zwischen einer guten und genau der richtigen Band wie der Unterschied zwischen einem Glühwürmchen und einem Blitz sein.

Für den Geistlichen, der das Evangelium klar verkündigen will, ist eine genaue Kenntnis des Musikgeschmacks seiner Zielgruppe grundlegend wichtig. Wer derartige kulturelle Nuancen ignoriert, riskiert, das Bild eines irrelevanten oder sogar „schlappen" Jesus zu vermitteln.

MUSIK DER GELEGENHEIT ANPASSEN

In jeder Gesellschaftsgruppe sind gewisse musikalische Formen für manche Gelegenheiten angebracht und für andere nicht. In Sprüche 25,20 heißt das so: „Wer einem mißmutigen Herzen Lieder singt, das ist, wie wenn einer das Kleid ablegt an einem kalten Tag, und wie Essig auf Lauge" (siehe auch Amos 6,5).

Die ideale Musik für ein Singletreffen könnte im formellen Gottesdienst Anstoß erregen. Ebenso wird Musik, die die Herzen eines älteren Publikums bewegt, jugendliche Zuhörer mit Sicherheit zu Tode langweilen. Mangelnde Sensibilität diesen kulturellen Feinheiten gegenüber kann alles, was ein wohlmeinender Gottesdienstplaner beabsichtigte, über den Haufen werfen.

SORGFÄLTIGE VORBEREITUNG

Das Publikum ist von der hohen Qualität der musikalischen Unterhaltung, die in der westlichen Welt ständig verfügbar ist, verwöhnt. Säkulare Musiker nehmen ihre Vorführungen sehr ernst und arbeiten hart daran, den genau richtigen Sound herauszubringen, die der Konzerthalle eigene Akustik zu berücksichtigen und ihre Vorführung ohne den geringsten Fehler durchzuziehen. Oft sind Konzerte eine beeindruckende Vorführung von Musik-, Licht- und elektronischen Meisterwerken. Kein Wunder, daß sich viele Leute in kirchlichen Lobpreisgottesdiensten langweilen.

Bedauerlicherweise wurde von Nichtchristen die musikalische Qualität oft ernster genommen als von der Kirche. Während die Welt sich an Professionalität gewöhnte, zeigte sich die Kirche allzuoft, wie Franky Schaeffer es ausdrückt, „süchtig nach Mittelmäßigkeit". Paulus beschreibt den biblischen Standard in seinem Brief an die Kolosser so: „Alles, was ihr tut, das tut von Herzen als dem Herrn und nicht den Menschen" (Kol. 3,23). Der Bibelausleger R.C.H. Lenski schreibt diesen Satz um: „Werft eure Seele in die Arbeit, als ob der Herr euer Auftraggeber wäre!"[3] Leider ist es aber allzuoft so, wie jemand es ausdrückte, daß Christen „ihre Arbeit anbeten, bei ihrem Spiel arbeiten und die Anbetung spielen."

Christliche Musiker und diejenigen, die in einem christlichen Musikdienst mitarbeiten, müssen sogar über eine Hingabe an musikalische Vollkommenheit hinausgehen. Sie müssen sich der Gebetsarbeit weihen. Frei nach einem Zitat von Samuel Chadwick: „Satan lacht über unsere Mühe und macht sich über unsere Musik lustig, aber er zittert, wenn wir beten."

GOTT UND ANDERE IN DEN MITTELPUNKT STELLEN

In der Popularität von Musik liegt eine Gefahr: die Verlockung für ausgeprägte, nach Anerkennung hungernde Egos. Christliche Musiker müssen der Versuchung widerstehen, statt des Dienstes die Bewunderung zu suchen. Auf diesem Gebiet ist die Bibel eindeutig:

„Gott widersteht den Hochmütigen, aber den Demütigen gibt er Gnade“ (1. Petrus 5,5). M.R. Vincent bemerkt, daß das Wort „widerstehen“, wie es in dieser Schriftstelle verwandt wird, „ein kräftiges und anschauliches Wort ist, wörtlich ‚sich zum Kampf gegen etwas aufstellen, als ob man ein Heer zur Schlacht führt‘“.[4]

Stolz ist eine ernste Sünde. Der gottesfürchtige Veranstalter wird Wege finden, wie er zwischen dem Star und dem Diener unterscheidet, damit er nur Musiker engagiert, die als positive Vorbilder dienen und nicht wie Helden bewundert werden wollen. Mit der effektivste Teil des Dienstes bei einem Konzert findet nach der Aufführung statt, wenn ausgepowerte Bandmitglieder sich noch für Leute zur Verfügung stellen, die geistlichen Rat brauchen, oder einfach eine herzliche Umarmung weitergeben oder jemandem zuhören. Eine reife Band weiß, daß sich der Erfolg letztlich nicht an der Anzahl der verkauften Platten mißt, sondern an der Zahl der Menschen, denen gedient wurde (siehe Matth. 23,11).

An dieser Stelle müssen wir allerdings aufpassen: Einige Erscheinungsformen von Stolz sind leicht erkennbar - wie das Fordern hochklassiger Unterbringung, ständiges Nörgeln oder Herabsehen auf andere. Eine spektakuläre Light-Show hingegen oder eine auffällige Ausstrahlung können oder können auch nicht Stolz offenbaren. Vielleicht versucht ein demütiger Diener nur, „allen alles zu werden“, um eine Menschengruppe zu erreichen, die Laserstrahlen und Bühnennebel für absolut angemessen halten. Für viele Konzertbesucher bedeuten statische Beleuchtung und unbewegliche Musiker, daß die Band von ihrer eigenen Botschaft nicht begeistert ist.

Auch hier kann der kommunikative Wert solcher Äußerlichkeiten am besten von der Zielgruppe bestimmt werden. Ein Erwachsener wird über ein Petra-Konzert vielleicht urteilen: „So ein Theater!“, aber wie bewertet das die Zielgruppe, die Jugend? Wahrscheinlich können nur Jugendliche genau sagen, ob die Show auf der Bühne Anbetung, Auferbauung der Gläubigen und Evangelisierung der Verlorenen fördert oder behindert.

Es ist schwierig bis unmöglich, die innere Aufrichtigkeit eines Menschen zu beurteilen. Während eines Gitarrensolos kann der Musiker auf den Applaus des Publikums aus sein. Wenn das der Fall ist, hat er seinen Lohn empfangen, unabhängig davon, wieviele Menschen angerührt wurden (siehe Matth. 6,2). Der Musiker kann aber sein Solo auch zur Ehre Gottes spielen. Dann weiß er, daß er sein Bestes für den Meister gegeben hat und sein Lob nur vom Herrn erwartet, ob die Zuhörer nun applaudieren und sich zu Gott bekehren oder halsstarrig bleiben und nichts von der Band oder ihrem Gott annehmen wollen. Er weiß, daß er eines Tages die gesegneten Worte hören wird: „Recht so, du tüchtiger und treuer Knecht“ (Matth. 25,21).

> *Darum richtet nicht vor der Zeit, bis der Herr kommt, der auch ans Licht bringen wird, was im Finstern verborgen ist, und wird das Trachten der Herzen offenbar machen. Dann wird einem jeden von Gott sein Lob zuteil werden. (1. Kor. 4,5)*

VERANTWORTLICHKEIT ENTWICKELN

In den vergangenen Jahren wurde der Kirche durch die Skandale vieler bekannter christlicher Leiter Schande bereitet. Ein großer Teil davon hätte sich vermutlich vermeiden lassen, wenn diese Leiter sich einer Autorität untergeordnet hätten. Das Evangelical Council for Financial Accountability (etwa: Evangelikaler Rat für finanzielle Verantwortlichkeit in den USA, Anm d. Üs.) behält den Überblick über die Finanzen vieler christlicher Organisationen. Musikdienste täten gut daran, sich sowohl geistlich als auch finanziell einer Autorität verantwortlich zu machen, wie das einige bereits tun. Mylon LeFevre arbeitet mit Broken Heart Ministries unter der Abdeckung der Mount Paran Church of God in Atlanta. Amy Grant und Michael W. Smith werden vor einigen ihrer Konzerte von ihrem Pastor besucht.

Wer einen Dienst versieht, der ihn viel von seiner Heimatgemeinde fernhält, muß Mittel und Wege finden, wie er verantwortlich unter Autorität arbeiten kann. Der Autor des Hebräerbriefes ermahnt uns: „Gehorcht euren Lehrern und folgt ihnen, denn sie wachen über eure Seelen - und dafür müssen sie Rechenschaft geben“ (Hebr. 13,17).

GEISTLICHE QUALIFIKATION FORDERN

Allzuoft werden Bands nur deshalb engagiert, weil jemand ihre Musik mag. Wenn Lieder als Mittel zur Lehre eingesetzt werden (Kol. 3,16), sollte dann die Warnung aus Jakobus 3,1 nicht genauso für Sänger wie für Prediger gelten? „Liebe Brüder, nicht jeder von euch soll ein Lehrer werden; und wißt, daß wir ein desto strengeres Urteil empfangen werden.“ Dann wäre die Fähigkeit zu singen nur eine von mehreren Qualifikationen für jemanden, der durch Musik dienen möchte.

Bevor eine Gemeinde einen Lobpreisleiter anstellt oder eine Band engagiert, sollte sie ein paar konfrontierende Fragen stellen. Wenn Musiker für öffentlich bekannte Diener oder Leiter innerhalb der Kirche gehalten werden, sollten sie dann nicht die Qualifikationen der Ältesten oder Diakone aufweisen, die in 1. Tim. 3 und Titus 1 aufgeführt sind? Die Lebensweise der Musiker muß mit ihren Texten übereinstimmen.

Der gute, aber geistlich unqualifizierte Musiker kann die Botschaft seiner Lieder durch das, was man von seinem Leben sieht, zunichte machen. Oder stellen Sie sich vor, ein Sänger soll vor einer Gemeinde singen, die Gott wegen ihrer geistlichen Misere zurechtweisen will. Nur ein Diener Gottes, der mit Geist und Kraft gefüllt ist, könnte Gottes Leitung spüren und die Stärke aufbringen, solch eine unbeliebte Botschaft zu überbringen.

Säkulare Musiker messen ihren Erfolg vielleicht am Applaus und an Verkaufszahlen. Aber Männer und Frauen Gottes müssen sich dem Willen Gottes unterwerfen und bereit sein, jeweils Gottes spezielle Botschaft weiterzusagen. Für sie ist der Erfolg eines Lobpreisgottesdienstes nicht nur mit der Frage „Hat die Gemeinde ihn genossen?“ zu ermessen. Für sie ist es wichtiger, ob Gott ihn genossen hat.

Über die Fragen nach der Qualität der Musik hinaus sollten wir folgendes herausfinden: Möchten die Musiker reich werden? (Siehe 1. Tim. 3,3 und 6,9-10). Haben sie einen guten Ruf? (Siehe 1. Tim. 3,2.) Sind sie junge Christen? (Siehe 1. Tim. 3,6.) Ist ihre Lehre rein? (Siehe 1. Tim. 3,9 und Titus 1,9.) Eignen sich ihre Texte, um darüber nachzudenken? (Siehe Phil. 4,8.)

Schließlich müssen wir die Frucht im Leben derjenigen untersuchen, die durch Musik dienen möchten. Als es um den Umgang mit falschen Propheten ging, lehrte Jesus die Menge: „An ihren Früchten sollt ihr sie erkennen“ (Matt. 7,20). Wir sollten die uns Anvertrauten nur solchen Künstlern aussetzen, die gute Früchte ihrer Arbeit vorweisen können. Ein falscher Prophet kann sehr wohl wie ein Engel singen, aber Gottes Wort stellt klar, daß sich die Legitimität eines Dienstes nie nur an der Stimmqualität orientieren darf. Wir müssen genau wissen, mit wem wir es zu tun haben. Das sind wir unseren Gemeinden schuldig.

UM GUTE VERSTÄNDLICHKEIT BEMÜHT SEIN

Paulus' Bitte um Gebet in Kol. 4,3-4 sollte von jedem Darsteller und Anbetungsleiter wiederholt werden: „Daß Gott uns eine Tür für das Wort auftue und wir das Geheimnis Christi sagen können, um dessentwillen ich auch in Fesseln bin, damit ich es offenbar mache, wie ich es sagen muß".

Klarheit der gesungenen Botschaft ist keine einfache Sache, besonders nicht in einer Konzerthalle. Selbst wenn die Sänger ihr Bestes geben, die Worte deutlich auszusprechen, ist es möglich, daß Botschaften durch akustische Fehler, die zu Echos oder anderen Verzerrungen führen, verändert werden. Weltliche Künstler können sich darauf verlassen, daß ihre Fans die Texte aus dem Radio oder von Kassetten gut genug kennen, um ihre Live-Musik auch unter weniger idealen Bedingungen zu schätzen. Für den örtlichen Jugendpastor, der die Verlorenen dazu bringen will, einer ihnen unbekannten Band zuzuhören, wird das Kommunikationsproblem ganz akut, besonders bei einem härteren Rockstil.

Oft kann einem Mangel an Verständlichkeit, den die unterschiedlichen Bedingungen eines Konzerts verursachen, durch vorausschauende Planung des örtlichen Veranstalters vorgebeugt werden. Eine Möglichkeit, dieses Problem zu verringern, ist, herauszufinden, welche Lieder gespielt werden (durch das Büro der Band), und diese Lieder per Kassette und Overheadprojektor für die Texte einige Tage vor dem Konzert in der Jugendstunde vorzustellen. Man kann auch denen in der Gruppe, die die Band nicht kennen, die Kassetten anbieten. Es gibt Bands, die in nicht englischsprachigen Ländern ihre Texte auf eine Leinwand projizieren, um das Verstehen sicherzustellen.

Natürlich ist das Problem der Verständlichkeit nicht dem Rockgenre vorbehalten. Wie bereits bemerkt, wurden einige Stücke von Bach von seiner eigenen Gemeinde nicht begriffen. Ähnlich verhält es sich mit der Oper, die Unvorbereitete oft kaum verstehen können. Diese Tatsache mindert nicht das Niveau dieser Musikformen. Es bedeutet einfach, daß das Konzert bei vielen Menschen wesentlich mehr ausrichtet, wenn eine gewisse Vorbereitung stattgefunden hat.

DEM SCHWACHEN GEGENÜBER SENSIBEL SEIN

Es ist eine Sache, die Wahrheit mitzuteilen. Die Wahrheit in Liebe mitzuteilen ist aber oft eine ganz andere. Wer moderne christliche Musik einsetzt, muß an die Menschen denken, die von jeder modernen Musikform sorgfältig ferngehalten wurden und die überzeugt sind, daß diese Musik von Natur aus böse ist. Auch über diejenigen, die aus einer weltlichen Rock-Subkultur heraus Christen geworden sind und dieser nun so weit wie möglich aus dem Weg gehen wollen, sollte man nicht hinweggehen. Wie bei jedem anderen strittigen Thema müssen wir ferner solche Menschen bedenken, die vielleicht nie verstehen werden, wie man diese Formen für den Herrn einsetzen kann.

Wer eine neutrale Praxis fälschlicherweise für sündig hält, wird vom Apostel Paulus „schwach" genannt. Um die angemessene Reaktion auf die Schwachen besser zu verstehen, wollen wir Römer 14 nehmen und das Thema durch Musikhören ersetzen:

Den Schwachen im Glauben nehmt an und streitet nicht über Meinungen. Der eine glaubt, er dürfe moderne christliche Musik hören; wer aber schwach ist, der hört nur traditionelle christliche Musik. Wer moderne christliche Musik hört, der verachte den nicht, der sie nicht hört, und wer moderne christliche Musik nicht hört, der richte den nicht, der sie hört; denn Gott hat ihn angenommen. ... Darum laßt uns nicht mehr einer den anderen richten; sondern richtet vielmehr darauf euren Sinn, daß niemand seinem Bruder einen Anstoß oder Ärgernis bereite.

Teil III

EINE ENTDECKUNGSREISE DURCH DIE GESCHICHTE

9

Von den frühen Gesängen zu den Liedern der Reformation

An den Kreuzungen des Weges, der in die Zukunft führt, hat die Tradition gegen jeden von uns zehntausend Mann aufgestellt, um die Vergangenheit zu bewahren.

Maurice Maeterlinck (belgischer Philosoph)

Gewiß dachte der wohlhabende Kirchenmann: „Irgendwer muß doch etwas unternehmen! Die Kirche sollte ein Ort der Reinheit und Heiligkeit sein, abgeschieden von der Welt und ihren Vergnügungen. Wie können gute Christen nur dieses weltliche Musikinstrument für ein Gotteshaus haben wollen?" Er tat alles, was in seiner Macht stand, um die Mühen der „Irregeführten", die sich die Annahme eines unheilvollen Geschenkes erlaubten, zunichtezumachen. Unter Tränen beschwor er sie und bot sogar an, den gesamten Preis zu erstatten, wenn nur jemand die verhängnisvolle Fracht auf ihrer Fahrt über den Atlantik über Bord werfen würde.

Was war nur dieses Instrument, das abscheuliche Bilder heraufbeschwor, das eine düstere Vergangenheit hatte und solchen Widerstand hervorrief? Eine elektrische Gitarre oder ein Schlagzeug? Kaum. Das Flehen des Geistlichen blieb unerhört, das fragwürdige Instrument erreichte sicher die Neue Welt, und die Kirche in der Brattle Street in Boston machte ihm Raum: eine Orgel.[1]

Die Einführung weltlicher Formen in die geistliche Musik ist längst nicht nur in unserem Jahrhundert zu beobachten. Im Gegenteil: viele der heute etablierten Kirchenlieder waren bei ihrer Einführung revolutionär. Auf keinen Fall dürfen wir die gegenwärtige Auseinandersetzung losgelöst von ähnlichen musikalischen Veränderungen in früheren Jahrhunderten betrachten. Wir riskieren sonst, die Fehler der Vergangenheit zu wiederholen und entsprechende Folgen zu ernten.

In diesem Kapitel geht es um Antworten auf folgende wichtige Fragen: Wo haben unsere traditionellen Kirchenlieder ihren Ursprung? Wie reagierten die Menschen früher auf Neuerungen in der geistlichen Musik? Verläuft die gegenwärtige Auseinandersetzung nach einem historischen Muster? Wurde die Praxis, beliebte weltliche Musikstile zu übernehmen, erst im 20. Jahrhundert eingeführt? Wirkt sich eine stilistische Überlappung von Sakral- und Säkularmusik positiv oder negativ aus? Ist es in Erweckungszeiten wichtig, neue geistliche Lieder zu haben? Historische Präzedenzfälle sind vielleicht der interessanteste und aufklärendste Aspekt der gegenwärtigen Auseinandersetzung.

Diese und andere interessante Fragen versuchen wir zu beantworten. Wir lösen uns dazu von der aktuellen Diskussion, begeben uns auf eine faszinierende Reise durch die Kirchengeschichte und machen an den Stellen Halt, wo neue musikalische Formen eingeführt wurden.

DIE GESÄNGE DER FRÜHEN UND MITTELALTERLICHEN KIRCHE

Das kulturelle Umfeld der frühen Kirche war eher griechisch als hebräisch. Es gab jüdische Synagogen in allen bedeutenden Städten, aber griechische Denk- und Kunstformen bestimmten jene frühen Jahrhunderte. Deshalb wurde das Neue Testament auf griechisch und nicht auf hebräisch verfaßt, und die antiken Liedermacher versahen ihre Texte mit Musik, deren Stil eher in der heidnischen griechischen als in der biblisch-hebräischen wurzelte.[2] Während des zweiten Jahrhunderts schrieben Gnostiker und Arianer Lieder, die ihre ketzerischen Lehren propagierten. Diese Lieder verbreiteten sich weithin und zählten im vierten Jahrhundert zu den bekanntesten Kirchenliedern. Ephräm der Syrer (307-373), einer der Väter der syrischen Kirche, konterte, indem er Lieder schrieb, die die orthodoxe Lehre zum Inhalt hatten. Statt aber für die Formulierung der Wahrheit einen neuen sakralen Stil zu schaffen, übernahm er das Versmaß der bekannten gnostischen Lieder und erlangte so einen gewaltigen Einfluß.

Dies läutete eine große Zeit für Kirchenlieder sowohl in syrischer als auch in griechischer Sprache ein.[3] Frühe lateinische Lieder haben einen ähnlichen Hintergrund. David Breed schreibt, im 4. Jahrhundert wurde Hilarius von Poitiers „durch das Singen der Arianer angeregt, ... ähnliche Lieder zur Verbreitung des orthodoxen Glaubens zu schreiben".[4]

Die Musik dieser Lieder bestand aus einstimmigem Gesang auf der Grundlage der vier griechischen Haupttonarten. Bestimmte Tonarten, die in heidnischen Tempeln und Theatern gespielt wurden, waren in der Kirche zwar verboten, die übernommenen wurzelten jedoch auch in der heidnischen griechischen Zivilisation.

Nach Donald Paul Ellsworth „griff die Kirche der ersten Jahrhunderte in der Musik ständig auf weltliche Quellen und Praktiken zurück."[5] Danach gab es keine weitere stilistische Entwicklung, bis Papst Gregor der Große (590-604) die Tonleitern veränderte und das schuf, was wir als Gregorianischen Gesang kennen:[6] einstimmiger Männergesang ohne Instrumente.[7]

Nachdem der Gregorianische Gesang erst fest in der Kirche verwurzelt war, widerstand man Veränderungen an diesem nun „heiligen" Stil. Papst Johannes XII (ca. 1324) gab einen Erlaß heraus, nach dem „jegliche Komposition, die zeitgenössische weltliche Kunst darstellt," abgelehnt wurde. Nach Karl Gustav Fellerer in „The History of Catholic Church Music" („Geschichte der katholischen Kirchenmusik") „wurden neue Kompositionen erst akzeptiert, nachdem sie überarbeitet und ihrer Kraft in den Kategorien der zeitgenössischen säkularen Musik beraubt waren ... Dies war jahrhundertelang Standpunkt der Kirche."[8] Die mittelalterliche Kirche versuchte also, in ihrer musikalischen Entwicklung ganz bewußt nicht mit der Welt mitzuhalten. Dieser Ansatz hatte sicherlich Erfolg in der Trennung von geistlicher und weltlicher Musik, aber man darf sich fragen, ob dadurch nicht die Anbetung Gottes für das einfache Volk an Bedeutung verlor. Näher an der Reformationszeit erkennen wir Hinweise darauf, daß dies tatsächlich der Fall war - und wir finden Abtrünnige, die anfangen, die Populärmusik ihrer Kultur für geistliche Lieder zu verwenden.

MARTIN LUTHER UND DIE REFORMATION

Schon bevor das Christentum nach Deutschland kam, waren die Menschen dort leidenschaftliche Sänger. Das einfache Volk kannte viele, viele Lieder für seine Feste und die Anbetung seiner heidnischen Götter.[9] Nach ihrer Bekehrung zum Katholizismus fingen die Menschen an, ihre eigenen religiösen Lieder außerhalb der Kirche zu dichten und sie mit den altbekannten Melodien zu versehen, die noch aus vorchristlichen Zeiten stammten. Zusätzlich dazu übersetzten sie die lateinischen Gesänge der Römischen Kirche in ihre eigene Sprache, fügten ihre eigenen Melodien dazu und sangen ihre Loblieder außerhalb der etablierten Kirche bei Festen und Pilgerreisen. Die Böhmischen und Mährischen Brüder und die Hussiten legten soviel Wert auf das Gotteslob des einfachen Volkes, daß 1504 ein Liederbuch zur Verwendung in der Versammlung herauskam.[10] Es gab zwar wieder Lobgesang in der Sprache und im Stil des normalen Bürgers, jedoch ohne den Segen der römisch-katholischen Kirche. Erst Martin Luther und die Reformation brachen mit der etablierten Kirche und eröffneten dem neuen geistlichen Lied eine freie Entfaltung.

Im Juli 1505 erlebte Luther als junger Rechtsstudent während eines Gewitters eine Begegnung mit dem Tod. Dieses Ereignis veranlaßte ihn zu schwören, daß er Mönch werden würde. Nachdem er aber durch das Studium des Römerbriefes zu einer evangelischen Sicht über die Rechtfertigung aus Glauben gelangt war, protestierte er mit seinen 95 Thesen gegen gravierende Mißstände in der Römischen Kirche. Viele Deutsche standen hinter ihm. Der Papst konterte, und die Reformation nahm ihren Lauf.

Theologie zu überarbeiten war jedoch nicht das einzige Interesse des großen Reformators. Eine Erneuerung des kirchlichen Lobpreises, seine Übersetzung in die Sprache des einfachen Volkes, lag Luther auch sehr am Herzen. Für ihn bedeutete Musik mehr als nur eine Aufwärmübung vor der Predigt. In einem Brief vom 4. Oktober 1530 schrieb Luther über die zentrale Stellung der Musik:

> *Ich sage es gleich heraus und schäme mich nicht, zu behaupten, daß nach der Theologie keine Kunst sei, die mit der Musik könne verglichen werden. ... Musik zu loben ist wie der Versuch, ein großes Ding auf eine kleine Leinwand zu malen, was nur zu einer Kleckserei wird. Es fließt mir das Herz über vor Dankbarkeit gegen die Musik, die mich so oft erquickt und aus größten Nöten errettet hat.*[11]

Er sagte auch: „Musica ist eine schöne, herrliche Gabe Gottes und nahe der Theologie. Ich würde meine geringe Kenntnis der Musik nicht um Vieles hergeben."[12] Und weiter: „Die Erfahrung beweist, daß neben dem Wort Gottes nur die Musik verdient, Herrin und Regentin der menschlichen Gefühle des Herzens genannt zu werden."[13]

Da er Musik so sehr liebte, spielte Luther selbst Laute und Flöte, sang oft bei Tisch und komponierte Kirchenlieder. Er drängte

Eltern, ihren Kindern schon in jüngsten Jahren Musik beizubringen. Im Blick auf Pastoren und Lehrer legte er kategorisch fest: „Ein Schulmeister muß singen können, oder ich werde ihn nicht ansehen; auch sollte man junge Männer nicht zum Predigtdienst zulassen, bevor sie Musik in der Schule ausgeübt und studiert haben."[14]

Luther unternahm den Vorstoß, Lobpreis für das einfache Volk verständlich zu machen. Über den täglichen Gottesdienst sagte er: „Am besten plant man solch einen Gottesdienst für die Jugend und das ungelernte Volk, das zur Kirche kommt."[15]

Um die Lieder ansprechend zu gestalten, drängte er: „Vermeidet doch alle neumodischen Ausdrücke aus dem höfischen Leben, denn um Bekanntheit zu erreichen, muß ein Lied in der einfachsten und gewöhnlichsten Sprache gehalten werden."[16] Luthers Lieder bestanden also aus alltäglichen Ausdrücken, die der normale, ungelehrte Deutsche leicht verstehen konnte. Vorbild für seine Dichtungen waren die in jener Zeit beliebten Balladen.[17] Die Melodien entlehnte er aus deutschen Volksliedern, der Musik der Massen, und sogar einer Hymne an Maria.[18] Luther kümmerte sich nicht so sehr um die Assoziationen oder Ursprünge der Melodien wie um ihre Fähigkeit, die Wahrheit weiterzugeben.

> *Er konnte und würde nicht daran denken, alles, was er vorfand, zu zerstören oder beiseitezuschaffen. ... Was immer neu benannt und mit der Kraft des Evangeliums gefüllt werden konnte, konnte auch dazu dienen, diese Botschaft zu verbreiten und sie noch tiefer in die Herzen der Menschen zu treiben und sich über das ganze Land auszubreiten.*"[19]

Luther begeisterte sich über „so viele schöne Lieder" in der weltlichen Kunst, „während wir im religiösen Raum so schlechtes, lebloses Zeug haben". Er schloß daraus, „der Teufel braucht nicht alle guten Melodien für sich zu haben" und fuhr fort, diese Melodien ihrer weltlichen oder unbiblischen Texte zu entledigen und sie mit evangelischen Inhalten zu versehen. 1526 stellte er mit Blick auf die Jugend eine deutsche Messe zusammen. „Um der Jugend willen", schrieb Luther, „müssen wir lesen, singen, predigen, schreiben und Verse komponieren, und wann immer es hilfreich ist und Segen bringt, würde ich alle Glocken läuten, alle Orgeln brausen und alles klingen lassen, in dem Klang ist."[20]

Luther kümmerte sich nur darum, ob die Musik in der Lage war, biblische Wahrheit zu vermitteln und in den Herzen der Menschen ein Feuer zu entzünden. Und er entzündete ein Feuer! 36 Kirchenlieder, unter ihnen „Ein feste Burg ist unser Gott“, wurden Luther zugeschrieben, obwohl die meisten, wie oben erwähnt, aus bereits existierendem Material erweitert oder überarbeitet worden waren.[21] Die Vermählung von volkstümlichem Stil mit verständlichen evangelischen Texten erwies sich als eine gesunde Sache. Luthers Kirchenlieder „wurden auf Flugblättern von Ort zu Ort verbreitet oder von fahrenden Musikanten in den Städten und Dörfern gesungen. Sie wurden von Jung und Alt in ganz Deutschland auswendig gelernt und bahnten so den Weg für die Reformation.“[22]

Diese tief empfundenen geistlichen Lieder trugen die Botschaft der Reformation an Orte, wo Luthers Worte allein vielleicht nie zu den Menschen durchgedrungen wären. Tilemann Heshusius schrieb in seiner Einführung in die Psalmen Davids: „Ich zweifle nicht, daß das eine Lied Luthers, ‚Ihr Christen, freut euch alle‘, viele hundert Christen, die vorher den Namen Luther nicht hören wollten, zu einem neuen Glauben führte. Die teuren Worte Luthers gewannen aber ihre Herzen, und sie mußten der Wahrheit folgen.“[23]

Selbst Luthers Feinde mußten seinen Einfluß anerkennen. Der Jesuit Adam Conzenius klagte: „Luthers Kirchenlieder haben mehr Seelen zerstört als seine Schriften und Reden“.[24] Ein spanischer Mönch, Thomas à Jesu, bemerkte: „Es ist erstaunlich, wie jene Lieder das Luthertum verbreitet haben. In deutsch geschrieben, flossen sie buchstäblich aus Luthers Arbeitszimmer und landeten in Häusern und Werkstätten und wurden auf Märkten, Straßen und Feldern gesungen.“[25]

So stark war die Kraft der geistlichen Lieder, die in der Sprache des einfachen Mannes abgefaßt waren. Und Luther arbeitete nicht als einziger mit der Methode, Anleihen an die Volksmusik seiner Tage zu machen. Andere übernahmen seine Einstellung. In einem Brief aus dem Jahre 1574 schrieben die Ältesten der Böhmischen Brüder an Friedrich III. von Sachsen über ihr Liederbuch: „Unsere Melodien wurden ähnlich wie die weltlichen Lieder gestaltet, was mancher Fremde für falsch hält. Unsere Sänger haben aber bedacht, daß die Menschen sich leichter durch Lieder von der Wahrheit überzeugen lassen, deren Melodien ihnen wohlbekannt sind.“[26]

Allerdings pflichtete nicht jeder Luthers Einstellung zum Kirchenlied bei. Zusätzlich zur katholischen Zensur verwarfen einige Mitreformer diese Verbindung von katholischer und säkularer Musik mit reformerischen Texten. 1524 wandte sich Zwingli gegen jede Verwendung von Instrumenten, die mit der katholischen Kirche in

Verbindung gebracht werden konnten.[27] Die Opposition Johannes Calvins gegen Hymnen und Instrumente sollte sich allerdings als die dauerhafteste erweisen.

JOHANNES CALVIN UND DER METRISCHE PSALM

Johannes Calvin (1509-1564) war der Meinung, daß im Alten Testament Instrumente nur deshalb toleriert wurden, weil das Volk Gottes damals noch in den Kinderschuhen steckte. Er glaubte, der beste Lobpreis sei einfach und von Herzen. Also stellte er sich gegen die Verwendung von Instrumenten und mehrstimmigem Gesang. Zusätzlich fiel jegliches Singen von außerbiblischen Texten während des Gottesdienstes unter seine Zensur - er erlaubte nur die inspirierten Psalmen.[28]

Die Genfer Kirchen sowie viele in Schottland und England folgten im großen und ganzen Calvin und unterdrückten häufig künstlerische Elemente als Überreste des Papsttums. Die Leute waren so sehr von der biblischen Richtigkeit ihrer Einstellung überzeugt, daß Erlässe herausgegeben und viele Kirchenorgeln zerstört wurden. Der metrische Psalm erreichte einen gewaltigen Einfluß, so daß er für mehr als hundert Jahre die einzige Musikform vieler Kirchen wurde.[29]

Wo hatte aber dieser Psalmengesang seine Wurzeln? War seine Herkunft eindeutig geistlich? In der ersten Hälfte des sechzehnten Jahrhunderts begann der Hofdichter des französischen Königs Franz I., Clement Marot, metrische Versionen der Psalmen zu schreiben.[30] Diese wurden mit populären französischen Melodien versehen und nicht so sehr als Akt der Anbetung, sondern als schöne Kunst gesungen, begleitet von der Violine oder Flöte.

Schließlich wurden sie so beliebt und effektiv im Verbreiten der reformerischen Lehre, daß Marot nach der Veröffentlichung eines Bandes metrischer Psalmen im Jahre 1542 nach Genf fliehen mußte. 1562 wurde auf Veranlassung Calvins eine Gesamtausgabe, der *Genfer Psalter*, herausgegeben. Einer der Musiker, die die Psalmen in Musik setzten, Louis Bourgeois, war unter Calvin in der Genfer Hugenottenkirche für Musik verantwortlich. Bourgeois und ein anderer Musiker versahen die Psalmen

> *mit Melodien, die sich an beliebten Liedern jener Zeit orientierten, und dieser Psalter wurde ein Liedervorrat des Volkes. Man begegnete den Psalmen in Schlössern und Hütten gleichermaßen. Sie wurden von*

Arbeitern auf dem Feld und in der Mühle gesungen, sie waren die ersten Lektionen der Kinder und oft die letzten Worte auf den Lippen der Sterbenden.[31]

Der Genfer Psalter wurde übersetzt und fand in Frankreich, der Schweiz, Deutschland, Holland und Dänemark weite Verbreitung.[32] Eine ähnliche Bewegung brachte einen englischen Psalter hervor. Während der Einführungsphase wurden Calvins volkstümliche Psalmmelodien jedoch nicht überall wohlmeinend aufgenommen. Einige Leute verhöhnten sie sogar als „Genfer Hüpfer".[33] Dennoch wurden diese Melodien autorisiert, und an ihnen zu rütteln war keine unbedeutende Sache.[34] Louis Bourgeois wurde 1551 verhaftet und ins Gefängnis geworfen, weil er die Melodien bestimmter Psalmen ohne Erlaubnis verändert hatte. Erinnern Sie sich an Bourgeois? Er war der Mann, der einige Jahre zuvor den Psalmen die ursprünglichen Melodien gegeben hatte![35]

Über die Jahre identifizierte man diese Melodien mit Kirchengesang, und die alte Dienerin einer Familie drückte die allgemeine Einstellung sehr gut mit ihrem Schwur aus, „Davids Psalmen nur zu Davids und keines anderen Musik zu singen".[36] Im Laufe der Zeit hatten die ursprünglich weltlichen Melodien einen heiligen Status erhalten. Menschliche Musik war jetzt zu Gottes Musik geworden.

10

Vom Psalm zum Kirchenlied

Wer sich nicht an die Vergangenheit erinnern kann, ist dazu verdammt, sie zu wiederholen.

Santayana

Am Ende des neunten Kapitels waren wir bei zwei unterschiedlichen Strömungen angelangt: In Deutschland folgte man Luther nach und sang Choräle, während Protestanten in England und Schottland sich an Calvin ausrichteten und ihren Gesang auf die Psalmen beschränkten. Die Hinwendung dieser beiden Länder zu einer größeren Vielfalt von Kirchenliedern ging nicht leicht vonstatten. Reformer, die versuchten, Lieder zu schreiben, stießen auf beträchtlichen Widerstand.

John Bunyans Vorstoß zur Einführung von Kirchenliedern endete in der Spaltung seiner eigenen Kirche. Nach seinem Tode im Jahre 1691 schloß die Kirche schließlich einen Kompromiß. Wer aus Gewissensgründen gegen das Singen von Kirchenliedern war, konnte während des entsprechenden Teils des Gottesdienstes schweigend sitzenbleiben oder sich im Vorraum aufhalten.[1] Benjamin Keach fing 1673 an, das Kirchenlied unter den Partikular-Baptisten zu befürworten. Obwohl er anfangs von Mitgliedern der eigenen Gruppe heftig angegriffen wurde, sang seine Gemeinde im Jahre 1690 jeden Sonntag die Lieder.

Trotz dieser einzelnen Schritte nach vorn wurde das geistliche Lied von der Kirche im großen und ganzen immer noch geächtet.[2] Um eine allgemeine Anerkennung zu sichern, fehlten entscheidende Impulse. Isaac Watts sollte es sein, der mehr als irgend jemand anderer die Tore für die Einführung des Kirchenliedes öffnete.

ISAAC WATTS

Gegen Ende des siebzehnten Jahrhunderts war der Psalmengesang für viele nicht mehr eine Quelle lebendiger Anbetung. Zum Teil lag das Problem in der Natur des metrischen Psalms. Wenn der biblische

Psalm in Reim und Versmaß gezwängt wurde, jedoch eng am ursprünglichen Inhalt bleiben mußte, kam dabei oft eine fürchterliche Dichtung heraus.[3] Als Ergebnis war die Poesie dieser Psalmen besonders für Menschen, die schöne Literatur zu schätzen wußten, wenig ansprechend.[4]

Watts war mit der Literatur seiner Zeit sicherlich wohlvertraut - im Alter von dreizehn Jahren studierte er hebräisch, mit zehn französisch, griechisch mit neun und Latein mit vier Jahren! Als er zwanzig war, kehrte er vom Studium nach Hause zurück und klagte bei seinem Vater über die unmöglichen Psalmversionen ihrer Gottesdienste. Sein Vater forderte ihn heraus, doch etwas Besseres zu dichten. Das nahm der junge Isaac ernst und schrieb seinen ersten Hymnus, „Behold the Glories of the Lamb".[5]

Er schrieb später noch mehr als 750 Kirchenlieder und Psalmen[6] und setzte derart zündende Impulse und hatte solch bleibenden Einfluß, daß man ihn den „Vater des englischen Kirchenliedes" nannte. Seine Hymnen umfassen einige, die auch heute noch gern gesungen werden, wie „O God, Our Help in Ages Past", „Joy to the World!" („Freue dich, Welt"), „Alas! And Did My Savior Bleed?" („Sagt an, vergoß der Herr sein Blut?"), „I Sing the Mighty Power of God", „Jesus Shall Reign Where'er the Sun" („Jesus hat seine Herrschaft bestellt") und „When I Survey the Wondrous Cross" („Schau ich zu jenem Kreuze hin").

Watts schuf seine Kirchenlieder in dem Bewußtsein, wie zäh die Gemeinden am Psalmsingen festhielten. Er hielt es deshalb für nötig, seine Hymnen nah genug an den Psalmen zu halten, um sie als solche bezeichnen zu können. Und doch nahm er die Freiheit, sich so weit von deren Originalinhalt zu entfernen, daß er neutestamentliche Themen einbrachte. Er wollte den Reiz guter Poesie nutzbar machen. Statt Kunstlieder für die literarisch Gebildeten zu schaffen, versuchte er, Lieder zur Auferbauung des einfachsten Gottesdienstbesuchers zu schreiben.[7]

Der Psalmengesang aus Watts' Tagen schaffte es nicht, in den Gottesdiensten Herzen und Sinne auf Gott auszurichten. Er schläferte die Menschen eher ein. In einem Brief an Isaac Watts stellte dessen Bruder Enoch seine Einstellung zur Anbetung in ihrer Kirche folgendermaßen dar: „Mason aber reduziert diese Art von Schreiben nun zu gähnender Gleichgültigkeit, und der ehrenwerte Barton (*Bartons Psalter*) läutet uns in den Schlaf. Deshalb ist eine lebendige und leidenschaftliche Feder wie die deine für die Wiederbelebung und Erfrischung der sterbenden Andacht unserer Zeit so nötig. Nichts kann zum Erreichen dieses Ziels mehr beitragen als die Poesie, die für den Zweck geschaffen wurde, uns über uns selbst zu erheben."[8]

Also nahm Watts seine „lebendige und leidenschaftliche Feder" auf, machte sich das Instrument der Poesie zunutze und begann eine Reformierung der christlichen Anbetung.

Die Tradition entläßt einen jedoch nicht so ohne weiteres aus ihrem Griff. Eine Konfliktquelle war die Einstellung, daß Poesie eine allzu weltliche Kunst sei, um in der Kirche Anwendung zu finden. Nach Watts war die Poesie seiner Zeit „Sklavin der Untugend und Gotteslästerung" und hatte „ihre Herkunft so weit vergessen, daß sie sich für die Interessen der Hölle einsetzte!"[9] Man kannte Poesie oft nur aus weltlichen Kontexten und konnte sie sich deshalb in der Kirchenmusik nicht vorstellen.

Wie Watts es ausdrückte, „werden die Leute vielleicht wagen, eine oder zwei langweilige Hymnen zu ebenso langweiligen Melodien in der Kirche zu singen; aber sie überzeugen sich immer noch selbst davon, ... daß die Schönheiten der Poesie vergeblich und gefährlich sind."[10] Für Watts war Poesie in sich nicht böse. Er betrachtete sie einfach als Werkzeug, das für das Böse eingesetzt worden war und nun mit ihm in Verbindung gebracht wurde. Sie lag nicht außerhalb der erlösenden Hände Gottes und konnte also mit Erfolg für Gottes Absichten gebraucht werden.

Die zweite Art von Angriffen kam von den Liebhabern des traditionellen Psalmengesangs, die erkannten, daß Watts sich weit von der strengen Anlehnung an die Originaltexte entfernt hatte. Diese Empfindung wurde 1755 durch William Romaine zum Ausdruck gebracht, als er fragte: „Warum sollte Watts oder irgendein Liederdichter nicht nur die Vorgabe des Heiligen Geistes entfernen, sondern ihn völlig aus der Kirche verbannen?"[11] Romaine klagte weiter, daß „christliche Versammlungen die göttlich inspirierten Psalmen ausgeschlossen und Dr. Watts' launische Ideen hereingenommen" hätten.[12] Und ein anderer Kritiker: „Die Reime eines Menschen werden jetzt höher angesehen als Gottes Wort."[13]

Kirchen spalteten sich, Pastoren wurden herausgeworfen, und einige Leute regten sich so sehr auf, daß der Konflikt im Rückblick fast komisch zu nennende Ausmaße annahm. Mitte des achtzehnten Jahrhunderts sangen einige Vertreter von General Wolfes Truppen, die in Aberdeen stationiert waren, bei einer Kirchenparade in der

Kathedrale aus vollem Herzen geistliche Lieder. Die Menschen dort waren so beeindruckt, daß sie einen der Männer als Gesangsmeister für die Gemeinden der Stadt engagierten. Wenn Studenten der Universität den Gottesdienst in der Kathedrale besuchten, stimmten auch sie volltönend in die Hymnen ein. So wuchs die Beliebtheit der Kirchenlieder.

Allerdings gab es eine Gruppe von Menschen, denen diese Erneuerung so verhaßt war, daß sie nach dem Historiker H.A.L. Jefferson „drei Straßenkinder mit schrillen Stimmen anheuerten, die auf den Kanzelstufen saßen und aus voller Kehle falsch sangen", und zwar mit Hilfe eines gewissen Gideon Duncan. „Langsame" und „schnelle" Sänger wetteiferten miteinander, der Gottesdienst endete im Chaos. „Die drei ungezogenen Jungen bekamen eine ordentliche Tracht Prügel, während der unglückliche Duncan vor den Magistrat gezerrt wurde, der ihn wegen Falschsingens zu 50 Pfund Strafe verurteilte und ihn ins Gefängnis sperren ließ, bis die Summe bezahlt war."[14] (Suchen Sie eine neue Idee, um an Geld zu kommen? Überlegen Sie einmal, wer in *Ihrer* Gemeinde falsch singt!)

Verständlicherweise brauchten neue Formen des Kirchenliedes lange, um überall akzeptiert zu werden; als es aber so weit war, faßte die Tradition schnell wieder Wurzeln, und die Lektionen der Vergangenheit wurden vergessen. Einige Freikirchen bekämpften nun die Einführung von anderen als Watts' Liedern ebenso vehement, wie diese vor Jahren selbst abgelehnt worden waren![15]

Es sollte noch erwähnt werden, daß nicht alle Kirchenlieder von Watts die hohe Qualität derer hatten, die die Auslese der Zeit überdauerten. Was wir heute singen, ist das Destillat der besten Lieder der vergangenen mehreren hundert Jahre, aus dem die schwachen und irrigen im großen und ganzen herausgenommen sind. In einigen seiner Hymnen veränderte Watts den Originalinhalt der Psalmen, um sein Heimatland zu glorifizieren. Zum Beispiel lautete der Schlußteil von Psalm 107: „Kolonien gegründet oder Nationen gesegnet und bestraft; ein Psalm für das neue England."[16] Seine Dichtungen über die göttliche Liebe waren so sinnlich, daß sie nicht jeder gutheißen konnte. John Wesley nannte diese Gedichte ein Ärgernis, „grotesker als alles, was je zuvor in der englischen Sprache veröffentlicht wurde".[17]

In jeder Blütezeit geistlicher Lieder gibt es einige minderwertige Exemplare. Diese sollten uns aber nicht dazu bringen, alles in Bausch und Bogen abzulehnen. Watts war der Vater des englischen

Kirchenliedes, und die besten seiner Lieder haben fast drei Jahrhunderte überlebt und zählen heute noch zu den beliebtesten der Kirche.

CHARLES WESLEY

Charles Wesley wurde 1707 in Epworth in England geboren. Es war eine Zeit religiöser Dürre. Unmoral wurde auch von Höhergestellten nicht für schlimm gehalten, Trunkenheit erfuhr keine Mißbilligung, und die Kirche war leblos.[18] In diese dekadente Kultur hinein schenkte Gott Erneuerung, und er wirkte zu einem großen Teil durch John und Charles Wesley. In starkem Kontrast zum kalten Formalismus der Kirche predigten und sangen die Wesleys über eine lebendige Beziehung mit einem persönlichen Gott, und neues geistliches Leben entstand. Eine große christliche Bewegung, der Methodismus, begann - eine Bewegung, in der Charles Wesleys neue Kirchenlieder eine große Rolle spielten.

Obwohl Watts und andere schon vorher Kirchenlieder eingeführt hatten, hielten die Psalmen in den meisten englischen Gemeinden bis zum frühen neunzehnten Jahrhundert die absolute Vorherrschaft. Noch im Jahre 1819 wurde ein Pastor vor Gericht gestellt, weil er in seiner Gemeinde ein Gesangbuch mit Kirchenliedern einführen wollte.[19]

Charles Wesley setzte die Reformation der Kirchenlieddichtung fort, die Watts angefangen hatte, und führte zwei neue Arten von Liedern ein: Das evangelistische Lied und das Lied über Erfahrungen im christlichen Leben. Während Watts' Hymnen der Form nach objektiv geschrieben waren, bediente sich Wesley des Subjektiven.[20] Insgesamt schrieb er die erstaunliche Anzahl von 6000 Kirchenliedern, u. a. „Hark! The Herald Angels Sing" („Unser Heiland ist nun da"), „Jesus, Lover of My Soul" und „Love Divine, All Loves Excelling".

Während Watts die traditionellen Psalmmelodien zur Begleitung seiner volkstümlichen Poesie nutzte, übernahm Wesley neue Melodien aus der Volksoper und von englischen Volksliedern. Seine Sammlung „Hymns on the Great Festivals and Other Occasions" („Geistliche Lieder für die großen Feste und andere Gelegenheiten") beinhaltete 24 Melodien eines deutschen Komponisten der Komischen Oper.[21] Außerdem kombinierte er für seine Lieder folkloristischen Stil und tatsächliche Volkslieder mit religiösen Texten.[22] Die Verwendung von Händels Musik forderte den Vorwurf der Weltlichkeit heraus, aber Wesley hatte keine Schwierigkeiten damit, Geistliches mit Weltlichem zu verbinden, wenn die Melodien die biblische Botschaft weitertragen sollten. „Wesley stürzte sich auf jedes Lied aus dem Theater oder von den Straßen, sobald es beliebt wurde, und sorgte dafür, daß es einen neuen geistlichen Text in die Heime der Menschen trug."[23] Die Melodie zu „Hark! The Heralds Angels Sing" war von Mendelssohn nicht für den Gottesdienst geschrieben worden, sondern zum Lob der Druckerpresse![24]

Wieder entsprach das Gotteslob in Text und Melodie dem Geschmack des einfachen Mannes, und das hatte beeindruckende Auswirkungen. Die Wesleys räumten bei ihren evangelistischen Feldzügen geistlichen Liedern einen hohen Stellenwert ein, und ihre Musik hatte eindeutige Texte und ansprechende Melodien. Sie hielten die Lieder für unerläßlich zum Erreichen ihrer Ziele - weit mehr als eine bloße Aufwärmübung vor der Predigt. Die meisten Vertreter des einfachen Volkes waren Analphabeten, aber nachdem sie Wesleys Lieder einige Male gesungen hatten, war die Botschaft des Evangeliums und der Christenlehre fest in ihre Herzen und Sinne eingegraben.[25]

Die methodistischen Kirchenlieder „wurden das wirkungsvollste Werkzeug der Evangelisation, das England je gesehen hatte."[26] Sie verkündeten das Evangelium, lehrten zentrale Glaubenssätze und gaben dem einfachen Volk wieder einmal ansprechende Mittel zum Lob Gottes an die Hand. Arnold A. Dallimore drückte es in seinem Buch *A Heart Set Free* so aus:

> *Mancher Mann, manche Frau und manches Kind kehrten nicht nur tief angerührt von der Wahrheit, die sie in der Predigt gehört hatten, aus der Versammlung zurück, sondern sie fuhren fort, in ihren Herzen einen Satz oder sogar eine ganze Strophe eines der Lieder zu wiederholen. Wenn das Lied bei der nächsten Versammlung wieder gehört wurde, behielten sie noch mehr davon und wiederholten das in den folgenden Tagen in ihren Herzen, und Stück für Stück wurde das ganze Lied auswendig gelernt.*[27]

DAS AMERIKANISCHE EVANGELIUMSLIED

Evangeliumslieder wie „Rescue the Perishing" und „The Sweet By and By" werden besonders mit den evangelistischen Liedern der Erweckungen, die in den siebziger Jahren des vorigen Jahrhunderts unter Moody und Sankey begannen, in Verbindung gebracht, aber dieser Stil hatte Vorläufer in den geistlichen amerikanischen Volksliedern und den Liedern der Versammlungen unter freiem Himmel („Camp meetings"). In amerikanischen Kirchen wurden ursprünglich Psalmen zu langsamen, monotonen Melodien gesungen; lebendige Musik hielt man für Teufelsmusik.[28] Mit dem Feuer der Erweckung, das sich durch die Predigten von Jonathan Edwards und George Whitefield verbreitete, kamen jedoch auch neue Lieder. Die Große Erweckung begann 1734 in Northampton, Massachusetts, hauptsächlich unter der Predigt von Jonathan Edwards. Diese Erweckung erfaßte ungefähr von 1740 bis 1745 die amerikanischen Kolonien. Obwohl er persönlich den Psalmengesang vorzog, wandte sich Jonathan Edwards dann doch Watts' Liedern zu, um dem Geschmack der Allgemeinheit Rechnung zu tragen. Diese neuen geistlichen Lieder hatten solch einen Einfluß auf die Massen, daß sie außerhalb der Versammlungen auf den Straßen und Fährschiffen gesungen wurden.[29]

Charles Finney (1792-1875) suchte die städtischen Massen zu erreichen, die einfachen, aber doch gebildeten Menschen der Innenstädte. Für seine Zwecke war der Standard der geistlichen Kirchenmusik zu hoch und der der Liedersammlung für die Camp meetings zu niedrig. Als Reaktion auf dieses Bedürfnis stellte Joshua Leavitt 1831 *The Christian Lyre* zusammen, deren Melodien von beliebten Liedern übernommen oder in diesem Stil komponiert waren. Im Vorwort schrieb er: „Jeder, der mit Erweckungen vertraut ist, wird beobachtet haben, daß immer dort, wo Gebetstreffen und Versammlungen auf ein besonderes Interesse stoßen, das Verlangen nach geistlichen Liedern und Musik besteht, die sich von denen, die normalerweise in der Kirche verwandt werden, unterscheiden."[30]

Diese neuen Lieder erfüllten ihre Rolle bei den innerstädtischen Massen gut, aber die Leute aus den rauhen westlichen Randgebieten der Besiedlung wollten einen lebendigeren Singstil. Sie fügten also ihre eigenen bekannten Weisen den Texten von Wesley und Watts bei. Viele der von ihnen verwandten Melodien konnten auf „weltliche englische Balladen, Fiedelmusik (mit Tanzrhythmen), Märsche und Seemannstänze" zurückverfolgt werden.[31]

Besonders die ländlichen Baptisten des achtzehnten Jahrhunderts neigten dazu, ihren Glauben mit populären Melodien auszudrücken. Das erste Baptisten-Gesangbuch, das 1766 erschien, enthielt viele dieser Melodien. Von den Gebildeteren zwar als „derb" bezeichnet, erfüllten diese Lieder in den Gebieten des „Wilden Westens" doch gut ihren Zweck.

Durch die Camp meetings der Zweiten Großen Erweckung, einer intensiven Zeit der Belebung in Amerika von ungefähr 1795 bis 1830, ereigneten sich einige stilistische Veränderungen. In den frühen Camp meetings wurden die Texte von Watts und Wesley, von Cowper (1731-1800, englischer Kirchenlieddichter, der als der größte Poet seiner Zeit anerkannt wurde, zu dessen Hymnen „There is a Fountain Filled with Blood“ zählt) und Newton (1725-1807, ein bekehrter Sklavenhändler, der Prediger wurde und Hunderte von Kirchenliedern schrieb, u. a. „Amazing Grace“) zu damals beliebten Melodien gesungen. Sie waren allerdings nicht flott genug für die junge Generation. Diese bevorzugte Musik, nach der sie klatschen, mit den Füßen wippen und den Körper wiegen konnte. So wurden die Texte vereinfacht, um zu der beliebten Balladenform zu passen. Eine Möglichkeit war, auf jeden Vers einen Chorus folgen zu lassen, den alle mitsangen. Zu den Beispielen zählen „I'm Bound for the Promised Land“, „Power in the Blood“, „When the Roll Is Called Up Yonder“ und „Faith Is the Victory“.[32] Diese musikalischen Entwicklungen, die auch von den Negro Spirituals beeinflußt wurden,[33] bildeten die Grundlage für die Blüte des Evangeliumsliedes in den Erweckungen unter Moody und Sankey.

IRA SANKEY

D.L. Moody wurde der größte Evangelist des neunzehnten Jahrhunderts genannt. Während eines Zeitraums von vier Monaten leitete er 1875 in London über 285 Versammlungen mit schätzungsweise zwei Millionen Teilnehmern.[34] Bei seinen Versammlungen in Schottland waren die Hallen mit Zuhörern voll, und Hunderte konnten nicht mehr herein. Die Ergebnisse waren noch beeindruckender als die Teilnehmerzahlen. Nach dem schottischen Pastor Horatius Bonar „gab es kaum einen christlichen Haushalt in ganz Edinburgh, aus dem sich nicht mindestens einer während dieser Erweckung bekehrt hatte.“[35] Waren diese phänomenalen Ergebnisse nur auf die geistgewirkte Predigt zurückzuführen? Laut Moody nicht. Er glaubte, daß der Gesang eine entscheidende Rolle spielte. In seinen eigenen Worten:

> *Wenn ihr Gesang habt, der die Herzen erreicht, wird er die Kirche jederzeit füllen. ... Musik und Lied haben nicht nur alle schriftgemäßen Erweckungen begleitet, sondern sind auch grundlegend wichtig für die Vertiefung des geistlichen Lebens. Der Gesang bringt den Menschen*

Gottes Wort mindestens so wirkungsvoll nahe wie die Predigt. Seit Gott mich zum erstenmal rief, erkenne ich immer mehr, wie wichtig das gesungene Gotteslob ist.[36]

Als er überlegte, wie er Musik in seinen Kampagnen einsetzen könnte, spürte Moody, daß etwas Neues nötig war. Er schätzte, daß die Camp-meeting-Lieder für die Massen der großen Innenstädte nicht angebracht sein würden. Als er 1870 die Gesangsleitung von Ira Sankey erlebte, wußte Moody, daß er den Mann und den Stil gefunden hatte.[37]

Ausgebildete Musiker schätzten Sankey nicht als vollwertigen Sänger ein,[38] aber er nahm diesen Titel auch nie für sich in Anspruch. Er wollte nicht die Musikwelt beeindrucken, sondern die Massen mit dem Evangelium erreichen. Seine Stimme und Art besaßen die Fähigkeit, Herzen anzurühren, die Aufmerksamkeit der Menschen auf die Worte zu lenken und eine Melodie in den Zuhörer einzupflanzen.

Wie eine Frau aus Edinburgh schrieb, „singt Mr. Sankey mit der Überzeugung, daß die Seelen zwischen einer Note und der nächsten Jesus empfangen."[39] Der Stil seiner Lieder könnte als ‚populäre Volks-Kirchenlieder' bezeichnet werden. Ein Glasgower Journalist beschrieb ihn so:

Vieles davon ist so schottisch und irisch in seinem Aufbau, daß es unseren Leuten, die mit solcher Musik vertraut sind, manchmal schwerfällt zu erkennen, daß wir da geistliche Musik hören. ... Ist es nicht möglich, daß diese einfachen Lieder deshalb solch einen direkten und wunderbaren Eingang in das schottische Herz gefunden haben?[40]

Die Vorstellung, geistliche Lieder in einen Stil zu kleiden, der von dem populärer Melodien nicht zu unterscheiden ist, würde in vielen Menschen Widerwillen erregen, aber Moody und Sankey fanden, daß dies ihrem Anliegen förderlich war. Ein Zeitgenosse von Sankey schrieb über diesen Ansatz einen Artikel in der *North British Daily Mail*: „Er bereicherte die evangelistische Arbeit durch etwas, das der Entdeckung einer neuen Kraft nahekommt. Er erbeutet die schönste Musik der Ägypter und heiligt sie für den Dienst in der Stiftshütte."[41]

Viele der Lieder wurden in dem Gesangbuch *Gospel Hymns and Sacred Songs* gesammelt, das 1875 herauskam.[42] Bei seinem Erscheinen hatte dieses Gesangbuch einen nie dagewesenen, nur von der englischen Bibel übertroffenen Erfolg.[43] Von *Sacred Songs and Solos* und der amerikanischen Version *Gospel Songs* sollen insgesamt in den ersten fünfzig Jahren zwischen fünfzig und achtzig Millionen Exemplare verkauft worden sein.[44] Obwohl auch hier allerhand Spreu mit dem Weizen produziert wurde,[45] haben viele Lieder das Worfeln der Zeit überstanden, unter ihnen „Thou Didst Leave Thy Throne", „The Sweet By and By", „Sweet Hour of Prayer" und „Rescue the Perishing".

Nicht jeder teilte den Enthusiasmus über die neuen Kirchenlieder. Als Moody und Sankey zum erstenmal nach Schottland kamen, waren die Leute dort noch auf den ausschließlichen Gebrauch der Psalmen eingeschworen. Horatius Bonar hatte Hymnen von solch bleibender Qualität verfaßt, daß sie die Gesangbücher bis heute bereichern, aber zu seiner Zeit wurden sie von den Ältesten seiner eigenen Gemeinde verboten. Die Schotten empfanden auch die Orgelmusik von Bach und Händel als ausschließlich für weltliche Unterhaltung geeignet.[46] Wie Pastor Henry Davenport Northrop 1899 schrieb, „wurde die Einführung von Kirchenliedern in schottische Gottesdienste bis aufs Messer bekämpft, als seien sie vom Teufel verfaßt und würden alle evangelische Religion über den Haufen werfen."[47]

Ein älterer Diakon drückte die Gefühle vieler Schotten aus, als er zu Dr. Bonar folgendes über Sankey sagte: „Was der da tut, ist eine Beleidigung für den Allerhöchsten! ... Erstens singt er überhaupt kaum Psalmen. Die, die er singt, sind falsch übersetzt. Ich würde das überhaupt nicht Musik nennen. Was er in das Heiligtum bringt, erinnert an Darbietungen aus weniger religiösen Stätten als Kirchen und Kapellen."[48]

Sankey begleitete sich selbst auf einer kleinen Rohrblatt-Orgel, die bei seinen Kritikern nicht besser wegkam als seine Lieder. Derselbe ältere Diakon bezeichnete sie als „teuflische Pumpmaschine, die gotteslästerlich faucht."[49] Ein anderer sagte, Orgeln hätten „einen Teufel in jeder Pfeife". Nachdem Sankey „What Shall the Harvest Be?" gesungen hatte, bemerkte jemand kritisch zu Moody, daß er, wenn er weiterhin so singen würde, „bald alle zum Tanzen bringen würde".[50]

Schließlich gab Sankeys Evangeliumsmusik dennoch der unglaublichen Erweckung, die diese Länder erlebten, mächtige Impulse. Und die Lieder hörten nicht auf, ihre Spuren zu hinterlassen, wo immer sie gesungen wurden.

WILLIAM BOOTH UND DIE HEILSARMEE

Während die Camp-meeting-Lieder im amerikanischen Westen gute Ergebnisse erzielten und Sankeys Evangeliumslieder viele sowohl in Europa als auch in Amerika ansprachen, lagen William Booth (1829-1912) die einfachen Leute in England am Herzen, die von der traditionellen Kirche nicht erreicht wurden. Er gab 1865 seine Stellung als Methodistenpastor auf, um eine Arbeit unter den Armen in London anzufangen. Dieses Werk wurde unter dem Namen Heilsarmee bekannt und dehnte sich auf über 86 Länder aus. Er fing in den späten siebziger Jahren an, Instrumente zu benutzen, als sich zwei Mitglieder eines Blasorchesters bekehrten. Einer half mit seinem Kornett, den Gesang zu leiten, und das Singen verbesserte sich deutlich.[51] So begann der Gebrauch einer großen Vielzahl von Instrumenten, Violinen, Gamben, Ziehharmonikas, Blechblasinstrumente, Trommeln „und alle anderen, die einen angenehmen Klang vor dem Herrn machten“, eingeschlossen.[52] Interessanterweise war das einzige Instrument, das Booth nicht erlaubte, das Harmonium, weil das nämlich mit Kirchen und Kapellen in Verbindung gebracht wurde und deshalb auf die Massen keine Anziehungskraft ausübte.[53]

Die Heilsarmisten trugen ihre Instrumente zusammen, um „Halleluja-Bands“ zu gründen, und erlebten, wie viele, viele Menschen gerettet wurden, die von der traditionellen Kirche vielleicht nie erreicht worden wären. Warum hatten diese Bands solch eine Anziehungskraft? Das Geheimnis war die Sensiblilität der Heilsarmisten gegenüber den Menschen, die sie ansprechen wollten. Die Arbeiter der Industriestädte in England hatten weitgehend eine Entfremdung von der Kirche erlebt, aber ein Gebiet, das sie alle sehr interessierte, war die weltliche Blasorchester-Bewegung.[54] Booths Heilsarmisten fanden die gemeinsame Grundlage und stellten ihre eigenen Bands zusammen, um Menschenmengen anzuziehen und das Evangelium zu verkünden.

Obwohl Booth selbst alte methodistische oder auch das eine oder andere anglikanische Lied lieber hatte, fand er heraus, daß seine kirchenfernen Zuhörer diese nicht singen konnten, entweder, weil sie die Melodien nicht kannten, oder weil sie nicht lesen konnten. Er nahm also eingängige Melodien der Unterhaltungsmusik[55] und erlebte, wie die Massen angesprochen wurden. Tausende wurden gerettet, nachdem sie einer Band zugehört hatten, und schlossen sich der Heilsarmee an.[56] Die Musik war so wichtig für die Bewegung, daß der Biograph Bernard Watson schrieb: „Die Heilsarmee könnte man durch Fortnehmen ihrer Musik entwaffnen. Ohne ihre Lieder ... wäre die Armee lahmgelegt.“[57]

Die Melodien, die Verwendung fanden, waren säkular. Die Melodie zu „Champaigne Charlie“ („Champagner-Charlie“) wurde mit dem Text „Bless His Name, He Sets Me Free“ gesungen („Lobt seinen Namen, er macht mich frei“), „Pretty Louise“ („Hübsche Louise“) wurde „Living Beneath the Shade of the Cross“ („Leben im Schatten des Kreuzes“), „I Traced Her Little Footsteps in the Snow“ („Ich bin ihrer süßen Fußspur im Schnee gefolgt“) wurde „O, the Blood of Jesus Cleanses White as Snow“ („Oh, das Blut Jesu reinigt weiß wie Schnee“),[58] „Minnie, Darling, Come and Wander“ („Minnie, Liebling, komm mit wandern“) wurde „Blessed Savior, Now Behold Me“ („Gepriesener Retter, sieh mich an“).[59] Einige Lieder, wie „I've Found a Friend in Jesus“ („In Jesus habe ich einen Freund gefunden“) und „He's the Lily of the Valley“ („Er ist die Lilie im Tale“) (zur Melodie von „The Old Log Cabin in the Lane“ - „Die alte Holzhütte an der Straße“) haben sich bis heute gehalten.

Booth wollte die Lieder einfach und in der Sprache des Volkes - Ohrwürmer, die man nicht vergaß und während der täglichen Arbeit vor sich hinsummte.[60] Den entsprechenden Stil beschrieb die *Midland Free Press* als „geistliche Lieder mit Melodien, die einen zum Singen bringen - und sie haben wohl tatsächlich in mancher Brust eine zarte Saite zum Klingen gebracht, die bei keinem anderen Zupfen je vibriert hätte“.[61]

Nicht jeder sah diese neuen Ideen jedoch mit Wohlwollen. Viktorianische Kirchenmänner, die Presse und örtliche Verwaltungen reagierten schockiert und angewidert. Selbst einige von Booths Unterstützern hielten die Musik für belanglos und überflüssig.[62] Andere befürchteten, die bekannten Melodien würden die Leute an ihr sündiges Vorleben erinnern. Im Laufe der Zeit stellte sich jedoch heraus, daß die neuen Texte die Vorherrschaft übernahmen und die Assoziationen mit einer sündigen Vergangenheit überwanden.[63]

Eine weniger starke Persönlichkeit hätte sich dem Spott seiner zahlreichen Kritiker gebeugt. William Booth war aber nicht auf das Lob der Menschen aus. Er sehnte sich danach, die Scharen einer verlorenen Menschheit zu erreichen, und er sah überhaupt keinen Grund, solch ein nützliches Werkzeug wie populäre Musik nicht zu benutzen. Wie Booth selbst es ausdrückte:

Von der Seele und Festung der Musik hat er (der Teufel) Besitz ergriffen, ... und mit ihr bezaubert und fesselt und beeinflußt er die Welt. Wenn aber sinnliche, weltliche, satanische Musik solche Macht hat, was könnte Musik dann nicht alles ausrichten, wenn Lieder und Herzen und Stimmen vom Heiligen Geist inspiriert und geleitet werden?[64]

Noch einmal beauftragt Booth in der Heilsarmee-Zeitung *Der Kriegsruf* seine Soldaten:

Musik hat eine göttliche Wirkung auf von Gott beeinflußte und geleitete Seelen. Musik ist für die Seele, was der Wind für das Schiff ist, er treibt es weiter in die Richtung, in die es gesteuert wird. ... Diese oder jene Melodie zu singen ist nicht erlaubt? Hört, hört! Weltliche Musik, sagst du? Gehört dem Teufel, was? Wenn das stimmte, dann würde ich sie ihm klauen. Er hat nämlich kein Recht auf eine einzige Note aus der ganzen Tonleiter. Er ist ein Dieb! ... Jeder Ton und jeder Klang und jede Harmonie ist göttlich und gehört uns. ... So weiht jetzt und für alle Zeiten eure Stimmen und eure Instrumente. Bringt eure Harfen und Orgeln und Flöten und Violinen und Pianos und Trommeln und alles, was sonst noch Musik machen kann, heraus! Bietet sie Gott an und benutzt sie, damit alle Herzen um euch her fröhlich werden vor dem Herrn![65]

11

Was wir aus der Geschichte lernen können

Aus der Geschichte der Völker können wir lernen, daß die Völker aus der Geschichte nichts gelernt haben.

Hegel[1]

Im Laufe der Zeit riefen nicht nur stilistische Veränderungen der Kirchenmusik und ihrer Texte Bestürzung hervor. In diesem Kapitel betrachten wir andere Neuerungen, um aus den Erfahrungen der Vergangenheit Rückschlüsse auf die gegenwärtige Auseinandersetzung ziehen zu können.

DIE ORGEL

Die Orgel, wie wir sie heute kennen, wird auf die hydraulische oder Wasserorgel des dritten Jahrhunderts v. Chr. zurückverfolgt, die möglicherweise Ktesibius, ein Ingenieur Alexanders des Großen, einführte. Sie wurde populär und bei Veranstaltungen unter freiem Himmel, z. B. bei Zirkussen und Gladiatorenkämpfen, gespielt.[2] Vielleicht begleitete diese frühe Orgel sogar das Abschlachten der ersten Christen in der römischen Arena![3] Erst im zehnten Jahrhundert [4] wurde in der Messe Orgel gespielt, und auch das geschah nicht ohne Widerstand.[5]

Zur Zeit der Reformation war die Orgel in katholischen Kirchen heimisch geworden. Nun erhielt sie also wegen dieser Assoziation ein schlechtes Ansehen unter einigen der Reformatoren, die prompt ihren Einsatz verurteilten.[6]

Der Züricher Magistrat verfügte 1524, daß „in der Stadt und den Kirchen keine Orgel mehr gespielt" werden sollte.[7] Bald danach wurde die Orgel des großen Münsters in Stücke gehauen. Calvin ächtete das Instrument, und aufgrund seines großen Einflusses wurden in den folgenden Jahren noch viele Orgeln zerstört.[8] Bestimmten Gruppen war es so ernst mit diesem Bann, daß im Jahre 1727 in ganz Schottland nur eine einzige Kirchenorgel zu finden war. Ihre Rückkehr aus dem Exil sollte nicht bald und nicht ohne Schwierigkeiten erfolgen.

Unter den Schotten war die Orgel als „Kist O'Whistles" („Pfeifensarg") bekannt; für die Engländer war sie „des Teufels Dudelsack". Die Erlaubnis, in presbyterianischen Kirchen Orgeln einzusetzen, erfolgte nicht vor dem Jahre 1866 durch die Established Church, 1872 gefolgt von der Vereinigten presbyterianischen Kirche.[9]

In der Neuen Welt hätte die frühen Puritaner bei dem Gedanken an eine Orgel in ihrer Kirche das blanke Entsetzen erfaßt. Über die Jahre wurde die Orgelfrage zu einem ernsthaften Diskussionsthema, an dem sich heftiger Streit entzündete. Der hochangesehene Cotton Mather (1663-1728, Pastor der Bostoner North Church und sehr produktiver Schriftsteller) argumentierte: Wenn man erst Orgeln zuläßt, gibt es bald auch andere Instrumente, und am Ende fängt man in der Kirche gar das Tanzen an![10]

Nach und nach setzte sich die Orgel wieder durch, aber manchmal erst nach hartem Kampf. Die erste nicht-episkopale Kirche, die eine Orgel anschaffte, war die Congregational Church in Providence im Jahre 1770. Die Kirche in der Bostoner Brattle Street willigte schließlich ein, eine Orgel in England zu bestellen. Nach der Auftragserteilung verfiel die Gemeinde allerdings einem bitteren, trennenden Streit (siehe Kapitel 9). Viele Mitglieder der Brattle Street Church waren schockiert und entsetzt, daß solch ein großes Übel von Christen willkommen geheißen wurde, die vorgaben, Gott mehr zu lieben als die Welt.[11]

ANDERE NEUERUNGEN

Kirchenmusiker im Mittelalter glaubten, die übermäßige Quarte, der Tritonus, sei vom Teufel besessen,[12] aber seit jener Zeit wurde gerade dieser Akkord sehr oft in der Kirchenmusik verwandt.[13] Zu einer anderen Zeit hielt man Terzen und Sexten für sinnlich und lehnte sie also ab.[14] Später wurde der synkopierte Rhythmus wegen seiner Assoziationen mit dem Ragtime abgelehnt, aber Hymnen wie „Since Jesus Came into My Heart" überlebten den anfänglichen Schock vieler skeptischer Gottesdienstbesucher und gelten heute als traditionelle Gemeindelieder.[15]

Ein Klavier wirkt auf das Kirchenmitglied unserer Tage recht harmlos, aber im neunzehnten Jahrhundert hätte kaum eine Gemeinde daran gedacht, so ein weltliches Instrument zu benutzen![16]

Die Mährischen Brüder akzeptierten im achtzehnten Jahrhundert viele Instrumente, lehnten aber die Violine ab, die sie mit Tanz in Zusammenhang brachten und „des Teufels Fiedel" nannten.[17]

Während der Liturgie-Bewegung (ca. 1930-1960), als die Kirchen sich auf historische Gestaltungsformen und Praktiken des Gottesdienstes zurückbesannen, wurde das gemeinsame Erleben verherrlicht und Sologesang als zu personenbezogen abgestempelt - der Sänger stünde dadurch zu sehr im Vordergrund.[18] Frühe Freikirchen, die sich in Europa von den Staatskirchen getrennt hatten, waren strikt gegen „päpstliche" Kirchenchöre, da sie sie mit der römisch-katholischen Kirche in Verbindung brachten.[19]

Es ist eine traurige Wahrheit, daß eben jene Dinge, die Gott uns gegeben hat, damit wir einander voll Freude auferbauen und ihn verherrlichen, durch die ganze Kirchengeschichte hindurch immer wieder zu Schlachtfeldern gerieten. Viele dieser Schlachten wirken in der Rückschau sinnlos oder sogar lächerlich, aber als sie stattfanden, waren sie ernst und zogen Trennungen nach sich.

Ich hoffe, daß die folgenden Überlegungen zu dem, was wir aus der Geschichte wissen, uns helfen, die gegenwärtige Auseinandersetzung besser zu verstehen und uns darin besser zu verhalten.

ÜBERLEGUNGEN: DIE VERGANGENHEIT SPRICHT

1. *Perioden musikalischer Veränderung folgen einem zyklischen Muster.*[20] Im ersten Stadium, das wir *Entfremdung* nennen wollen, haben alte Musikformen ihren festen Platz in der Gemeinde. Diese Stile sprechen fast ausschließlich Menschen an, die in der Kirche aufgewachsen sind, und befremden jene, denen sie nicht vertraut sind. Der musikalische Stil der Kirche unterscheidet sich vom populären, volkstümlichen Stil und wird in Abgrenzung zum ‚weltlichen' ‚heilig' genannt. Was einst wirkungsvolles Salz war, hat seine Kraft verloren, und die Grundlage für Phase 2 ist gelegt: *Eingliederung.*

Tapfere Reformer, überzeugt, daß altmodische Formen ernstgemeinte Anbetung ersticken, übernehmen die musikalische Sprache des Volkes (oft sogar die bereits existierenden Melodien), sehr zum Verdruß der hartnäckigen Traditionalisten. Die Hüter der Vergangenheit kontern und leiten so Phase 3 ein: *Konflikt.*

An diesem Punkt werden die Neuerungen vehement bekämpft als Kompromiß mit der Welt, unbiblisch, Teufelsmusik, Ersatz von guter Anbetung durch billiges Unterhaltungsprogramm und wegen tausend anderer Sorgen. Phase 4 beginnt: *Erneuerung.*

Obwohl Erneuerung nicht ausschließlich durch eine musikalische Veränderung geschieht, wird sie doch auf jeden Fall durch die kommunikative Kraft des neuen Mediums stark unterstützt. Es wird wieder in der Sprache des Volkes angebetet, und Kirchenmusik wird in den Alltag der Gläubigen integriert, die die Lieder, die sie jetzt von Herzen singen, aus den Kirchenmauern heraus in die Fabriken und auf die Marktplätze tragen.

Schließlich wird das, was eben noch neu und frisch war, wieder Standard. Was einst als weltlich verschrien wurde, findet seinen Weg ins Gesangbuch und gilt nun als heilig. Gleichzeitig entwickelt sich der volkstümliche Musikstil weiter, so daß es wieder eine Trennung zwischen Traditionellem und Populärem gibt. Was vorher zu Begeisterungsstürmen hinriß, verbreitet jetzt das große Gähnen. Trotzdem würde sich niemand im Traum einfallen lassen, populäre „weltliche" Formen zu übernehmen. Und so finden wir uns in Phase 1 wieder, und die Geschichte wiederholt sich.

Da es so aussieht, als folge die heutige moderne christliche Musik dem gleichen historischen Muster, gebietet uns die Klugheit, sehr sorgfältig jene Fehler zu vermeiden, die in der Vergangenheit in jeder Phase gemacht wurden.

2. *Der zweifelhafte Ursprung oder die mit ihm verbundenen schlechten Assoziationen eines Stils schließen nicht von vornherein aus, daß Gott in der Lage ist, ihn für seine Ziele zu benutzen.* In der Geschichte finden wir den Beweis, daß der Gebrauch von Stilrichtungen, die aus der Welt kamen oder dort populär geworden waren, in der Gemeinde überwältigende Erfolge erzielten. Gott kann viele volkstümliche Stile benutzen, um seine Botschaft zu verbreiten - und das hat er oft getan. Die historische Perspektive zeigt also, daß das gegenwärtige Diskussionsthema nicht sein kann, ob man den Stil „der Welt" benutzen sollte oder nicht. Sowohl traditionelle als auch zeitgenössische Stilrichtungen der Kirchenmusik wurden irgendwann von der Welt entwickelt, verbreitet und benutzt. Im Licht der Geschichte gesehen erübrigt sich also die Debatte, ob wir einen weltlichen Stil in der Kirche zulassen können. Die einzige Frage, die wir zu beantworten haben, lautet: Aus welcher ihrer Epochen übernehmen wir weltliche Musik?

3. *Subjektiven Überzeugungen bezüglich Musikstil kann man nicht immer trauen.* Wenn wir darin übereinstimmen, die von Luther und Sankey übernommene Musik und die von Watts übernommene Poesie für legitim zu halten, dann müssen wir schließen, daß deren

Zeitgenossen mit ihrer Überzeugung, diese Stilrichtungen seien vom Bösen, falsch lagen.

Kritiker hielten die Kirchenmusik, mit der sie aufgewachsen waren, fälschlicherweise für Gottes Stil und die volkstümlichen Formen für den des Teufels. Als das vermeintlich Heilige schließlich mit dem vermeintlich Profanen verbunden war, rochen die neuen kirchlichen Formen immer noch nach Weltlichkeit. Fest verwurzelte kulturelle Regeln wurden gebrochen, und viele Gläubige kamen in Mißkredit. Heute stimmen Vertreter beider Seiten unseres strittigen Themas darin überein, daß viele Christen in der Vergangenheit mit ihrer vorschnellen Verurteilung von Musik, die später von der Kirche einvernehmlich für die größte geistliche Lieddichtung gehalten wurde, irrten. In den Gegnern meldete sich anscheinend die innere Stimme ihres gesellschaftlichen Erbes und wurde mit der Stimme des Geistes verwechselt. Ist es wirklich so schwer vorstellbar, daß sich dieser tragische Irrtum bis in unsere Zeit gehalten hat?

Im Alter von achtzehn Jahren spielte der Theologe J. I. Packer Jazzmusik, gab das aber bei seiner Bekehrung auf, da er annahm, daß es sich nie mit einer völligen Hingabe an Christus vereinbaren ließe. Er konnte, in seinen eigenen Worten, nicht erkennen, „wie diese oder irgend eine andere Form säkularer Musik oder Kunst aus christlicher Motivation gemacht werden könnte." In seiner Umgebung dachte man, daß die Musik „einen teuflischen Einfluß auf ihre Verehrer habe". Später stellte Packer seine früheren Überzeugungen in Frage und kam zu dem Ergebnis, daß „der frühe Jazz zu den wertvollsten kulturellen Errungenschaften des zwanzigsten Jahrhunderts zählte".[21] Heute ist die Musik, die er einst ablehnte, eine Quelle der Freude und Auferbauung für ihn.

Packers musikalische Pilgerfahrt hat sich oft wiederholt – für viele in bezug auf Rockmusik. Im Licht dieser zeitgenössischen und historischen Beispiele muß jeder negative erste Eindruck einer rigorosen, kritischen Musterung unterzogen werden, bevor er vorschnell für eine Warnung des Heiligen Geistes gehalten wird.

4. *Wer sich bemüht, jegliche Kontroverse zu vermeiden, bekommt Gottes Handeln vielleicht nur ganz am Rande mit.* Nach dem Kirchenmusikhistoriker Millar Patrick „war Auseinandersetzung die Wiege jeder großen geistlichen Bewegung".[22] Wenn das stimmt, können wir uns den Luxus uninformierter Neutralität nicht leisten.

Durch die ganze Kirchengeschichte hindurch spielte Musik bei der Erneuerung eine zentrale Rolle. Nach W.C. Proctor, ebenfalls

Kirchenmusikhistoriker, „wurden Zeiten der Erweckung immer von Hymnen und geistlichen Liedern begleitet."[23] Donald Hustad schreibt, „die Geschichte der Erweckungen hat wiederholt Blütezeiten neuer Musikformen erlebt, die geistlich waren, aber weltliche Wurzeln hatten." Hustad nennt im weiteren den Grund für ihre Stärke: „Musikalische Klänge, die der Welt vertraut sind, zeigen eine große Wirkung in der ‚Vorevangelisierung' der Nichtgläubigen."[24] Allerdings macht sie eben das Element, das diese Musik unter den Nichtgläubigen Erfolg haben läßt, in der Kirche zu einem kontrovers diskutierten Thema. Dies zu ignorieren und einfach Methoden beizubehalten, die unter früheren Generationen wirkten, könnte bedeuten, das Erneuerungswehen des Heiligen Geistes zu verpassen - bestenfalls. Schlimmstenfalls wäre es Widerstand gegen die Hand Gottes.

5. *Die Wege der Tradition sind mit Pflöcken begrenzt, die sich schlecht entfernen lassen.* Peter Lord, Pastor der Baptistenkirche an der Park Avenue in Titusville in Florida, beobachtete, daß die Menschen dem gegenwärtigen Wirken Gottes am stärksten widerstehen, die Teil seines früheren Wirkens gewesen waren. Statt für neue Methoden und Formen offen zu sein, nehmen wir an, daß die Wiederherstellung der damaligen Gegebenheiten den Weg für eine Erweckung in der heutigen Zeit freimachen würde.

In zwei der Versammlungen, die Moody und Sankey in Schottland abhielten, schrie eine Frau, während sie sich ihren Weg zur Tür bahnte: „Laßt mich raus! Laßt mich raus! Was hätte John Knox von solchen wie euch gehalten?"[25]

Offenbar wußte sie etwas vom Wirken Gottes durch John Knox, aber ihre Bindung an diese Tradition erlaubte ihr nicht, Gottes Hand in einem neuen Werk zu erkennen. Traditionen können hilfreich sein, aber wir müssen sie ständig auf ihre biblische Grundlage überprüfen und abchecken, ob sie auch in einer neuen Generation ihren Zweck erfüllen können.

Behalten Sie die Lehren aus der Geschichte vor Augen, wenn wir nun die zeitgenössische Szene betreten und überlegen, wie wir das gewaltige Potential des Mediums Musik für unsere eigene Generation nutzbar machen können.

Teil IV

DIE MÖGLICHKEITEN MODERNER MUSIK NUTZEN

12

Die Notwendigkeit einer Alternative

Siehe, ich sende euch wie Schafe mitten unter die Wölfe. Darum seid klug wie die Schlangen und ohne Falsch wie die Tauben.

Matthäus 10,16

Toto, ich glaube nicht, daß wir noch in Kansas sind.

Dorothy in *Der Zauberer von Oz*

Einer Analyse des gegenwärtigen Stellenwertes der Musik widmete Allan Bloom von der University of Chicago ein ganzes Kapitel seiner umfassenden Kritik der höheren Bildung in den Vereinigten Staaten, *The Closing of the American Mind*. Über ihre zentrale Stellung in der amerikanischen Kultur schrieb Bloom: „Nichts ist dieser Generation eigentümlicher als ihre Sucht nach Musik. Ein großer Teil der jungen Leute zwischen 10 und 20 lebt heute für Musik. Sie ist ihre Leidenschaft. Nichts begeistert sie so sehr. Sie können nichts ernstnehmen, das dem Wesen der Musik fremd ist. Während sie in der Schule oder mit ihrer Familie zusammen sind, sehnen sie sich danach, möglichst bald wieder in ihre Musikwelt zurückkehren zu können.“[1]

Bloom hat völlig recht. Allein in den Vereinigten Staaten treten etwa 300 000 Profi- und Amateur-Rockgruppen auf,[2] und sie haben keine Schwierigkeiten, ein Publikum zu finden.

Eine Studie der American Medical Association stellte kürzlich fest, daß ein Teenager in der Zeit zwischen dem siebten und zwölften Schuljahr im Schnitt 10 500 Stunden Rockmusik hört (mehr als doppelt soviel Zeit, wie er in der Schule verbringt), und schloß daraus, daß Musik einen noch größeren Einfluß auf diese Altersgruppe ausübt als das Fernsehen.[3]

Die meisten Jugendlichen bestätigen, daß sie die Musik geniessen, behaupten jedoch, nicht auf Texte zu achten. Bob Demoss, Gründer und Direktor der Organisation Teen Vision, fand durch Tests, die er bei seinen Vorträgen an Schulen regelmäßig durchführt, heraus, daß demgegenüber selbst kleine Kinder die Texte aktueller Lieder auswendig können. Als er Viertklässler bat, die Zeile eines populären Songs von Samantha Fox zu vervollständigen: „Touch Me (I Want Your ...)", trugen 80 Prozent der Kinder das richtige Wort ein: „Body" (Berühre mich, ich will deinen Körper).[4] Viertklässler.

Musikstars produzieren für unsere Kinder nicht nur Hintergrundmusik; sie sind ihre Helden. Für das *World Almanac and Book of Facts* wurden 4000 Oberschüler nach ihren Idolen gefragt. Unter den ersten acht waren Debbie Allen (von der Fernsehshow *Fame*, die sehr viel Rockmusik bringt), Bruce Springsteen, Madonna, Prince und Eddie VanHalen.[5]

Ob es Ihnen gefällt oder nicht, für die meisten Teenager ist Musik ein wesentlicher Bestandteil des Lebens. Sie beeinflußt ihre Entscheidungen und stellt ihnen ihre Idole. Eltern, Pastoren und alle, die mit Jugendlichen arbeiten, sollten wissen, für welche Inhalte die Bands stehen und was sie vermitteln. Deshalb ist es so erstaunlich, daß die meisten Erwachsenen die Musikszene nur am Rande mitbekommen. Für diejenigen, die das Phänomen Popmusik bisher kaum wahrnahmen, werden die folgenden Seiten eine schockierende Einführung in das Thema sein.

Der Apostel Paulus war sich wohl bewußt, was Satan im Sinn hat (2. Kor. 2,11). Viele Eltern nehmen dagegen an, daß ihr Junior in seinem Zimmer, fernab der teuflischen Wege, sicher sei – während sich der Böse in Juniors Zimmer, zu dem er durch die Kopfhörer einen leichten Zugang hat, ganz zuhause fühlt.

Wenn Ihnen die folgenden Informationen allzu schockierend scheinen, als daß Sie ihnen Glauben schenken könnten, dann sehen Sie sich einfach einmal die CD-Covers im nächstgelegenen Musikgeschäft an oder blättern Sie durch die Musikzeitschriften im Supermarkt. Einige der schlimmsten Beispiele habe ich ausgelassen, weil sie für den Druck denkbar ungeeignet sind. Und – nein, dies sind nicht irgendwelche obskuren Bands aus dem Untergrund. Dies sind die, in Verkaufszahlen über die Jahre gemessen, populärsten Musikgruppen.

Denn diese Völker, deren Land du einnehmen wirst, hören auf Zeichendeuter und Wahrsager; dir aber hat der Herr, dein Gott, so etwas verwehrt. (5. Mose 18,14)

Tina Turner ist einer der am längsten erfolgreichen Rockstars, der je einen Song aufnahm. Als am 4. März 1985 ein *Newsweek*-Bericht über sie erschien, waren von ihrer Platte *Private Dancer* drei Millionen Stück verkauft worden - dreifach Platin. Wie steht es mit ihren persönlichen Überzeugungen? Sie glaubt an Reinkarnation (entgegen Hebr. 9,27) und gibt vor, schon einmal im alten Ägypten und im Frankreich der *Belle Époque* gelebt zu haben.[6]

Viele Rockkünstler verstecken ihren okkulten Glauben nicht im Kämmerchen, sondern verkünden ihn von den Dächern. So seltsam es klingt: Okkulte Themen sind gute Werbung im Musikgeschäft, und die Bühne wurde schon oft zur Kanzel für diese Prediger des Abfalls.

1976 entlarvte die *Newsweek* den Folksänger John Denver als „selbsternannten Messias", der „seine Musik für weit mehr als nur Unterhaltung hält. Er sieht sie als ... das Evangelium einer neuen säkularen Religion, deren Gottheit der eigene Kopf ist."[7] Denver: „Eines Tages werde ich so vollendet sein, daß ich dann nicht mehr menschlich bin. Ich werde ein Gott sein."[8] Led Zeppelin wurde einmal als populärste Band der Welt gefeiert, und ihr Lied „Stairway to Heaven" galt als der beste Song der Siebziger. Jimmy Page, der Gitarrist von Led Zeppelin, war so sehr im Okkulten verstrickt, daß er sich eine eigene entsprechende Buchhandlung kaufte. Das Magazin *Hit Parader* zitierte ihn folgendermaßen: „In London gibt es nicht eine einzige gute okkulte Buchhandlung, und ich war es satt, überall herumzulaufen, um zu bekommen, was ich suchte." Page saß dermaßen im Okkultismus fest, daß er Boleskine kaufte, das ehemalige schottische Herrenhaus von Aleister Crowley, einer der berühmtesten okkulten Figuren unserer Zeit.[9] Auf dem Cover des Black-Sabbath-Albums *Sabbath, Bloody Sabbath* ist ein satanisches Nacktritual abgebildet, vervollständigt von der Zahl 666, die nach Offenbarung 13,18 das Zeichen des Tieres ist.

SEX

Laßt euch nicht irreführen! Weder Unzüchtige noch Götzendiener, Ehebrecher, Lustknaben, Knabenschänder ... werden das Reich Gottes ererben. (1. Kor. 6,9-10)

Gottes Wort beschränkt Sex auf die Ehebeziehung, aber in der modernen Musik wird häufig freier Sex bis hin zu Perversitäten propagiert. Von 166 untersuchten Musikvideos enthielten über 75 % Darstellungen sexueller Intimität.[10] In seiner Studie über Country-Musik schloß der Soziologe Edward G. Armstrong: „Das Hauptthema der Country-Lieder ist Liebe, besonders betrügerische Liebe."[11] Voyeurismus und Autoerotik vereinigen sich in den Country-Songs „It's Me Again, Margaret" und „Plastic Girl".[12]

In der Popszene drückt Whitney Houstons Hit „Saving All My Love for You" den Wunsch einer Frau nach Sex mit einem verheirateten Mann aus. Die Bibel nennt das Ehebruch. Der Stil des Liedes ist sanft, wie es den meisten Erwachsenen gefällt.[13]

Kommen wir zum Rock: Prince hat eine ansehnliche Anhängerschaft und wurde vom *Rolling Stone*-Magazin zum Künstler des Jahres 1982 ernannt. Sein drittes Album, *Dirty Mind*, protzt mit Texten, die für Jugendliche nicht geeignet sind, und auf dem Cover sieht man Prince selbst im Trenchcoat und schwarzen Bikini. Dieses Cover paßt gut zu der Lebensphilosophie, für die er eintritt: „Ich denke, wenn es ein Konzept gibt, ist es Freiheit - persönliche Freiheit - und die Tatsache, daß wir alle tun müssen, was wir tun wollen."[14]

1988 war Guns'n Roses eine der populärsten Gruppen. Sexuelle Gewalt wurde sowohl auf dem Cover ihres Debut-Albums als auch in den Texten dargestellt.[15] Simon le Bon von Duran Duran sagte über Sex: „Das war immer wichtig in Durans Songs. Es war immer das Wichtigste in meinem Kopf."[16]

Laut *Rolling Stone*-Magazin „wählte fast jeder Engländer Bronski Beat zur besten Band des Jahres 1984". Die Gruppe bestand aus drei Männern Anfang Zwanzig, die sich offen zu ihrer Homosexualität bekannten und Lieder über ihren Lebensstil schrieben. Ihr erstes Album? „The Age of Consent" - „Das Zeitalter der Zustimmung".[17]

W.A.S.P. wurden dafür bekannt, daß sie rohes Fleisch in ihr Publikum warfen und Blut aus einem Schädel tranken. Außerdem simulierten sie in einer Bühnenshow die rituelle Folter an einer spärlich bekleideten Frau, die auf eine Folterbank gespannt war.[18] Stephen Pearcy, der Leadsänger von Ratt, sagte: „Meine Vorstellung von Frauen und Tourneen entspricht der von Mahlzeiten. Jeden Tag dasselbe zu essen wäre langweilig, und es würde niemandem nützen, sich auf nur eine zu beschränken."[19]

DROGEN

Und sauft euch nicht voll Wein, woraus ein unordentliches Wesen folgt. (Eph. 5,18)

Die Bibel verurteilt Trunkenheit und, so muß man schließen, entsprechend auch Drogenmißbrauch. Viele Bands werben aber für Rauschgift, wenn sie sich mit ihren Gelagen in Szene setzen und von ihren Erfahrungen singen. „License to Ill", das bestverkaufte Album der Beasty Boys, nimmt über neunzigmal auf Drogen und Alkohol bezug.[20]

Grace Slick von Jefferson Starship sagte: „Etliche Rockgruppen wurden durch LSD freigesetzt. Wir nehmen alle Drogen und dulden das auch bei jedem."[21]

GEWALT UND REBELLION

Wer sich nun der Obrigkeit widersetzt, der widerstrebt der Anordnung Gottes; die ihr aber widerstreben, ziehen sich selbst das Urteil zu. (Römer 13,2)

Die National Coalition on Television Violence stellte bei über der Hälfte aller MTV-Videos Gewalt fest.[22] Eine Studie aus dem Jahr 1984 fand „im Musikfernsehen (MTV) pro Stunde 18 Darstellungen von Aggression, und zwar zu 35 Prozent sexuelle Gewalt gegen Frauen."[23]

Jim Morrison von den Doors kommentierte seine Bühnenvorführungen: „Hier oben bin ich Gott! Ich tue, was ich will! Revolution, Unordnung, Chaos, Sex und besonders völlig sinnlose Handlungen - all das interessiert mich."[24]

NUR PUBLICITY ODER BEWUSSTE VERFÜHRUNG?

Aber ist das nicht alles nur Werbestrategie? Ist unsere Generation nicht an solch einem religiösen Tiefpunkt angekommen, daß heute das, was früher alle Alarmglocken ausgelöst hätte, nur ein erfolgreicher Marketing-Schachzug ist?

Zugegeben, zum Teil ist das ganze Sex- und Rebellionsgerede wahrscheinlich einfach Publicity. Zum Beispiel hat die Gruppe

AC/DC einen wilden Ruf, aber in einem Interview mit *Hit Parader* wurde eines der Mitglieder gefragt: „Was macht so viel Spaß auf den AC/DC-Tourneen?“ Die Antwort:

> *Ich will nicht behaupten, daß wir eine von diesen Bands sind, die Hotelzimmer auseinandernehmen und mit Hunderten von Mädchen rumhängen. Wir sind alle Familienväter, und für so etwas sind wir ohnehin zu alt. Aber wenn du auf Tour bist, kannst du dich auf das konzentrieren, was du am liebsten tust, und mußt dir keine Gedanken über Rasenmähen machen oder ob man nochmal tanken fahren müßte.*[25]

Mötley Crüe hat ein Pentagramm auf ihren Alben, ein Symbol, das im Satanismus Verwendung findet. Aber sind die Bandmitglieder wirklich Satanisten? „Das Pentagramm ist nicht unbedingt dämonisch“, sagt Nikki Sixx von Mötley Crüe. „Ich habe etwas Forschung über antike Symbolik angestellt, und das Pentagramm war ein antikes Symbol für Böses. Es gibt nichts daran, was mit dem Satan assoziiert wird. Wenn bestimmte Kulte das Pentagramm übernommen haben, ist das ihre Sache. Das interessiert mich nicht.“[26]

Erleichtertes Aufatmen? Wohl kaum. Nikki Sixx interessiert die heutige Assoziation des Pentagramms mit dem Satanismus vielleicht nicht, ganz gewiß aber die Kids, die durch Bands wie Mötley Crüe mit dem Okkultismus in Berührung kommen. Jugendliche wollen wie ihre Helden sein, und viele imitieren, was sie für die Religion ihrer Idole halten. Ein wildes Konzert geben, die Fans zur Rebellion gegen Autoritäten aufhetzen, freien Sex propagieren, Drogen nehmen und dem dann einen Zeitungsbericht folgen lassen, der die Bandmitglieder als brave Familienväter darstellt, die ihre Show abziehen, um das Haus abzahlen zu können, - das ist wie der Rattenfänger von Hameln, der die Kinder wegführt und dann ruft: „War nicht so gemeint!“

Es gibt aber Gruppen, die mit ihrer Musik eine bestimmte Aufgabe erfüllen wollen, und das hat nichts mit Medienrummel oder Verkaufszahlen zu tun. Ihre Musik ist bewußte, zweckorientierte Beeinflussung.

Jimi Hendrix, immer noch ein Gitarrenidol für viele angehende Musiker, sagte in seinen späteren Jahren einmal: „Ich kann alles besser durch Musik erklären. Man hypnotisiert Leute, so daß sie direkt in ihren natürlichen Zustand zurückgehen, und wenn man sie an ihrem schwächsten Punkt hat, kann man in ihr Unterbewußtsein hineinpredigen, was wir sagen wollen."[27]

„Popmusik ist die zeitgemäße Methode, die Denkweise der Menschen zu konditionieren!" sagt Graham Nash von Crosby, Stills, and Nash. „Ich habe gemerkt, daß man nur ihre Kinder wegnehmen muß. Damit meine ich nicht Kidnapping; ich rede von einer Änderung ihres Wertesystems, die sie sehr effektiv aus der Welt ihrer Eltern entfernt."[28]

Jacques Morali von The Village People sagte: „Diese Band stellte ich als persönlichen Protest gegen Anita Bryant zusammen, und um mehr Anerkennung für Homosexuelle in unserer Gesellschaft zu erreichen."[29]

Ein Mitglied der Gruppe Jefferson Starship: „Unsere Musik hat das Ziel, die Kluft zwischen den Generationen zu vergrößern und Kinder ihren Eltern zu entfremden."[30]

Der Feind beschränkt sich nicht mehr auf subtile Intrigen und Taktiken des kalten Krieges. Die Mächte und Gewalten verlassen die Schützengräben und zeigen sich in unvergleichlicher Deutlichkeit – und viele unserer Mitbürger zahlen mit größtem Vergnügen fünfzig Mark, um die Show zu sehen.

13

Wie geben Sie Ihre Überzeugungen bezüglich Musik an Ihre Kinder weiter?

Ohne klares Verständnis handeln, ohne Überprüfung Gewohnheiten annehmen, einem Lebensweg folgen, ohne zu wissen, wohin er wirklich führt - solches ist das Verhalten der Massen.

Menclus

Und ihr Väter, reizt eure Kinder nicht zum Zorn, sondern erzieht sie in der Zucht und Ermahnung des Herrn.

Epheser 6,4

Jetzt sind die meisten erwachsenen Christen voll gerechten Zorns und sammeln vielleicht schon Holz für einen großen Schallplatten-Scheiterhaufen - aber langsam! Es ist unser Anliegen, Familie und Freunde aus dem üblen Einfluß bestimmter Künstler zu befreien, und Plattenverbrennungen sind nachweislich nicht unbedingt hilfreich dabei.[1]

Einem Siebzehnjährigen gegen seinen Willen CDs und Kassetten wegzunehmen wird wohl nur einen Keil zwischen Eltern und Kind treiben. Sobald die elterliche Kontrolle nicht mehr greift, erscheint ihm die rebellische Musik desto verlockender. Denken Sie daran, wir sind aufgerufen, die Werte unserer Kinder zu formen, ohne sie zum Zorn zu reizen. Über das Wie muß man sich viel Gedanken machen, beten und die Strategie jeder individuellen Situation anpassen.

Besorgte Eltern sollten *Today's Music: A Window to Your Child's Soul* von Al Menconi lesen. Die folgenden Prinzipien der Konfrontation wurden zum Teil aus seinem sehr sachkundigen Buch übernommen.

1. *Arbeiten Sie an der Beziehung zu Ihrem Kind.* Wenn Vater oder Mutter es versäumten, wertvolle Zeit in ihr Kind zu investieren, sind vielleicht schon Mauern der Ablehnung aufgebaut, die sie erst

einreißen müssen, um bleibende Werte weitergeben zu können. Wundern Sie sich nicht, wenn eine Tochter, die wegen Abwesenheit oder Desinteresse ihrer Eltern in der Rock-Subkultur Zuflucht nahm, hartnäckig an ihrer Musik festhält.

So belanglos die Poster, Konzerte, Platten und T-Shirts dem oberflächlichen Betrachter erscheinen mögen, sind sie mangels Alternativen tatsächlich zur Basis geworden, die die Welt vieler Teenager trägt. Ihre Musikwelt bietet den jungen Leuten Entspannung in emotionalen Schwierigkeiten und kommuniziert mit ihnen, wenn sie einsam sind. Sie können sich ein Leben ohne ihre Musik genauso wenig vorstellen wie viele Erwachsene der gehobenen Mittelklasse ein Leben ohne Mitgliedschaft im Tennis-Club. Darum wird ein elterliches Überfallkommando, das zwecks Reinhaltung des Hauses das Zimmer ihres nichtsahnenden Sohnes durchwühlt, vielleicht die Schlacht gewinnen, aber ihr Kind verlieren. Sehr wahrscheinlich wird der entfremdete Sohn irgendwann einen Weg finden, seine Musikwelt zurückzubekommen - und zwar dann erst recht.

Al Menconi stellt in diesem Zusammenhang eine unangenehme Frage: „Die heutigen Rockmusiker geben ihre Werte täglich an Ihr Kind weiter. Sie auch?“[2] Wenn nicht, ja, wenn Sie noch nicht einmal eine Beziehung haben, auf deren Grundlage man Werte weitergeben kann, müssen Sie dringend Schritte unternehmen, um mit Ihrem Kind in Verbindung zu treten.

2. *Wenn Sie sich gut verständlich machen können und Ihr Kind erkennt, daß alles, was Sie sagen, Ihrer Liebe entspringt, überprüfen Sie sich selbst in einem nächsten Schritt.* Jesus sagte, daß ich, bevor ich auch nur daran denken kann, einen Splitter aus dem Auge meines Bruders zu ziehen, erst den Balken aus meinem eigenen Auge entfernen muß. Mit anderen Worten, wenn Sie Ihren Kindern eine Predigt gegen Rockmusik halten, in der Sie anführen, daß Gewohnheiten beim Musikhören das eigene Verhalten beeinflussen, dann setzen Sie sich nicht als nächstes in Ihr Auto und entspannen sich bei den feucht-fröhlichen Country-Songs von Hank Williams jr. Und sagen Sie nichts gegen Sex und Gewalt im MTV, wenn Sie selber Videos ausleihen, die solch einen Lebensstil darstellen. Teenager können Heuchelei kilometerweit riechen! In Ihrer Gegenwart fügen sie sich vielleicht Ihren Grundsätzen; wenn Sie aber nicht dabei sind, verlieren die Prinzipien an Bedeutung, und Ihre Kinder werden eher Ihren Lebensstil nachahmen.

3. *Gewinnen Sie Verständnis für die Musikwelt Ihres Kindes.* Es ist erstaunlich, wie wenige Eltern sich für ein Gebiet interessieren, das ihren Kindern so wichtig ist. Eine Frau, die in der Welt der Malerei aufgeht, täglich Stunden vor der Staffelei verbringt und sich für die Meisterwerke der Kunst begeistert, wäre wahrscheinlich gekränkt, wenn ihr Ehemann diesen wichtigen Bereich ihres Lebens völlig ignorierte. Viele Eltern zeigen jedoch absolut kein Interesse an der Musik, die für ihre Kinder praktisch Lebensinhalt ist.

Ihr Kind hört vielleicht keine der erwähnten Gruppen; aber wissen Sie, welche Musik es hört? Gibt es irgendetwas Positives an der Musik oder Botschaft dieser Bands, das auch Sie schätzen könnten? Wenn Sie auf jeden Fall erreichen wollen, daß alle Klappen runtergehen, dann beharren Sie lauthals auf Ihrer Meinung, der Stil sei noch nicht einmal wert, Musik genannt zu werden, das Künstlertum sei ein Witz und das ganze Konzert bestünde aus einer Horde Gangster, die in affiger Aufmachung auf Trommeln herumhauen und aus voller Kehle kreischen. Solche Kommentare untermauern nur den Eindruck Ihres Kindes, daß Sie für seine Welt kein Verständnis haben.

Denken Sie daran, Teenager mögen in Mathe versagen, aber auf dem Gebiet ihrer Musik sind sie Experten. Sie wissen, daß Sting (von The Police) früher an einer katholischen Schule unterrichtete – nicht ganz Ihr typischer Gangster –, und die meisten Teenager können einen talentierten Gitarristen von einem Schrammler unterscheiden. Eddie VanHalen ist ein exzellenter Rockgitarrist. Viele dieser Musiker haben eine abgeschlossene Musikausbildung und sind herausragende Künstler. Beweisen Sie also Ihr Verständnis durch die Bemerkung, der Schlagzeuger von Rush sei hervorragend. Nachdem sich Ihr Kind vom ersten Schock dieses Kompliments erholt hat, sind Sie vielleicht in einer besseren Ausgangsposition, um Ihre Sorgen über Lebensstil und Texte mitzuteilen. Interessieren Sie sich für die Welt Ihres Kindes, und es interessiert sich vielleicht für Ihre.

4. *Versuchen Sie zu überzeugen, nicht bloß Gehorsam zu erzwingen.* Eine umfassende Erziehung in bezug auf biblische Musikgrundsätze läßt sich nicht in einem Dreißig-Minuten-Gespräch erreichen. Vielleicht müssen Sie als ganze Familie informative Videos und Bücher zu Hilfe nehmen. Die Auseinandersetzung mit folgenden biblischen Prinzipien könnte helfen, stichhaltige Gründe für die Wahl guter, geistlich ausgerichteter Musik weiterzugeben.

a.) Gott ist an der Erneuerung unseres Sinnes, nicht nur unserer Handlungen, interessiert (siehe Römer 12,1-2). Lange nachdem eine Kassette zuende ist, gehen die Songs immer noch in unserem Kopf herum. Unser Verstand ist wie ein Computer, und unsere gegenwärtigen Gedanken werden vom früheren Input bestimmt. Im Kopf hören wir die Lieder immer und immer wieder. Sie haben zumindest einen Einfluß auf den Inhalt unserer Gedanken, den Gegenständen unserer Betrachtung.

Für diese gibt Gott uns aber klar umrissene Richtlinien: Christen sollten über Dinge nachdenken, die wahrhaftig, ehrbar, gerecht, rein und liebenswert sind und einen guten Ruf haben (s. Philipper 4,8). Wohl dem, der Tag und Nacht über Gottes Gesetz sinnt (Psalm 1,2)! Können wir diesen klaren Anweisungen folgen, während wir unser Hirn beständig mit AC/DC, Black Sabbath und Judas Priest füttern? Natürlich nicht. Gläubige, die sich zwar mit ihrem Willen für ein reines Leben entscheiden, ihren Kopf aber mit Wollust und Gewalt füttern, bereiten sich selbst ein frustriertes Leben.

b.) Musik kann den Lebensstil beeinflussen. Obwohl es schwierig sein dürfte, durch eine Studie eindeutig zu belegen, daß negative Lieder auf lange Sicht negatives Verhalten bewirken, gibt es Untersuchungen, die diese These zumindest unterstützen. Eine Studie der Illinois State University schloß, daß „bestimmte Arten von Rockvideos in Männern eine gefühllose und feindselige ... Einstellung gegenüber Frauen fördern können.“[3] Nach dem Psychiater Robert S. Demski, Chefarzt im Laurel Ridge Hospital in San Antonio, „stumpfen Kinder gegenüber Brutalität und Erniedrigung ab, wenn sie wiederholt Zynismus, Haß und wahlloser Zerstörung ausgesetzt sind, besonders bei fehlendem Ausgleich durch elterliche Liebe und Erziehung.“[4]

Eine andere Untersuchung fand heraus, daß Kinder von der siebten bis zur zehnten Klasse „vorehelichem Geschlechtsverkehr eher zustimmen würden“, nachdem sie bestimmte Musikvideos angesehen hätten.[5] Die logische Folgerung scheint zu sein, daß wiederholtes Ansehen der Filme langfristig eine Änderung in Haltung und Benehmen nach sich zieht.[6]

c.) Mit dem Anhören gottloser Gruppen, dem Kauf ihrer Produktionen und Besuch ihrer Konzerte finanzieren wir Kräfte, die unserem Weltbild entgegenstehen. Es ist interessant, daß Leute, die der Satanskirche nie eine Spende überweisen würden, sich nichts dabei denken, ein Black-Sabbath-Album und -T-Shirt zu kaufen.

d.) Jeder von uns beeinflußt andere mit seinem Handeln. Der Apostel Paulus schrieb: „Was ihr gelernt und empfangen und gehört und gesehen habt an mir, das tut; so wird der Gott des Friedens mit euch sein" (Phil. 4,9). Könnten Sie junge Christen ermutigen, das zu tun, was in Ihrer Lieblingsmusik dargestellt wird?

e.) Der erfolgreiche Gärtner muß nicht nur Blumen lieben. Er muß auch das Unkraut hassen. Zum Leben eines Christen gehört der Haß auf das Böse so sehr wie die Liebe zum Guten. Paulus ermahnt die Römer, das Böse zu verabscheuen (Röm. 12,9). Andere Übersetzungen schreiben: „Betrachtet das Böse mit Entsetzen."[7] Wenn wir nun wirklich die Botschaft eines Liedes verabscheuen, wie können wir dann genießen, es zu hören?

f.) Jesus sagt, das größte Gebot sei: „Du sollst den Herrn, deinen Gott, lieben von ganzem Herzen, von ganzer Seele und von ganzem Gemüt" (Matth. 22,37). Denken Sie an die Person, die Sie hier auf der Erde am liebsten haben. Dann stellen Sie sich weiter vor, eine Rockgruppe machte eine Platte, auf der sie sich über diesen Menschen lustig macht und alles das ins Lächerliche zieht, wofür er steht. Glauben Sie, Sie könnten diese Produktion kaufen und die Musik genießen? Ihre Liebe zu der Person würde natürlich bewirken, daß Sie die Platte nicht leiden können, selbst wenn die Melodien ansonsten gut sind. Wie können Menschen dann sagen, sie lieben Gott, und haben doch Vergnügen an Songs, die eben die Dinge, die ihm so viel Leid bereiten, fördern und verherrlichen?

5. *Wir müssen Jugendlichen helfen, die Illusion zu verlieren, daß ihre Musikhelden durch beruflichen Erfolg Frieden und Erfüllung gefunden hätten.* Sie müssen lernen, hinter die Plastikwelt zu sehen, die in Fernsehstudios und Konzerthallen aufgebaut wird.

Lassen Sie sie wissen, daß der super-erfolgreiche Bassist und Texter von The Police, Sting, nicht unbedingt glücklich ist. „Was ist der verbreitetste Irrtum über Erfolg?" wurde Sting in einem Interview gefragt. „Daß er dich glücklich macht. Tut er nämlich nicht, und ich glaube nicht, daß es irgend etwas gibt, was dich glücklich macht. Ich habe gewaltigen Erfolg und keine Freunde. Ich würde sagen, ich habe drei sehr gute Freunde. Das Publikum stellt sich oft vor, Rockstars hätten Millionen von Freunden. Ich nicht."[8]

John Cougar Mellencamp sagte: „Wenn du älter wirst, ... ist es schwierig, glücklich zu sein. Seit ich 21 war, hatte ich nie einen erfüllten Tag."[9]

Lindsay Buckingham von Fleetwood Mac: „Ich bin einsam. Mein Privatleben ist ziemlich öde. Ein Haus (Wert: zwei Millionen Dollar) voller neuer Möbel bedeutet nicht besonders viel, nur, daß man einen netten Platz zum Fernsehen hat. Na und? Im Moment fühle ich mich ganz schön einsam. Ich bin so ein bißchen wie jemand, der oben auf dem Berg in seinem eigenen kleinen Schloß sitzt. Ich hoffe, das bleibt nicht immer so."[10]

Am 17. September 1970 rauchte das Rockgitarren-Idol Jimi Hendrix Marihuana, trank Wein und schluckte Schlaftabletten. Dann legte er sich ins Bett und erstickte an seinem eigenen Erbrochenen.[11] Janis Joplin fluchte, als sie von seinem Tod hörte, und jammerte: „Er ist mir zuvorgekommen." Zwei Wochen später wurde ihr von Syphilis gezeichneter Körper gefunden; sie hatte ihrem Leben mit einer Überdosis Heroin ein Ende gesetzt.[12] Sid Vicious von den Sex Pistols brachte seine Freundin um und nahm dann eine Überdosis Drogen. Er war 21, seine Freundin 20.[13] Hank Williams sr., eine Berühmtheit aus der Country-Musikszene, starb auf dem Rücksitz eines Autos an einer Überdosis Drogen und Herzversagen.[14]

Die Liste könnte immer weiter fortgesetzt werden. James Honeyman-Scott von den Pretenders starb an Herzversagen, ausgelöst durch Kokain. Brian Jones von den Rolling Stones ertrank als Folge einer Drogenüberdosis.

Unsere Generation wuchs mit einer Lüge auf. Viele Menschen glauben ernsthaft, es sei Gottes liebster Zeitvertreib, die Welt nach Leuten abzusuchen, die das Leben genießen, und ihnen das gründlich zu verderben. Im Gegenteil: Jesus kam, um uns Leben und volle Genüge zu geben (siehe Joh. 10,10). „Er wird kein Gutes mangeln lassen den Frommen" (Ps. 84,12).

Mit anderen Worten, Gottes negative Gebote haben einen positiven Zweck. Er weiß, daß ein Lebensstil mit Drogenmißbrauch, wildem Sex und ungezügelten Partys ins Verderben führt. Gott ist kein allmächtiger Spaßverderber. Er will seine Kinder nur vor der Misere bewahren, die die Welt täglich als direktes Ergebnis dessen erntet, was sie sät.

Eltern müssen ihren Kindern und Pastoren ihren Gemeinden den Geist des Gesetzes ebensogut vermitteln wie dessen Wortlaut. Nur dann werden unsere Kinder die Wahrheit nicht nur kennen, sondern auch motiviert sein, ihr zu folgen.

14

Eine christliche Alternative

Laß dich nicht vom Bösen überwinden, sondern überwinde das Böse mit Gutem.

Römer 12,21

Der Entschluß, auf ungesunde Musik zu verzichten, ist ein wichtiger Schritt. Aber ohne einen weiteren Schritt werden viele Menschen leider wieder in alte Gewohnheiten zurückfallen. Nach Al Menconis umfassender Erfahrung wird jemand, der sich nach einer Abstinenzzeit wieder säkularer Musik zuwendet, dies in noch stärkerem Maße tun als vorher.[1] Das Problem? Er wollte das Alte wirklich hinter sich lassen, fand aber keine brauchbare Alternative.

In unserer Gesellschaft werden die Menschen nicht in einem musikalischen Vakuum leben. Es ist wahrscheinlich, daß die meisten versagen werden, wenn sie versuchen, sich auf traditionelle Kirchenlieder zu beschränken, um ihr stilistisches Niveau zu heben. Der eine oder andere wird es schaffen. Die meisten nicht. Wenn wir auf diesem Gebiet eine langfristige Veränderung sehen wollen, müssen wir brauchbare Alternativen in einem attraktiven Stil anbieten.

Es gibt säkulare Gruppen, die positive Musik machen. Ebenso wie ein weltlicher Künstler ein rundum schönes Bild malen kann, so kann ein säkularer Musiker gute Musik produzieren. Viele der Lieder, die heute auf dem Markt sind, drücken einfach Liebesgefühl aus, und sich zu verlieben ist ja nichts Böses. Im Hinblick auf die Programmierung unserer Gedankenwelt sollten Christen aber das unglaubliche Potential christlicher Musik im Auge behalten, zur „Erneuerung der Sinne“ beizutragen. Es ist nicht schlimm, Lieder über legitime Beziehungen zwischen Mädchen und jungen Männern anzuhören, aber wie viele Leute mit normalen Hormonen brauchen noch mehr Motivation, über dieses spezielle Thema nachzudenken? Als ich Teenager war, hatte ich es sicher nicht nötig! Deshalb entschied ich mich, Musik mit christlichem Inhalt zu hören, eine Entscheidung, die sich über die Jahre als äußerst segensreich herausgestellt hat. Meine Gedankenwelt wurde mit Gottes Wort gefüllt, ich erfuhr Trost in Streß- oder Verlustsituationen und Herausforderung, wenn ich versucht war, mich hängenzulassen.

Unglücklicherweise ist moderne christliche Musik in vielen Kreisen noch immer ein wohlgehütetes Geheimnis. Eine Studie der Barna Research Group fand kürzlich heraus, daß nur 43 % der befragten Teenager je von Petra gehört hatten, 28 % von Michael W. Smith und 15 % von DeGarmo and Key – drei unserer populärsten Gruppen, die Musik für Jugendliche machen. Andererseits hatten satte 99 % von weltlichen Künstlern wie Bon Jovi, Madonna und New Kids on the Block gehört. Bei der Befragung christlicher Teenager erreichten Petra nur 52 % und DeGarmo and Key 20 % – aber 91 % hatten von den säkularen Gruppen Ton Loc und L.L. Cool J. gehört.[2]

Unter dem Strich leben 85 % der Kids aus der Kirche mit einem regelmäßigen Konsum von täglich 3,5 Stunden weltlichem Pop- und Rock-Radio.[3] Die Welt ist dabei, eine entscheidende Schlacht im Kampf um die Sinne unserer Jugend zu gewinnen, und dies ausgerechnet heute, da wir nach Hustad „die wichtigste Entwicklung in christlicher Zeugnismusik erleben, seit Ira Sankey vor mehr als hundert Jahren das Evangeliumslied populär machte!“[4]

Viele christliche Gruppen spielen sehr gute Musik in jedem nur denkbaren Stil. Während ich schreibe, produzieren Christen Pop, Rap, Rhythm and Blues, Traditional, Jazz, Acappella-Musik, Country, modernes Black Gospel, Adult Contemporary, Soft Rock, Hard Rock, Trash/Speed Metal, Pop/Melodic Metal, House, Rave und wahrscheinlich jeden anderen Stil für den Geschmack jeder Altersgruppe. Wenn Teenager christliche Gruppen kennen, die ihren Lieblingsstil spielen, hören sie sie meistens gern. Die Gruppen sind nach George Barna bedauerlicherweise „praktisch unbekannt auf dem Teenager-Markt“.[6] Es ist Zeit, daß Kirchenleiter ernsthaft anfangen, diese Musik in ihren Gemeinden, die eine Alternative so dringend nötig haben, bekanntzumachen.

In diesem Kapitel werden die Dienste einiger moderner christlicher Künstler vorgestellt. Sie wurden nicht so sehr aufgrund ihrer Popularität ausgesucht, sondern weil ich ihre Arbeit über Jahre verfolgt habe. Ich hebe die hervor, die Rock spielen, weil hier die Auseinandersetzung am häufigsten aufbricht.

PETRA

Als man Nikki Sixx von der weltlichen Band Mötley Crüe fragte, was passiert wäre, wenn ihre Gruppe es nicht geschafft hätte, groß herauszukommen, antwortete er: „Wahrscheinlich wären wir alle im Gefängnis." Was würden die Bandmitglieder von Petra tun, wenn sich die Gruppe auflöste? Jeder von ihnen antwortete auf diese Frage, daß er an anderer Stelle für den Herrn arbeiten und andere Wege finden würde, das Evangelium weiterzusagen.[7] Wir brauchen wohl kaum die Gabe der Unterscheidung, um eine gute Wahl zu treffen.

Petra ist die populärste christliche Rockband der Welt, aber ihre bescheidenen Anfänge straften jeden Traum vom Erfolg Lügen. Gegründet 1972 in Indiana, spielten sie, wo immer sie konnten - in Kirchen, High Schools, Parks, Gefängnissen und auf Freizeiten. Sie bereiteten neuen Boden, und nur die Sehnsucht, junge Leute zu erreichen, konnte sie durch all die dunklen Jahre bei der Stange halten. Nachdem sie drei Platten produziert hatten, von denen keine finanziell gut ging, glaubte nur noch Bob Hartman, der Gründer und Leadgitarrist, daß sie als Band weitermachen sollten.

Wer diesen Bands Größenwahn und Reichtum vorwirft, muß bedenken, wie schwierig der Markt für eine christliche Rockband in den frühen siebziger Jahren war. Klar, die Jugend in Fort Wayne war begeistert von ihnen, aber welcher christliche Buchladen hätte sich Rockplatten hingelegt, oder welcher christliche Radiosender hätte das gespielt? Das christliche Radio schreckte vor dem Stil zurück, und säkularen Sendern paßten die christlichen Texte nicht.

Trotzdem behielt Hartman seinen tiefen Wunsch, der Rockgeneration zu dienen, und er baute die Gruppe mit drei Musikern, die er vom Bibelunterricht kannte, neu auf: Bassist Mark Kelly, Keyboarder John Slick und Schlagzeuger Louie Weaver. Greg Volz schloß sich Petra als Sänger an. Er bewies, daß ihm weltlicher Ruhm nichts bedeutete, indem er das Angebot ausschlug, für die bekannte säkulare Band R.E.O. Speedwagon zu singen.

Die Zahl der Konzertbesucher wuchs von durchschnittlich 764 auf ihrer „Never Say Die"-Tour (1981) auf mehr als 8000 bei einem „On Fire"-Konzert 1988.[8] Aber der Weg zum Erfolg war nicht leicht. Billy Ray Hearn, Präsident der Sparrow Corporation und früherer Produzent von Petra, sagte, daß sie in ihren frühen Jahren

> *wahrscheinlich mehr als irgendeine Band, von der ich je gehört habe, niedergemacht wurden. Aber sie blieben zusammen. Sie standen das*

durch. Sie hatten mehr Hartnäckigkeit und Durchhaltevermögen als irgendeine andere Gruppe, die ich kenne. Sie blieben in den schwierigen Tagen bei der Stange und haben schließlich gewonnen. Ich ziehe meinen Hut vor ihnen, weil sie die harten Zeiten aushielten - und als sich dann der Erfolg einstellte, veränderte er sie nicht. Sie trugen sich nicht zu Markte; der Markt kam schließlich zu ihnen.[9]

Noch einmal: Popularität und musikalisches Können sind bei der Beurteilung einer Band nicht ausschlaggebend. Als der bekannte christliche Referent Josh McDowell gebeten wurde, mit Petra auf Tour zu gehen, forschte er gründlich nach, um die Frucht ihres Lebens und ihres Dienstes zu prüfen. Sein Ergebnis, nachdem er sie gecheckt und auf der Tour mit ihnen zusammengelebt hatte? „In 25 Dienstjahren arbeitete ich mit Menschen auf der ganzen Welt, aber ich hatte nie mit Leuten zu tun, die Gott mehr liebten als die Jungs von Petra."[10] Nach jedem Konzert erlebte Josh an sich selbst „eine tiefere Liebe zu Jesus und größere Hingabe an Jesu Herrschaft über sein Leben."[11]

Wie verhält es sich mit der Frucht von Petras Arbeit? Während ihrer jüngsten Tournee war es nicht ungewöhnlich, daß ein- bis zweihundert Zuhörer sich für Jesus entschieden und nach dem Konzert mit Seelsorgern sprachen. Und wer kann das geistliche Wachstum derjenigen ermessen, die täglich Petras Musik hören?

Die Lieder dieser Gruppe sind alles andere als flach. „Get on Your Knees and Fight Like a Man" („Knie dich hin und kämpfe wie ein Mann") fordert die Hörer heraus, anhaltend zu beten. „Chameleon" („Chamäleon") verreißt das laue, heuchlerische Christentum, das man heute so häufig vorfindet. „First Love" („Erste Liebe") handelt von der höchsten Liebe des Gläubigen zu seinem Retter. Andere Lieder wie „Creed" übertragen die Stärke von Charles Wesley - durch Lieder lehren - in das zwanzigste Jahrhundert.

„CREED"

I believe in God the Father - maker of heaven and earth
And in Jesus Christ His only Son
I believe in the virgin birth
I believe in the Man of Sorrows bruised for iniquities,
I believe in the Lamb who was crucified and hung between two thieves
I believe in the resurrection on that third and glorious day

And I believe in the empty tomb and the stone that the angel rolled away
He descended and set the captives free
And now He is at God's right hand and prepares a place for me

Chorus:
This is my creed - the witness I have heard
The faith that has endured
This truth is assured
Through the darkest ages past
Though persecuted it will last
And I will hold steadfast to this creed
I believe He sent His Spirit to comfort and to reveal
To lead us into truth and light, to baptize and to seal
I believe that He will come back the way He went away
And receive us all unto Himself, but no man knows the day

Chorus

I believe He is the Judge of all men, small and great
The resurrected souls of men receive from Him their fate
Some to death and some to life, some to their reward
Some to sing eternal praise forever to our Lord

Chorus

(„CREDO"

Ich glaube an Gott, den Vater - Schöpfer des Himmels und der Erde - und an Jesus Christus, seinen eingeborenen Sohn
Ich glaube an die Jungfrauengeburt
Ich glaube, daß der Schmerzensmann für Sünden verletzt wurde
Ich glaube an das Lamm, das gekreuzigt wurde und zwischen zwei Dieben hing
Ich glaube an die Auferstehung an jenem dritten und herrlichen Tag
Und ich glaube an das leere Grab und den Stein, den der Engel wegrollte
Er stieg hinab und befreite die Gefangenen
Und jetzt sitzt er zur Rechten Gottes und bereitet mir einen Platz

Refrain:
Dies ist mein Glaubensbekenntnis - das Zeugnis, das ich hörte

Der Glaube, der standhielt
Diese Wahrheit ist sicher
Durch die dunkelsten Zeiten der Vergangenheit
Auch in Verfolgung wird er bleiben
Und ich werde an diesem Bekenntnis festhalten
Ich glaube, er sandte seinen Geist, um zu trösten und zu offenbaren
uns in Wahrheit und Licht zu führen, zu taufen und zu versiegeln
Ich glaube, daß er so wiederkommen wird, wie er ging
und uns alle bei sich empfangen wird, aber kein Mensch kennt den Tag

Refrain

Ich glaube, daß er der Richter aller Menschen ist, klein und groß
Die auferstandenen Seelen der Menschen empfangen ihr Schicksal von ihm
Einige den Tod, andere das Leben, einige ihre Belohnung
Manche, unserem Herrn in Ewigkeit Lob zu singen

Refrain)

Überlegen Sie einmal, wie stark diese Musik zur Veränderung der Herzen und Sinne Jugendlicher beitragen kann, die sie täglich immer und immer wieder abspielen! Den Stil *werden* sie hören, und diese zeitlose Botschaft *müssen* sie hören.

Für Bob Hartman ist dies das Entscheidende: „Wie viele Kids können wir durch das, was wir tun, erreichen, und wie viele Leben können wir damit verändern? Wir sind Missionare, und Missionare müssen lernen, die Sprache der Leute zu sprechen, denen sie etwas sagen wollen.“[12]

KEITH GREEN

Gab es je eine prophetische Stimme in der modernen christlichen Musik, dann war das Keith Green. Er wurde 1975 Christ, nach einer Suche durch Drogen, freie Liebe, Geld, Ruhm und „Erleuchtung“ durch das Studium der großen Lehrer und Philosophen, die die Welt beeinflußt hatten. Von seiner Bekehrung an entwickelte er einen großen Eifer für Gott. Über jene ersten Jahre schrieb er:

> *Wir gaben Zeugnis am Strand, im Park, in Restaurants, sogar, wenn jemand am Telefon eine falsche Verbindung gewählt hatte und versehentlich bei uns gelandet war. Dann kamen Menschen, die kein*

Zuhause hatten, kein Geld, keine Freunde. ... Das waren verrückte Zeiten! Leute schliefen auf der Couch, in jedem Zimmer, sogar in der Garage! Manche Christen dachten, wir gingen zu weit. Vielleicht hatten sie ja recht, aber Gott segnete unsere Verwegenheit und unsere Unschuld ... Viele wurden gerettet, und viele fanden Hoffnung. Natürlich hat man uns ausgenutzt, sogar beraubt ... aber jede Seele war es wert![13]

So fing das geistliche Leben von Keith Green an, einem Mann, der vielen eine Vorstellung von Heiligkeit und radikaler Hingabe vermittelte. Zeit seines Lebens hielt er die Maßstäbe von Gottes heiligem Wort hoch und verabscheute alles, was nach einem Kompromiß aussah. Der Evangelist Leonard Ravenhill sagte, Keith Green

hatte eine heiligen Eifer und eine Reinheit, die ich nur an wenigen anderen sehe. Ich glaube, Green bekümmerte sich weniger um das Evangelium Christi als um die Person *Christi. Ich denke,* das *war seine verzehrende Leidenschaft. Er war nicht nur ein Prediger. Er war ein Apostel. Und die Leidenschaft seiner Seele goß er in die dynamischen Texte seiner Lieder.*[14]

Obwohl er jetzt bei dem ist, nach dem er solche Sehnsucht hatte, wirkt Keith Greens Botschaft durch seine Platten, Rundbriefe, Traktate und „Last Days Ministries“ unter der Leitung seiner Frau Melody weiter.

Greens Produktionen enthalten Lieder wie „I Pledge My Head to Heaven“, das er während einer Fasten- und Gebetszeit in den Bergen schrieb. Er wußte, daß ihn seine Botschaft der Buße eines Tages den Kopf kosten könnte, aber am schwersten fiel es ihm, seine Familie auf den Altar zu legen. Weinend schrieb er diese Worte:

Well, I pledge my head to heaven for the gospel.
And I ask no man on earth to fill my needs.
Like the sparrow up above, I am enveloped in His love,
And I trust Him like those little ones He feeds.
(Matt. 6:25-26, 33)

Well, I pledge my wife to heaven for the gospel.
Though our love each passing day just seems to grow.
As I told her when we wed, I'd surely rather be found dead,
Than to love her more than the one who saved my soul.
(Matt. 10:37; Luke 18:29-30)

Chorus:
I'm your child, and I wanna be in your family forever.
I'm your child, and I'm gonna follow you no matter.
Whatever the cost, well I'm gonna count all things loss.
(Phil. 3:7-8)

Well, I pledge my son to heaven for the gospel.
Though he's kicked and beaten, ridiculed and scorned.
I will teach him to rejoice and lift a thankful, praising voice,
And be like Him who bore the nails and crown of thorns.
(Matt. 5:10-12)

Chorus

Well, I've had my chance to gain the world and to live just like a king,
But without Your love it doesn't mean a thing!
(Matt. 16:26)

Oh, no matter whatever the cost, well I'm gonna count all things loss,
Oh, no matter whatever the cost, well I'm gonna count all things loss.

Well, I pledge my son ... I pledge my wife ... I pledge my head to heaven.
I pledge my son ... I pledge my wife ...
I pledge my head to heaven for the gospel.

(Um des Evangeliums willen sichere ich meinen Kopf dem Himmel zu.
Und ich bitte keinen Menschen auf der Erde, meine Bedürfnisse zu erfüllen.
Wie der Spatz da oben bin ich in seine Liebe eingehüllt,
Und ich vertraue ihm wie diese Kleinen, die er versorgt.
(Matth. 6,25-26, 33)

Um des Evangeliums willen sichere ich meine Frau dem Himmel zu,
Obwohl unsere Liebe jeden Tag zu wachsen scheint.
Wie ich ihr an unserem Hochzeitstag sagte, will ich ganz sicher sterben,
Ehe ich sie mehr liebte als denjenigen, der meine Seele gerettet hat.
(Matth. 10,37, Lukas 18,29-30)

Refrain:
Ich bin dein Kind, und ich will immer in deiner Familie sein.
Ich bin dein Kind, und ich werde dir unter allen Umständen folgen.
Was immer es mich kostet, alles andere sehe ich als Verlust an.
(Phil. 3,7-8)

Um des Evangeliums willen sichere ich meinen Sohn dem Himmel zu.
Auch wenn er getreten und geschlagen, ausgelacht und verachtet wird,
will ich ihm beibringen, sich zu freuen und eine dankbare Stimme im Lobpreis zu erheben,
Und wie der zu sein, der die Nägel und die Dornenkrone trug.
(Matth. 5,10-12)

Refrain

Nun, ich hatte meine Chance, die Welt zu gewinnen und wie ein König zu leben,
Aber ohne deine Liebe bedeutet das überhaupt nichts!
(Matth. 16,26)

Was immer es mich kostet, alles andere sehe ich als Verlust an,
Was immer es mich kostet, alles andere sehe ich als Verlust an.

Ich sichere meinen Sohn zu ... Ich sichere meine Frau zu ...
Ich sichere meinen Kopf dem Himmel zu.
Ich sichere meinen Sohn zu ... Ich sichere meine Frau zu ...
Um des Evangeliums willen sichere ich meinen Kopf dem Himmel zu.)

Welch eine Herausforderung! Eine anderes Lied von Keith Green, das mich persönlich stark motivierte, ist „Asleep in the Light" („Schlafend im Licht"). Die Botschaft dieses Liedes sollte die laue Kirche des zwanzigsten Jahrhunderts nie loslassen:

Do you see, do you see all the people sinking down?
Don't you care, don't you care? Are you gonna let them drown?
How can you be so numb not to care if they come?
You close your eyes and pretend the job's done.

„Oh bless me Lord, bless me Lord."
You know it's all I ever hear.
No one aches, no one hurts, no one even sheds one tear.
But He cries, He weeps, He bleeds, and He cares for your needs,
And you just lay back and keep soaking it in!
Oh, can't you see it's such sin?

'Cause He brings people to your door
And you turn them away, as you smile and say,
„God bless you, be at peace," and all heaven just weeps.

'Cause Jesus came to your door.
You've left Him out on the streets.

Open up, open up, and give yourself away.
You see the need, you hear the cries, so how can you delay?
God's calling, you're the one, but like Jonah you run.
He's told you to speak but you keep holding it in.
Oh, can't you see it's such sin!

The world is sleeping in the dark that the church just can't fight,
'Cause it's asleep in the light.
How can you be so dead when you've been so well fed?
Jesus rose from the grave, and you, you can't even get out of bed.
Oh, Jesus rose from the dead.
Come on, get out of your bed!

How can you be so numb not to care if they come?
You close your eyes and pretend the job's done.
You close your eyes and pretend the job's done.
Don't close your eyes, don't pretend the job's done.

Come away, come away, come away with Me, my love.
Come away from this mess, come away with Me, my love.

(Siehst du, siehst du, wie all die Leute versinken?
Macht dir das nichts aus, macht dir das nichts aus? Läßt du sie ertrinken?
Wie kannst du so gefühllos sein, dich nicht darum zu kümmern, ob sie kommen?
Du verschließt die Augen und tust so, als ob die Arbeit schon erledigt wäre.

„O segne mich, Herr, segne mich, Herr."
Wißt ihr, das ist alles, was ich je höre.
Niemand fühlt Schmerzen, keiner ist verletzt, niemand vergießt auch nur eine Träne.
Er aber schreit, er weint, er blutet, und er kümmert sich um deine Not,
und du lehnst dich einfach zurück und ziehst dir das rein!
O, kannst du nicht sehen, wie sündig das ist?

Weil er Menschen an deine Tür bringt,
und du schickst sie lächelnd weg, sagst
„Gott segne dich, Friede mit dir", und der ganze Himmel weint.

Weil Jesus an deine Tür kam.
Du hast ihn draußen auf der Straße stehengelassen.

Öffne dich, öffne dich, und gib dich selbst weg.
Du siehst die Not, du hörst den Schrei, wie kannst du also zögern?
Gott ruft, du bist gemeint, aber wie Jona rennst du fort.
Er sagte, du sollst sprechen, aber du bleibst immer noch still.
O, kannst du nicht sehen, wie sündig das ist?

Die Welt schläft im Dunkeln, das die Kirche einfach nicht bekämpfen kann,
weil sie im Licht schläft.
Wie kannst du so tot sein, der du doch so gut ernährt wurdest?
Jesus stand vom Grab auf, und du, du kannst noch nicht einmal aus dem Bett aufstehen.
O, Jesus stand von den Toten auf.
Los, komm raus aus deinem Bett!

Wie kannst du so gefühllos sein, dich nicht darum zu kümmern, ob sie kommen?
Du verschließt die Augen und tust so, als ob die Arbeit schon erledigt wäre.
Du verschließt die Augen und tust so, als ob die Arbeit schon erledigt wäre.
Verschließ deine Augen nicht, tu nicht so, als ob die Arbeit schon erledigt wäre.

Komm fort, komm fort, komm fort mit mir, meine Liebe.
Komm fort aus dieser Verkorkstheit, komm fort mit mir, meine Liebe.)

Manche haben moderne christliche Musik als „geistlos, schwammig, saft- und kraftlos, geistlich bankrott" bezeichnet.[15] Diese Adjektive treffen aber auf Keith Greens Botschaft und Lebensstil absolut nicht zu. Seinen Dienst könnte man vielleicht besser „die Stimme eines Rufers in der Wüste" nennen.

Als er eines Tages zu der Überzeugung kam, die christliche Musikindustrie verlangte mehr als nötig für Kassetten und Schallplatten, fing Keith Green an, seine Kassetten zu dem Preis anzubieten, den der Kunde zu zahlen in der Lage wäre. Bis zum heutigen Tag kann der müde Pilger, wenn er knapp bei Kasse ist, eine Keith-Green-Kassette zu Portokosten bestellen.

Manchmal wird der bleibende Wert geistlicher Entscheidungen während eines Konzertbesuchs in Frage gestellt, aber die Frucht von Keith Greens Arbeit besteht immer noch; viele Missionare können ihre Berufung auf seinen Dienst zurückführen.

Musik läßt sich in der Gemeinde auf vielerlei Art einsetzen. Wenn Sie Menschen zur Evangelisation herausfordern möchten, kann „Asleep in the Light" den Eindruck der gesprochenen Botschaft wirkungsvoll unterstützen. Andere Lieder eignen sich, um die Anbetung zu inspirieren.

PHIL KEAGGY

Folgende Lieder von Phil Keaggy helfen, die Grausamkeit der Abtreibung bzw. die christliche Perspektive in Widrigkeiten eindringlich und überzeugend klarzumachen:

„LITTLE ONES"

Chorus:

Who will speak up for the little ones, helpless and half abandoned?
They've got a right to choose life they don't want to lose;
I've got to speak up, won't you?

Equal rights, equal time for the unborn children.
Their precious lives are on the line
Oh, how can we be rid of them?
Passing laws, passing out bills and new amendments.
Pay the cost and turn about and face the young defendants.

Chorus

Many come and many go, conceived but not delivered.
The toll is astronomical! Oh, how can we be indiff'rent?
Little hands, little feet; tears for Him who made you.
Should all on earth forsake you now yet, He'll never forsake you.

Chorus

Forming hearts, forming minds; quenched before awakened.
For so many delivered crimes the earth will soon be shaken.
Little hands, little feet, tears for Him who made you.
Should all on earth forsake you now yet, He'll never forsake you.

Chorus

(DIE KLEINEN

Refrain:

Wer wird für die Kleinen eintreten, hilflos und halb im Stich gelassen?
Sie haben ein Recht, sich für das Leben, das sie nicht verlieren wollen, zu entscheiden;
ich muß für sie eintreten, du nicht?

Gleiche Rechte, gleiche Zeit für die ungeborenen Kinder.
Ihr kostbares Leben ist in Gefahr.
O, wie können wir sie lossein?
Gesetze erlassen, Entwürfe und neue Änderungen herausbringen.
Zahlt die Kosten und dreht euch um und seht die jungen Angeklagten an.

Refrain

Viele kommen und viele gehen, empfangen, aber nicht geboren.
Die Zahl ist astronomisch! O, wie kann uns das egal sein?
Kleine Hände, kleine Füße; Tränen für den, der dich gemacht hat.
Sollten dich alle auf Erden jetzt verlassen, wird er dich doch nie verlassen.

Refrain

Herzen, die sich bilden, Sinne, die sich bilden; vor dem Erwachen ausgelöscht.
Für so viele begangene Verbrechen wird die Erde bald erschüttert werden.
Kleine Hände, kleine Füße, Tränen für den, der dich gemacht hat.
Sollten dich alle auf Erden jetzt verlassen, wird er dich doch nie verlassen.

Refrain)

„DISAPPOINTMENT"

Disappointment - HIS appointment, change one letter
Then I see, that the thwarting of my purpose is God's better choice for me.
His appointment must be blessing, though it may come in disguise
For the end from the beginning, open to His wisdom lies.
Disappointment - HIS appointment, whose?
The Lord's who loves me best,
Understands and knows me fully, who my faith and love would test

For like loving, earthly parent, He rejoices when He knows
That His child accepts unquestioned all that from His wisdom flows.

Disappointment - HIS appointment,
No good thing will He withhold, from denials oft we gather
Treasures of His love untold.
Well, he knows each broken purpose leads to fuller, deeper trust.
And the end of all His dealings, proves our God is wise and just
Disappointment - HIS appointment, Lord, I take it then as such,
Like the clay in hands of potter, yielding wholly to Thy touch.
All my life's plan is Thy molding, not one single choice be mine.
Let me answer unrepining, Father, not my will but THINE.

(ENTTÄUSCHUNG

Enttäuschung - SEINE Berufung, ändere einen Buchstaben,
Dann sehe ich, daß das Durchkreuzen meiner Pläne Gottes bessere Wahl für mich ist.
Seine Berufung muß Segen sein, mag sie auch verkleidet daherkommen,
Denn das Ende des Anfangs ist seiner Weisheit nicht verborgen.
Enttäuschung - SEINE Berufung, wessen?
Des Herrn, der mich am meisten liebt,
mich völlig versteht und kennt, der wohl meinen Glauben und meine Liebe testet,
Denn wie liebende irdische Eltern freut er sich, wenn er weiß,
Daß sein Kind alles ungefragt akzeptiert, was aus seiner Weisheit fließt.

Enttäuschung - SEINE Berufung,
Kein Gutes wird er zurückhalten, ein Verzicht belohnt uns oft
mit Schätzen seiner unfaßbaren Liebe.
Nun, er weiß, daß jedes unerreichte Ziel zu vollerem, tieferen Vertrauen führt.
Und der Ausgang von allem, was er tut, beweist Gottes Weisheit und Gerechtigkeit.
Enttäuschung - SEINE Berufung, Herr, dann nehme ich es so an,
übergebe mich völlig deiner Berührung, wie der Ton in den Händen des Töpfers.
Mein ganzer Lebensplan ist Dein Formen, nicht eine einzige Wahl gehöre mir.
Laß mich, Vater, ohne Hadern antworten: nicht mein Wille, sondern DEINER.)

Überlegen Sie auch hier, welchen Eindruck diese Texte in den Köpfen junger Menschen hinterlassen können. Musik ist ein wesentlicher Teil der Jugendkultur. Junge Leute werden diese Botschaften also immer und immer wieder hören, wenn sie die Musik gut finden. Ich bin davon überzeugt, daß es meinem geistlichen Wachstum entscheidende Impulse gab, Lieder wie „Born to Be Wild" („Geboren, um wild zu sein") und „I Can't Get No Satisfaction" („Ich kann keine Befriedigung bekommen") durch gesungene Predigten wie „Asleep in the Light" zu ersetzen. Welches Potential ist hier enthalten, um eine Welt verlorener Jugendlicher und die Baby-Boomer-Generation zu erreichen!

DIE RESURRECTION BAND

Die Resurrection Band (oder Rez Band) war eine der ersten christlichen Gruppen, die sich an die Heavy-Metal-Liebhaber wandte. Obwohl andere Bands folgten, muß jeder der dienenden Haltung und der Arbeitsgrundlage dieser Gruppe Respekt zollen, auch wenn er ansonsten von ihrer Musik eher abgeschreckt wird.

Als Eltern von vier Kindern und nach vielen Jahren des Dienstes sind Glenn und Wendi Kaiser kaum unter die christlichen „Neulinge" zu rechnen (siehe 1. Tim. 3,6 Rev. Elb.). Tatsächlich zeigt ein Blick in ihr Leben, daß sie mit ihrer täglichen Arbeit in der Chicagoer Innenstadt viel mehr zu tun haben als mit der Welt der Konzerte, Verträge und Plattenverkäufe.

Als sich herausstellte, daß in der Uptown von Chicago eine sichtbare evangelikale Arbeit fehlte, setzten sich die Jesus People USA (JPUSA) dort fest und fingen an, die Menschen, die auf der Straße lebten, anzusprechen. 1974 gaben sie bereits täglich an 200 Obdachlose Essen aus und besuchten darüber hinaus Gefängnisse, Krankenhäuser, Pflege- und Behindertenheime. Heute unterrichten Mitglieder der JPUSA auch in Abendkursen über Jüngerschaft, Bibelstudium, Gottesdienst und Evangelisation.

Texter und Sänger Glenn Kaiser und Schlagzeuger John Herrin sind Älteste der christlichen Gemeinschaft JPUSA. Glenn arbeitet als Hauptpastor und Lehrer; John Herrin hat den Überblick über das Geschäftliche. Stu Heiss und der Bassist Jim Denton dienen als Diakone.

„Wahrscheinlich sind wir die Gruppe von Leuten, aus der man am allerwenigsten eine Rock'n' Roll-Band zusammenstellen würde," sagt Glenn Kaiser. „Ich wette, du könntest mit jedem von uns einen ganzen Tag hier verbringen, tun, was wir hier herum so zu tun haben, und nie auf den Gedanken kommen, daß wir in einer Band sind."[16]

Die Sängerin Wendi Kaiser wiederholt die Dienstauffassung der Gruppe: „Wenn es mit der Musik morgen aus wäre für uns, würden wir immer noch für Gott arbeiten. Dann würde sich eine andere Tür für Dienst und Evangelisation öffnen."[17]

MYLON LEFEVRE AND BROKEN HEART

„Als wir im Anfang zusammenkamen, war unsere Musik so schlecht, daß wir keine Probleme mit Starkult hatten," witzelt Mylon. „Wir fingen an, im Gymnastikraum einer Methodistenkirche zu spielen - Eintritt frei. In der ersten Woche kamen drei Zuhörer. Aber aus den dreien wurden Massen, und wir blieben fünf Wochen dort. So viele Menschen wurden gerettet, daß wir woanders weitermachen mußten, und wir zogen in eine größere Kirche um. In den ersten anderthalb Jahren erlebten wir die Bekehrung von 2400 Jugendlichen."[18]

Mylon nimmt die Arbeit von Broken Heart ernst. Es geht nicht darum, einfach nette Melodien zu komponieren und Wörter zu suchen, die sich reimen. „Wir beginnen das Liedermachen immer mit Fasten und Gebet. Wenn wir in das Wort hineinschauen, bitten wir Gott, uns ein Thema zu zeigen, über das wir schreiben sollen, und uns durch den Heiligen Geist zu inspirieren. Jeder einzelne unserer Songs kommt aus der Bibel. Ich kann dir zu jedem Lied, das wir je gesungen haben, eine bestimmte Schriftstelle nennen."[19]

Mylons Strategie ist, den Menschen in einem Konzert genügend Bibelwissen und Predigt („Glaube kommt durch Hören") mitzugeben, damit sie am Ende des Abends eine intelligente Entscheidung für Jesus treffen können. Das Ergebnis? 1989 standen seine Mitarbeiter mit 160 000 Menschen in Kontakt, die sich auf Broken-Heart-Konzerten bekehrt hatten.[20] Mittlerweile ist ihre Arbeit so gewachsen, daß sie über die Konzerte hinaus für die Beantwortung von etwa 5000 Briefen monatlich verantwortlich zeichnet.

Mylon ist ein Familienvater Mitte Vierzig und gibt jährlich 150 Konzerte auswärts. Oft wird er müde vom Kampf. Warum also in dieser Größenordnung weitermachen? „Auf die Gefahr hin, die Dinge hier zu einfach darzustellen: Es ist Gottes Güte, die mich weitermachen läßt," bezeugt Mylon. „Täte ich dies alles für irgend jemand anderen als den Sohn Gottes, hätte ich schon aufgehört."[21]

Sie sehen also, viele der Künstler der modernen christlichen Musikszene sind dort, um zu dienen - aber ihr Einfluß kann erst richtig eingeschätzt werden, wenn man sie unter ihrer Zielgruppe in Aktion erlebt. Ich besuchte Konzerte von allen diesen Musikern und erfuhr in meinem eigenen Leben Gottes Handeln als Auswirkung dessen, was ich dort sah und hörte. Deshalb halte ich diese Dienste für mehr als nur Alternativen zu säkularer Musik. Für jemanden, der denselben Zielgruppen mit der Strategie des Apostels Paulus dienen möchte, ist der Einsatz solcher Musik mehr als nur eine Möglichkeit. Er wird zum moralischen Gebot. Darauf will ich in den abschließenden Kapiteln noch näher eingehen.

15

Die christliche Alternative in die Kirche bringen

Wenn Sie junge Leute in diesem Land erreichen wollen, geben Sie keine Werbung in Auftrag, sondern schreiben Sie ein Lied.

Serge Denisoff, Soziologe[1]

James Tucker ist mit Leib und Seele Pastor. Er predigt das Wort, evangelisiert die Verlorenen und kümmert sich um seine Herde. Aber Pastor Tucker hat einen ernstzunehmenden Schwachpunkt, nur eine Kleinigkeit, die zwischen ihm und den Menschen, die er so gerne erreichen will, steht: Er kleidet sich ganz in der englischen Mode des späten 18. Jahrhunderts - bis hin zur gepuderten Perücke.

Seine Botschaft ist korrekt und sein Herz aufrichtig, aber Pastor Tuckers Erscheinungsbild sorgt für Verwirrung. Die Menschen, die in seiner Gemeinde aufwuchsen, verstehen seinen Wunsch nach Heiligkeit und Distanzierung vom Stil der Welt. Ja, sie lernten den Unterschied zwischen Kirche und Welt sogar schätzen. Aber die Nichtchristen sind irritiert. Sie fragen sich, ob Gott wohl verlange, daß sie sich im Falle ihrer Bekehrung genauso kleiden wie Pastor Tucker. Einige Christen meinen, wegen seiner antiquierten Kleidung könne er keinen Bezug zu ihrem Alltag haben. Die Jugend hält ihn einfach für einen Spinner.

Es ist traurig, aber Pastor Tucker kann sein Problem nicht erkennen. Er schreibt den schwachen Besuch und mangelnde Reaktionen bei Veranstaltungen der Härte der Welt zu. Es käme ihm nie in den Sinn anzunehmen, daß die Leute den Wein vielleicht einzig und allein wegen des Weinschlauchs ablehnen.

Diese Geschichte ist schwer zu glauben? Okay. Sie ist frei erfunden. Oder doch nicht? Wenn wir nur den Schwachpunkt austauschen - statt der Kleidung aus dem 18. Jahrhundert Musikstile des 19. bzw. frühen 20. Jahrhunderts einsetzen -, dann treffen wir den Nagel wohl auf den Kopf.

Unsere Mäntel, Hosen und Krawatten der jeweiligen Mode anzupassen, geben wir uns wirklich Mühe. (Welcher Pastor trägt Mitte der Neunziger noch Hemden mit großem Kragen und Polyester-Anzüge?) Aber wir denken uns nichts dabei, unsere Gottesdienste in einen musikalischen Stil zu kleiden, der schon ein Jahrhundert lang aus der Mode ist!

Um das Thema klarer zu machen, unterscheiden wir zwei verbreitete Grundhaltungen:

DIE FESTUNGSMENTALITÄT

Die erste Auffassung ist die Fortsetzung dessen, was ein Autor „Festungs-Mentalität" nannte.[2] Gemeindeleiter mit diesem Ansatz bauen physische und kulturelle Mauern, die die Kirche von der Welt und die Welt von der Kirche abschirmen. Für diese Gruppe bedeutet Evangelisation nicht, sich auf heidnisches Territorium zu begeben und dort Kontakte aufzubauen. Evangelisierung besteht für sie vielmehr darin, auf dem kulturellen und physischen Gebiet der Kirche zu evangelisieren, die, die in den Bankreihen sitzen, zur Buße aufzufordern.

Ab und zu sehen einige aus den heidnischen Scharen außerhalb der Kirche einen nervösen Kopf, der oben auf der anderen Seite der Burgmauern auftaucht und herüberwinkt: „Kommt zu uns!" Heiden sind aber nicht interessiert daran, in die Kirche zu gehen. Auf ihrem eigenen Gebiet ist es zu bequem. Außerdem haben sie zu viel zu tun.

Also sitzen wir gemütlich in unserer Festung, umgeben von unseren christlichen Freunden und in unseren Bibelseminaren, und messen den Erfolg daran, wie gut die Burg in Ordnung gehalten wird und ob wir das Ende unseres Lebens ohne gröbere Verfehlung erreichen oder nicht. In Wirklichkeit *ist* es wichtig, von der Sünde der Welt rein zu bleiben, aber dies umfaßt unsere Berufung nicht völlig. Gott wollte nie, daß wir nur die Burg halten; er gab uns den Auftrag, neue Gebiete zu erobern.

DIE MISSIONSMENTALITÄT

Wir sind gerufen, Menschenfischer zu sein. Gute Fischer werkeln nicht am Strand herum und winken ab und zu einem Fisch herüber, daß er zu ihnen auf das trockene Land springen soll. Statt dessen lernen sie alles über Fische und ihre Freßgewohnheiten und fahren dann mit ihren Booten aufs Wasser – hin zu den Fischen. Das nennen wir die „Missionsmentalität". Um zu sehen, wie diese Mentalität auf unsere Musik zu übertragen ist, müssen wir zunächst einmal die Grundlagen der Missionsstrategie erlernen.

„Missionarische Strategie 101."[2b] Alle diejenigen von uns, die in ihrem eigenen kulturellen Umfeld arbeiten, müssen sich jetzt einen Moment lang vorstellen, daß Gott uns zu einem fremden Stamm in den brasilianischen Regenwald berief und wir erst kürzlich mit unserem Team auf dem Missionsfeld eintrafen. In unserem Zielort, einem weit abgelegenen, unerreichten Dorf, fangen wir an, über Strategie zu diskutieren. Ein Teammitglied ist davon überzeugt, daß Sprache und Kleidung des Stamms der unseren unterlegen sei und die „Eingeborenen" auf ein anständiges kulturelles Niveau gebracht werden sollten, damit sie Christen werden können (so eine Art „Der wahre Christ trägt Krawatte"-Philosophie). Andere im Team argumentieren, Jesus hätte schließlich Kleidung und Sprache der jüdischen Kultur des ersten Jahrhunderts angenommen, und wenn wir ihm nachfolgen wollten, müßten wir es ebenso machen.

Mit dem ersten Ansatz stülpen wir den Stammesangehörigen die westliche Kultur über und erwarten Änderungen ihres Lebensstils, die in Gottes Wort nirgends gefordert werden. Mit dem zweiten Ansatz führen wir das unwandelbare Evangelium in diese Gesellschaft ein und lassen die nichtbiblischen, kulturellen Äußerlichkeiten ihre eigene Form annehmen, die Form, die den Stammesangehörigen am meisten zusagt. Wenn man einer Kirche erlaubt, ihre Gestaltung des Christentums von der individuellen Kultur prägen zu lassen, ferner zuläßt, daß die Kirche von Menschen aus jener Kultur geleitet wird, baut man eine „einheimische" Kirche.

So gern wir in unserer eigenen Sprache beten, in Bänken sitzen und zu Ostern ein neues Frühlingskleid anziehen, müssen wir diese Praktiken als das erkennen, was sie sind: sinnvoll innerhalb unserer Kultur, in einer anderen Kultur vielleicht bedeutungslos und nach der Bibel ganz sicher nicht erforderlich.

Wer sich in kulturübergreifender Arbeit engagieren möchte, muß seine Methodik radikal im Licht der Heiligen Schrift einschätzen. Er muß bereit sein, sein außerbiblisches Gepäck über Bord zu werfen, ungeachtet dessen, wie wertvoll oder bedeutsam dieses Gepäck in seiner eigenen Kultur sein mag, um Menschen einer fremden Kultur zu erreichen, die auf diese Formen vielleicht nicht ansprechen.

Nun, zurück in den brasilianischen Regenwald. Wir entscheiden, daß das ganze Team die Stammessprache lernen und das Evangelium anhand von Illustrationen und Beispielen vermitteln muß, die den Menschen dort etwas sagen. Wir entschließen uns, unseren Glauben zu „entwestlichen“ und eine wirklich einheimische Kirche zu gründen. Alles andere, stellen wir fest, ordnete uns in die Kategorie der mittelalterlichen Kirche ein, die den europäischen Ländern eine lateinische Liturgie aufzwang und so die Massen einer für sie bedeutungsvollen Anbetung entfremdete.

Eine historisch gewachsene Erkenntnis von Menschen, die in der Mission arbeiten, lautet: Um eine Gesellschaft wirklich zu evangelisieren, muß man Verständnis für die Kultur gewinnen, ihre Sprache und Sitten lernen und sich den Menschen auf eine Weise nähern, die sie verstehen.

Unglücklicherweise wurde das, was vielen Missionaren bezüglich Sprache und anderen Formen der Evangelisierung mittlerweile längst klar ist, in bezug auf Musik nicht so schnell erkannt. Hustad schreibt: „Bewaffnet mit Sankeys Gesangbuch aus ihrer anglo-amerikanischen Tradition, übersetzten sie unsere Evangeliumslieder in tausend oder noch mehr Sprachen. Außer der Bibel selbst umrundete kein einziges Werk der Literatur die Erde so vollständig und drang in alle Kulturen ein.“[3]

So gut diese Anstrengungen, westliches Kirchenliedgut zu exportieren, gemeint waren, deckt die Weisheit aus jahrzehntelanger Missionspraxis einige gravierende Fehler auf. Erstens hindert ein fremder Stil die Fähigkeit der Menschen, ihrem Glauben frei Ausdruck zu geben.[4] Man sollte von niemandem erwarten, daß er in der Anbetung eine kulturelle Hürde überspringt.

Der Missionsprofessor R. LaVerne Morse schreibt:

> *In vielen Teilen Asiens habe ich beobachtet, daß nicht-westernisierte Angehörige einer Nation einen Kulturschock erleiden, wenn man sie lange Zeit unbekannten Musiksystemen aussetzt. Diese Erfahrung machte ich in China, Burma, Nordthailand und Laos. Es gibt eine sofortige psychologische Kulturschock-Reaktion, die die westliche christliche Musik eher eine Schranke als eine Brücke für die Kommunikation der Botschaft Christi sein läßt.*[5]

Ein alter Mann im afrikanischen Tschad sagte: „Ich will Christ werden, aber muß ich eure Musik übernehmen?“[6]

Zweitens geht die ursprüngliche Bedeutung der Lieder im Übersetzungsprozeß oft verloren. Wieder Hustad: „Es wurde entdeckt, daß bei der Zusammenführung der Melodien unserer Kirchenlieder mit einigen der tonalen Sprachen der Welt unsere Melodieführung die Bedeutung eines Wortes oder Satzes völlig verdrehen kann.“[7] (In tonalen Sprachen ändert sich der Sinn des Gesprochenen je nach Tonhöhe – Anm. d. Üs.)

Insgesamt war dieser Import westlicher Stile für geistliche Lieder nach dem Sachverständigen für Musik und Mission, Albert W.D. Frieson, „der Evangelisierung, dem Wachsen eines echten Verständnisses vom Christentum und einer unabhängigen christlichen Kirche in diesen Kulturen abträglich.“ Heute unterstützt man meistens die Entwicklung einer einheimischen geistlichen Musik.[8]

T.W. Hunt, Professor für Kirchenmusik am Southwestern Baptist Theological Seminary und führende Autorität im Fach Musik und Mission, schloß: „Ganz sicher gibt es keinen Zweifel daran, daß die einzig brauchbare Musik für unerreichte Völker ihre eigene ist.“[9] Mit anderen Worten, der Ansatz von Luther, Watts, Wesley und anderen war mehr als nur eine gute Idee. Er war echte Missionsstrategie. Missionare, die einen einheimischen Anbetungsstil förderten, berichten von Begeisterung und bedeutungsvoller Anbetung der Menschen.[10] Sie erkennen, daß Musik in der Mission keine Nebensächlichkeit ist. Dieses Medium effektiv einzusetzen kann die Missionsarbeit sehr verbessern. Zwei japanische Christen berichteten: „In Japan zieht Musik ... mehr Nichtchristen an als irgendeine andere Facette des kirchlichen Angebots. ... Unsere weihnachtliche Musikveranstaltung wurde von 200 Menschen besucht. Zu einem normalen Abend kommen etwa 30.“[11]

Phillip Anderson von den Philippinen sagte, Musik sei „unsere beste Methode, Menschen in die Gottesdienste zu bringen“.[12] Noch eine japanische Einschätzung: „Mit Hilfe von Musik kann man mindestens zwei Jahre früher effektiv kommunizieren als durch Sprechen, Predigen oder Lehren auf japanisch.“[13] „Außerdem“, so Hunt, „sind Ausdrucksformen der landeseigenen Kultur bei der Evangelisation erfolgreicher, und die Ergebnisse halten länger an.“[14]

Bill und Dellana O'Brien, Missionare in Indonesien, suchten einen Schlüssel, um die Herzen der Menschen dort zu öffnen, und fanden heraus, daß ihre musikalischen Darbietungen keine Kommunikation zustandebrachten und keine Hingabe hervorriefen. Sie fingen also an, mit klassischen javanesischen und balinesischen

Tanzformen und einheimischen Musiksystemen zu experimentieren, um die biblischen Geschichten darzustellen. Die Reaktion war „überwältigend". Im ersten Jahr wurden 25 000 Zuschauer durch die Aufführung mit dem Evangelium bekanntgemacht.[15]

Natürlich protestiert jetzt der eine oder andere: Die einheimische Musik ruft doch sicher schlechte Assoziationen mit heidnischer Götzenverehrung hervor? Nun, das könnte bei bestimmter Musik der Fall sein, aber die Frage spiegelt ein falsches Verständnis der meisten Kulturen wider. Vielleicht wird ein Rhythmus oder Stil ausschließlich für heidnische Götzenverehrung benutzt und erweist sich deshalb für den christlichen Gottesdienst als unangebracht, zugegeben. Andere Rhythmen oder Musikformen, die der Stamm benutzt, werden aber z. B. mit Hochzeiten, Feldarbeit, Rudern, Glücklichsein oder tiefen Gefühlen in Verbindung gebracht. Diese Stile rufen keine Bilder von Dämonenanbetung hervor. Sie repräsentieren einfach die musikalische Sprache des Volkes.

Woher wissen Missionare dann, was in einem Stamm angemessen ist und was nicht? Im Zusammenhang mit der Musikauswahl für ein städtisches Umfeld schlägt Hunt vor: „Der Missionar muß herausfinden, was für die Bewohner lebendig ist, womit sie am ehesten Nähe ausdrücken werden. ... Welche Musik singen sie in der Küche oder in der Freizeit? Vielleicht lernen sie gerne die westlichen Lieder, aber welche Platte legen sie auf, wenn sie sich am meisten entspannen?"[16]

Diese Entscheidungen werden am besten von den geistlichen Vertretern der Zielgruppe getroffen. Delbert Rice, Missionar auf den Philippinen, verteilte Kopien von potentiellen Anbetungsliedern, um deren Effektivität für einheimische Kirchenmusik zu testen. Wenn ein Lied im Gottesdienst oft vorgeschlagen wurde, wenn es auf den Bergpfaden und Feldern gesungen wurde, akzeptierte er es. „Wenn nicht," sagte Rice, „muß es als Totgeburt angesehen und begraben werden, ungeachtet der Liebe und vielen Arbeit, die in seine Entwicklung und Geburt gesteckt worden waren."[17] Dies ist ein ausgezeichnetes Beispiel für die Missionsmentalität: Rücksichtslos auch alles das beseitigen, dessen Herstellung viel Mühe kostete, wenn es innerhalb der Kultur, die zu erreichen man berufen ist, nicht effektiv ist.

DIE MISSIONSMENTALITÄT AUF DEN WESTEN ANGEWANDT

Lassen Sie uns jetzt den Heimvorteil einer christlichen Prägung verlegen: Statt in Amerika bzw. Europa zu sein und eine fremde Kultur zu beobachten, sind wir jetzt in einer fremden Kultur, von der wir die amerikanische Szene betrachten. Stellen Sie sich vor, wenn Sie können, daß das Evangelium in den ersten Jahrhunderten nicht westlich von Jerusalem Verbreitung gefunden hätte, sondern zunächst im Osten und in den Ländern, die wir heute China und Indien nennen, fruchtbaren Boden vorgefunden hätte. Weiterhin denken wir uns aus, daß wir mit einem Missionarsteam aus China ausgesandt wurden, um die heidnischen Rotten im Amerika des späten zwanzigsten Jahrhunderts zu erreichen, die das Evangelium noch nie gehört haben. Es gibt keine englische Bibel, keine historischen Kirchenbauten, kein reiches Erbe christlicher Kirchenlieder.

Wir suchen nach Hilfsmitteln, die die Aufmerksamkeit der Menschen haben, und finden heraus, daß Videos reichlich im Umlauf sind. Obwohl 90 % dieser Kassetten nichtchristliche Werte vermitteln (welche Werte erwarten wir bei Nichtchristen?), sehen wir keinen Grund, dem Teufel dieses nützliches Hilfsmittel nicht wegzunehmen und es aus der Dienstbarkeit für das Böse zurückzuerobern. Wir fangen also an, Filme herzustellen, die christliche Werte und Lehre vermitteln.

Da wir eine einheimische Kirche gründen wollen, übernehmen wir die Missionsmentalität, versetzen uns in die Lage der Amerikaner und versuchen, die angemessensten Formen für ihre Kirchenlieddichtung zu bestimmen. Traditionelle chinesische Hymnen sind nicht effektiv. Amerikaner scheinen mit dem, was wir Chinesen ‚gute Musik' nennen, nichts anfangen zu können.

Statt dessen finden wir eine sehr musikalische Gesellschaft vor, die eine Vielzahl von Stilrichtungen genießt. Nach unseren Forschungen ist Rock (inklusive Pop) mit über 50 % der Marktanteile der weitaus populärste Stil,[18] gefolgt von den Weiterentwicklungen des Rock, Disco und Soul, danach Country, Middle-of-the-Road, Jazz und klassische Musik.[19]

Unser Anliegen ist jedoch weniger, herauszufinden, was auf nationaler Ebene gehört wird, sondern was der Bevölkerungsausschnitt, den wir erreichen möchten, gut findet. Wir begeben uns also in eine kleine Vorstadt und fangen an, die Musik der normalen Menschen hier auszukundschaften. Wir registrieren, mit welchen

Radioprogrammen sie aufwachen, welche Melodien sie im Auto summen, zu welchen Songs sie Gymnastik machen und welche Bands die Hintergrundmusik für ihre Arbeit und ihr Spiel liefern. Sicher, viele der Lieder haben einen unchristlichen Inhalt. Aber was erwarten wir denn? Es sind ja keine Christen!

Alle diese Musikformen kommen uns recht merkwürdig vor, aber mit unserem Verständnis für die Kultur wächst auch die Frucht. Wir arbeiten eng mit den „Eingeborenen" zusammen, die uns sagen sollen, welche Stile sie für am besten halten, um Gotteslob auszudrücken, um Gläubige aufzuerbauen und den Verlorenen die Rettung nahezubringen. Es besteht Übereinstimmung, daß in dieser Gegend eine sanfte Rockvariante im Gottesdienst der Anbetung am dienlichsten sei. Andere Formen wie Soul, Rap oder Klassik könnten für Konzerte, die auf bestimmte Untergruppen ausgerichtet sind, Verwendung finden, oder auch, um Höralternativen zu bieten. Hätten wir eine andere Region ausgewählt, hätten wir vielleicht die Musik mehr im Country- oder Soul-Stil wählen müssen. Es hängt alles von den Menschen ab.

Ist dieses Szenario wirklich so merkwürdig? Die statistischen Angaben entstammen jedenfalls der 1980er Ausgabe des *Contemporary Music Almanac*. Wenn wir als Missionare in der fiktiven Vorstadt arbeiten würden, die ihre eigene klar definierte Vorliebe für bestimmte Musikrichtungen hat, welchen Stil würden wir dann wohl wählen? Wir betrieben sicherlich keine Forschung über die Geschichte der Musik dieses Volkes in dem Bestreben, einen Stil wieder zum Leben zu erwecken, der seine Popularität bereits vor Generationen eingebüßt hatte.

Der verwirrende Faktor bei der Wahl des richtigen Musikstils für die amerikanische Kirche ist nicht mehr das Übel der Rockmusik. Diese ist nämlich mit ihren verschiedenen Formen in weiten Teilen des Landes als Lieblingsmusik der normalen Leute von heute recht etabliert. Wenn die Menschen sie im Lebensmittelgeschäft hören, ihre Gymnastik danach machen oder morgens schon mit Rockrhythmen aufwachen, stellen sie keinen Zusammenhang mit dem Bösen her. Sicher, dieser Rhythmus wurde mitunter für das Böse benutzt, aber die meisten Menschen verbinden mit der Titelmelodie von *Rocky* den Anreiz, Sport zu treiben, andere Songs mit Abenteuer, manche mit Freundschaft, andere mit Liebe.

Der wirklich verwirrende Faktor für das Erreichen der amerikanischen Heiden ist das Erbe christlicher Musik. Wegen unseres reichen Schatzes an überlieferten Kirchenliedern sind wir versucht, nur diese Musikformen als heilig einzuordnen, alles andere als weltlich, vergessen dabei aber, daß die Stilrichtungen unserer traditionellen Hymnen einmal die volkstümlichen Stile der Welt waren. Hustad bemerkt, daß es falsch war, Sankeys Stil rund um den Globus zu exportieren, ohne die jeweilige Kultur im Blick zu haben. Wenn dem so ist, war es auch falsch, musikalische Formen beizubehalten, die in der Vergangenheit zwar dienlich waren, ihre Bedeutung aber durch den Wandel der Zeit verloren haben.

Genauso wie unser Stamm in Brasilien sich von den Menschen in der gegenwärtigen nordamerikanischen Kultur unterscheidet, so unterscheidet sich das Amerika von früher von dem heutigen Amerika. Wie es L. P. Hartley in dem Roman *The Go-Between* ausdrückt: „Die Vergangenheit ist ein fremdes Land: Man macht die Dinge dort anders.“[20] Evangelistische Gottesdienstformen, die zu der amerikanischen Kultur im ausgehenden 19. Jahrhundert paßten, passen vielleicht nicht in die amerikanische Kultur des ausgehenden 20. Jahrhunderts. Wir müssen den Finger am Puls unserer Gesellschaft halten, wenn wir davon überzeugt sind, daß „einheimische“ Formen für die Evangelisation am besten sind.

TRADITIONEN: GUT UND SCHLECHT

Verstehen Sie mich nicht falsch: Ich trete nicht für die Abschaffung der Kirchenlieder und eine zweite Auflage von Orgelzerstörungen ein. Wenn wir unser Erbe vergessen, verlieren wir etwas Kostbares. Es vergeht selten eine Woche, in der ich mich nicht Luthers majestätisches „Ein feste Burg ist unser Gott“ singen höre. Dann kann ich fast den Klang der robusten deutschen Laute von den Burgmauern widerhallen hören, während Luther fröhlich spielt und bei Tisch mit seinen Freunden Loblieder singt. Für einen kurzen Moment stecke ich in Luthers Haut: vom Papst verdammt, von der Kirche ausgestoßen, im Exil - aber durch meine Entdeckung der Gerechtigkeit aus Glauben bin ich wahrhaft frei. Wir dürfen auf keinen Fall unser Erbe vergessen, und Luthers Musik kann unserer Erinnerung aufhelfen.

Dennoch, wenn ich glaube, „Ein feste Burg“ würde den Durchschnittsamerikaner so anrühren, wie es mich anrührt, dann habe ich meine Kultur noch nicht verstanden. Sogar innerhalb der Kirche erfordert diese Hymne oft eine Erklärung, um ihre volle Wirkung entfalten zu können. Die Neuheiden, die Martin Luther vielleicht nicht einmal von Martin Luther King unterscheiden können, werden mit Luthers „gutem Wehr und Waffen“ wenig oder nichts anfangen können. Es ist jedenfalls sehr unwahrscheinlich, daß sie es je unter der Dusche singen.

Tradition in sich ist natürlich nichts Schlechtes. Traditionen sind gut, wenn sie ihre Bedeutung innerhalb einer Kultur behalten. Lassen Sie uns aber nicht die sieben letzten Worte der Kirche vergessen: „Das haben wir noch nie so gemacht.“ Die Autoren Gordon L. Borror und Ronald B. Allen schreiben: „Die Geschichte lehrt: Sobald die Kirche musikalische Formen kanonisiert, fängt sie an zu erstarren.“[21] Methoden, die in der Vergangenheit gut waren, werden oft uneffektiv - und doch fahren wir fort, sie anzuwenden, weil sie sicher und bequem sind, weil wir neumodischen Methoden argwöhnisch gegenüberstehen oder einfach, weil wir in unseren Wegen festgefahren sind.

J. David Stone erzählt ein lustiges Erlebnis, das die Festgefahrenheit von Traditionen, die ihre Bedeutung eingebüßt haben, gut illustriert:

> *Ich besuchte eine alte Methodistenkirche, in der während des Gottesdienstes immer das Apostolische Glaubensbekenntnis gesprochen wurde. Wenn die Gemeinde dazu aufstand, drehten sie sich jedoch alle herum und blickten auf den Ausgang der Kirche. Nach dem Ende drehten sie sich wieder zurück und setzten sich hin.*

Komische Sitte, dachte ich. Nach einigem Herumfragen fand ich jedoch heraus, daß Anfang dieses Jahrhunderts, als die Kirche noch keine Bücher hatte, das Apostolische Glaubensbekenntnis an der Empore aufgehängt war; die Gläubigen mußten sich also umdrehen, um es dort hinten lesen zu können. Als eines Tages die ganze Empore einstürzte - und das Credo mit ihr -, war dieser Brauch einfach schon zu eingeschliffen, als daß er hätte geändert werden können.“[22]

„Onward Christian Soldiers“ mag in der Zeit, für die es geschrieben wurde, ein Fanfarenstoß gewesen sein. Es war allerdings die säkulare Gesellschaft, die der Marschmusik das Gefühl von Dringlichkeit zuordnete und sie mit dem Auszug zum Kampf assoziierte - aber Stilrichtungen ändern sich, und ihre Assoziationen ebenso. Dieses Lied, das früheren Generationen Mut machte, ihre Waffen aufzunehmen und zu marschieren, entlockt der heutigen Jugend höchstens noch ein Gähnen. Ungeachtet dessen, wie überzeugend die Stimme der Tradition in unseren Herzen spricht, dies sei die beste, effektivste Musik, sind die Stile des 19. und frühen 20. Jahrhunderts auf gar keinen Fall typisch für den Nichtgläubigen der westlichen Kultur im späten 20. Jahrhundert.

UNTER DEM STRICH

Die Stilrichtungen, die in unserer heutigen Kultur geläufig sind - zu denen die Menschen aufwachen, lachen, sich nach einem anstrengenden Arbeitstag entspannen oder zu denen sie ihre verkümmerten Muskeln im Kurort in Bewegung bringen - sind in der Kirche selten zu hören. Die Stilrichtungen, die wir in der Kirche hören, ließen die Menschen des 19. Jahrhunderts weinen, lachen, sich entspannen oder zum Einsatz melden. Wir kratzen da, wo es juckt - nur leider die Menschen aus dem vorigen Jahrhundert. Wie sonderbar.

Und das, während in greifbarer Nähe eines der denkbar mächtigsten Werkzeuge ist, um unsere Generation für Christus zu erreichen. Traurigerweise lassen die meisten christlichen Dienste zu, daß dieses Werkzeug in ihrer Waffentasche verstaubt, und so hören sogar von Kirchgängern nur 10 Prozent christliche Musik außerhalb der Gottesdienste.[23]

Moderne christliche Musik wird mittlerweile mehr verkauft als Jazz und Klassik[24], aber noch wurde sie nicht auf die Welt losgelassen. Die Zwillingsriesen Tradition und kulturelle Befangenheit durften eine ausgezeichnete Armada im Trockendock festhalten.

Solange der Stil, der innerhalb der Festung benutzt wird, von der großen Mehrheit der Kirchgänger dort gelassen und während der Woche nie aufgenommen wird, bauen wir unsere Leute nicht auf. Nur der höfliche Ungläubige bleibt während des Gottesdienstes wach. Ich muß die Person unter vierzig (und einige wenige über vierzig) noch finden, die traditionelle Kirchenlieder im traditionellen Gesangbuch-Arrangement als ihren Lieblingsstil außerhalb der Kirche bezeichnet.

Wir wollen uns nicht vormachen, wir folgten Luther, Watts, Wesley, Sankey und Booth nach, wenn unsere Gemeindeglieder unsere Lieder nicht bei der Arbeit summen und während der Woche die Kassetten anhören. Paulus hat viele persönliche Vorlieben außer acht gelassen und wurde allen alles, um sie mit dem Evangelium zu erreichen. Wir sind zufrieden damit, einigen einiges zu werden, oder schlimmer, wir erwarten von allen, daß sie uns alles werden. Daraus folgt, daß unser Dienst leidet.

John R.W. Stott schreibt in *Christian Mission in the Modern World*:

Unsere Versammlungen erwarten von jedem neuen Mitglied nicht nur eine Bekehrung, sondern auch eine kulturelle Änderung. [Das neue Mitglied] muß manches an seinem zeitgenössischen Benehmen aufgeben und die veralteten Verhaltensmuster, die in der Versammlung vorherrschen, akzeptieren. Der junge Christ muß die alten Hymnen lernen und sie wertschätzen. Er muß die Kanzelsprache lernen ... Kurz, er muß zwei Generationen zurückgehen und sich einer, so kann man es wohl nennen, schmerzhaften kulturellen Beschneidung unterziehen.[25]

Einige innovative amerikanische Kirchen entschlossen sich in dem Bewußtsein der kulturellen Festung, die große Teile unserer Bevölkerung der Kirche fremdhält, das missionarische Denkmuster anzunehmen und musikalische Formen zu benutzten, die von ihrer Zielgruppe leichter verstanden werden können. Die Eastside Foursquare Church in Kirkland explodierte förmlich von einigen wenigen Mitgliedern auf fast 4000 in zehn Jahren. Welchen Anteil hatte ihre Musik in diesem phänomenalen Wachstum? Pastor Doug Murren: „Kirchenfremde Menschen der Baby-Boomer-Generation fühlen sich von einer Gemeinde angezogen, deren Musik ihrem Stil entspricht und vergleichbar klingt. Mit anderen Worten, sie werden zu zeitgenössischer Musik hingezogen."[26] (Weitere Beispiele wachsender Kirchen mit modernen Strukturen finden Sie im Anhang.)

Während Popmusik Vorstellungen und Träume einer Generation bestimmt, versucht sich die Kirche im allgemeinen nur hier und da einmal nebenbei mit einer modernen Aufmachung. Wir benutzen eine Tiefseeausrüstung, um die Badewanne zu leeren. Wir machen uns selbst etwas vor, wenn wir meinen, was uns gefällt, gefiele allen. Allzuoft denken wir, wir stellten Männer und Frauen vor eine zeitgemäße Herausforderung, den Ansprüchen Christi zu glauben, während sie in Wirklichkeit Schwierigkeiten haben müssen, hinter unsere unmodernen Formen zu blicken. Jedesmal, wenn sie uns ansehen, fällt es ihnen schwer, die gepuderte Perücke zu ignorieren. Der Produzent, Musiker und Komponist Reed Arvin hat gut ausgedrückt, wie es im Endeffekt aussieht:

Für denjenigen, der der unerlösten Welt mit Musik zu dienen versprach, ... erscheint die konventionelle Musikarbeit immer irrelevanter für eine

Zuhörerschaft, die das Vokabular des Glaubens gar nicht mehr versteht. Die Wahrheit ist, daß wir uns selbst wunderschöne Lieder vorsingen, und die Welt hört nicht nur nicht zu, sie bekommt noch nicht einmal mit, daß wir singen.[27]

16

Die christliche Alternative in die Welt bringen

Gebt mir die Musik eines Volkes, und ich werde den Sinn jenes Volkes ändern.

Plato[1]

EIN WELTWEITES PHÄNOMEN

John Joyce ist mein Held. Als er Pläne für sein Leben machte, legte er sich fest, eine unerreichte Volksgruppe zu finden, die so zurückgezogen lebte, daß sie wahrscheinlich nie das Evangelium hören würde, wenn er nicht zu ihr ginge. Seine Wahl fiel auf die Fulani im westafrikanischen Burkina Faso. Um dieses Volk aufzusuchen, fliegen Sie von den Vereinigten Staaten nach Osten und sehen, wenn der Sand der Saharawüste auftaucht, aus Ihrem rechten Fenster. Das Land ist rauh, die Religion der Islam.

Die Fulani sind arm. Sie haben keine Bibel. Was sie aber haben, sind Radios - und viele von ihnen mögen Michael Jackson.

Überrascht Sie das? Als sie in den Kinderschuhen steckte, tat mancher die Rockmusik als vorübergehende, nicht ernstzunehmende Laune ab. Heute hat sie sich nach Hustad zu „der in weiten Teilen der westlichen Welt vorherrschenden Ästhetik" gemausert.[2] Klassische Musik ist eine elitäre Kunst. Pop, Rock und ihre Unterarten wie Soul und Rap dominieren Äther und Handel.

Außer mit Verkaufszahlen und Radiosendungen kann man die Popularität eines Musikstils noch messen, indem man feststellt, wer in der Unterhaltungsbranche das meiste Geld verdient. Das Magazin *Forbes* erstellte eine Liste der 40 höchstbezahlten Entertainer der Jahre 1989 und 1990. Darunter waren 19 Musiker. Die fünf an ihrer Spitze hießen Michael Jackson ($ 100 Millionen Bruttoeinnahmen), Rolling Stones ($ 88 Millionen), New Kids ($ 78 Millionen), Madonna ($ 62 Millionen) und Paul McCartney ($ 45 Millionen).[3]

Aber der riesige Markt für Rockmusik erstreckt sich weit über die Grenzen der westlichen Welt hinaus. Mick Jaggers Solotour 1988 umfaßte 22 Auftritte in Australien sowie Konzerte in Neuseeland und Indonesien.[4] Seine Solotour mit acht Konzerten in Japan war innerhalb von Stunden ausverkauft, und die Fans zahlten im Schnitt umgerechnet etwa DM 75.[5] In den Jahren 1987/1988 tourte Michael Jackson in fünfzehn Ländern auf drei Kontinenten und hatte insgesamt 4,4 Millionen Zuhörer.[6] Von seinem Album *Bad* verkauften sich zwischen August 1987 und Januar 1989 über 19 Millionen Stück, 12,5 Millionen davon außerhalb der Vereinigten Staaten. In mehr als 25 Ländern erreichte es den Spitzenplatz der Topliste, u. a. in Griechenland, Israel, Japan, Brasilien, Hongkong, Spanien, Österreich, Italien, Dänemark, Frankreich und Deutschland.[7] In einem Bericht über dieses Phänomen in Äthiopien schrieb *Newsweek* von „Tausenden junger Afrikaner, die in Michael Jackson einen Pop-Messias gefunden haben. ... Auf dem Marktplatz der Hauptstadt ist Jacksons zwittriges Bild überall zu sehen: auf Postern, T-Shirts, Souvenirs. ... Aus den Taxis plärrt seine Musik; auf Hochzeiten und Beerdigungen dröhnen seine Rhythmen."[8]

Ich war überrascht, auf einer Reise nach Osteuropa kürzlich überall in Taxis und Hotels amerikanische Top-Forty-Musik zu hören, selbst auf dem Marktplatz einer kleinen Stadt. Nach Paul Borthwick „werden 70 % aller Songs im brasilianischen Radio in englischer Sprache gesendet".[9] Ein Journalist veröffentlichte in Indonesien kürzlich eine Untersuchung, nach der die indonesische Jugend mehr an Michael Jackson interessiert ist als an Mohammed. Der Journalist landete prompt im Gefängnis. Und die Jugend hört weiterhin Michael Jackson.[10]

Moderne amerikanische und europäische Musik wurde zum Lieblingsstil bedeutender Bevölkerungsanteile weltweit. Was heißt das für den christlichen Musiker, dessen Herz auch für Orte außerhalb der Grenzen seines Heimatlandes schlägt?

ALS DIE ZEIT ERFÜLLT WAR

Jesus kam nach der Heiligen Schrift auf die Erde, als die Zeit erfüllt war (Gal. 4,4). Er kam zur rechten Zeit. „Gott hatte die ganze Welt auf das Kommen seines Sohnes zu dieser Zeit in der Geschichte vorbereitet", schreibt ein Kommentator.[11] Obwohl man nach dem direkten Kontext schließen könnte, daß die Welt durch das Gesetz völlig vorbereitet gewesen wäre,[12] gab es noch weitere Aspekte für

Gottes Timing: die Erfüllung der prophetischen Zeitaufteilung[13] und die Vorbereitung der Welt auf eine schnelle Verbreitung des Evangeliums.[14]

Die ganze zivilisierte Welt mit Ausnahme des Fernen Ostens war unter römischer Herrschaft, was das notwendige friedliche Umfeld garantierte. Eine gemeinsame Sprache, griechisch, wurde in allen Schichten der Bevölkerung benutzt und war also ein universelles Medium. Die römischen Straßen stellten das bislang beste Transportsystem der Welt dar. Die tiefsten Fragen des Lebens hatten von der Philosophie nicht beantwortet werden können, und die Versprengung der Juden wirkte durch die monotheistische Lehre und die Hoffnung auf einen Messias ebenfalls vorbereitend.[15] Es ist leicht zu verstehen, daß dieser fruchtbare Boden für den kommenden Messias die „Fülle der Zeit" war.

Heute befinden wir uns in einer ähnlichen Situation. Seit Jahrzehnten verschließt sich die Welt langsam dem Auslandsmissionar, aber all das ändert sich rapide: Der Eiserne Vorhang besteht nicht mehr, die atheistische Philosophie, die sich hinter dem Marxismus verbirgt, wurde gewogen und zu leicht befunden, und große Teile der Welt blicken in ihrer Suche nach Orientierung auf den Westen. In diesem Vakuum fanden christliche Musik-Missionare eine Nische. Die Straße, die von amerikanischer Popmusik gepflastert wurde, transportiert jetzt nicht mehr nur die hedonistische Ware säkularer Künstler. Mylon LeFebre hatte kürzlich auf den Philippinen einen Einsatz und erlebte, wie über zehntausend Menschen eine Entscheidung für Jesus trafen.[16]

Noch bevor Missionare in die Blockstaaten der Sowjetunion eingelassen wurden, konnten christliche Musiker einreisen, weil westliche Popmusik dort so beliebt war.

Die für die Evangelisierung Jugendlicher in Amsterdam gegründete christliche Metal-Band No Longer Music tourte bereits im Frühjahr 1990 in so entlegenen Gebieten wie Kasachstan und Kirgisien (beides streng moslemische Republiken) und Sibirien. Obwohl man sie gewarnt hatte, ihren Glauben nicht groß herumzuposaunen, verteilten sie Bibeln und Schriftstücke und projizierten russische Übersetzungen ihrer Songtexte an die Wand, um eine gute Verständlichkeit sicherzustellen.[17]

Mehr als zweihundert Menschen entschieden sich während dieser Tour für Jesus. Radio- und Fernsehinterviews, die Aufmerksamkeit der sowjetischen Medien und eine weitere Einladung nach

Sibirien demonstrierten die Offenheit für solche Formen des Dienstes. „Jener Teil der Welt ist ein Feld, das gerade reif ist zur Ernte," sagte Bandleader David Pierce. „Und wir sahen, wie man mit Musik überall hingehen kann – Rock'n' Roll ist die Musik der Welt."[18]

Die Band wurde als Teil des Einsatzes von Youth With A Mission (Jugend mit einer Mission) in Amsterdam gegründet. 1986 hatte diese dynamische Missionsorganisation 4600 Missionare, was sie zur zweitgrößten Auslandsmissionsagentur der Welt machte. Danny Layman, Direktor von YWAM Hawaii, berichtet voller Begeisterung von intensivem Gebrauch moderner christlicher Musik. Ihre Band City Heat aus Hongkong zog neulich fünftausend Menschen in Madras in Indien an. Layman weiß von keinerlei negativen Resultaten. Tatsächlich kennt er viele Missionare, die sich durch den Dienst von Keith Green zur Missionsarbeit berufen fühlen.[19]

Natürlich müssen, damit Vorstöße wie diese einen positiven Eindruck hinterlassen, die biblischen Prinzipien aus Kapitel 8 und die kulturübergreifenden Richtlinien aus Kapitel 15 sorgfältig angewandt werden. Wenn Sänger einfach eine Tournee in irgendein Land machen, ohne einen Gedanken an die riesigen kulturellen Unterschiede zu verschwenden, keinen Rat von Missionaren annehmen, die schon ihr Leben lang unter dem entsprechenden Volk arbeiten, und Beitrag und Rat der Christen am Ort nicht beachten, kommt vielleicht mehr Schlechtes als Gutes dabei heraus. Vergessen Sie nicht, daß wir der Gesellschaft, die wir erreichen möchten, unseren Herrn verständlich und ansprechend darstellen wollen. Unsere Musik anderen aufzuzwingen, weil wir annehmen, daß alle Leute auf westliche Musik ansprechen, ist nicht besser als der frühere Versuch mit den Sankey-Gesangbüchern.

Noch vor dem Fall des Eisernen Vorhangs gaben die christlichen Künstler Scott Wesley Brown, Sheila Walsh, Bruce Carroll und Paul Smith während eines Festivals mit 15 000 Teilnehmern ein Konzert im estnischen Tallin. Gesponsort von Outreach for Christ, örtlichen Baptisten- und Methodistenkirchen und den „I Care"-Diensten, war dieses Ereignis das erste seiner Art, über das je in der UdSSR öffentlich berichtet wurde. Über 2000 Menschen entschieden sich für Jesus.[20] (Natürlich weiß nur Gott selbst, wie viele der Entscheidungen, die in diesem Buch aufgelistet sind, tatsächliche Bekehrungen waren. Wir können nur die momentane Reaktion festhalten und bleibende Frucht suchen.)

Scott Wesley Brown diente von Mittelamerika aus in Afrika, Rußland und Ungarn durch seine „I Care"-Arbeit. Außer den Konzerten, die er selbst gibt, möchte er die Menschen des Ziellandes für ihre eigenen Musikdienste ausrüsten. Er hilft ihnen, an die nötigen Instrumente, Aufnahmegeräte und geistliche Tiefe zu kommen, damit sie sowohl solide geistliche Lehre als auch musikalische Qualität produzieren. „In Übersee habe ich viel mehr Zuhörer als in Amerika", sagt Brown. „Es ist ganz offensichtlich, daß zeitgenössische christliche Musik wirklich weite Teile der Welt beeinflußt, denn im Moment gibt es ein enormes Interesse an westlicher Popmusik."[21]

George Verwer gründete und leitet eine der größten Missionsorganisationen der Welt, Operation Mobilization. Nach vielen Jahren Erfahrung mit zeitgenössischer christlicher Musik berichtet er von der ausschließlichen Erfahrung, daß Menschen dadurch in ihrem geistlichen Wachstum gefördert wurden. „Die lateinamerikanische Kirche ist in Bewegung - mit moderner Musik," berichtet Verwer. „Wo immer Kirche wächst, geschieht das gewöhnlich durch den Einfluß der Musik."[22]

Dennis Agajanian, berühmt als schnellster Flat-Picking-Gitarrist der Welt, besuchte vom Krieg gebeutelte Länder wie Kambodscha, den Libanon, Nicaragua und Honduras. Warum nimmt er das Risiko auf sich? Sicher könnte ein Musiker seines Kalibers glänzendere Wirkungsstätten finden. Aber Agajanians scheinbar leichtsinnige Hingabe entzündet sich an einem Anliegen. „In Kriegs- und Leidenszeiten", erklärt er, „werden die Menschen offener und empfänglicher für die Worte der Hoffnung aus dem Evangelium Jesu Christi."[23]

Diese Haltung verkörpert die missionarische Haltung: nicht den Weg des geringsten Widerstandes zu gehen oder den wahrscheinlich gewinnbringendsten Markt zu suchen, sondern nach der größten Not Ausschau zu halten und Musik als Werkzeug einzusetzen, um das Wort Gottes an den Mann zu bringen. Der Pioniermissionar C.T. Studd hat es so gut ausgedrückt: „Es gibt solche, die innerhalb der Klangweite von Kirchen- oder Kapellenglocken zu leben wünschen. Ich aber möchte ein Geschäft zur Errettung innerhalb eines Abstandes von einem Meter vor der Hölle unterhalten."[24]

Die weltweit wachsende Popularität der Musik aus dem Westen öffnet Türen, die vorher einem traditionellen Dienst verschlossen waren. Es wird Zeit, daß wir diese Wege ernstnehmen - daß wir

Musiker, Evangelisten und Gemeindegründer in Bibelwissen und kulturübergreifender Kommunikation ausbilden und sie an ihre Arbeit schicken.

Es ist Zeit, daß mehr Ausbildungsstätten für Pastoren moderne christliche Musik ernstnehmen und Lerneinheiten über den Einsatz zeitgenössischer Formen in Gottesdienst und Evangelisation anbieten. Es ist Zeit, daß Kirchen die musikalischen Interessen der Jugend in einen sinnvollen Dienst überführen. Gibt es in Ihrer Kirche Einsatzmöglichkeiten für Jugendliche, die Keyboard oder Gitarre spielen? Wenn nicht, finden sie vielleicht andere, weniger gute Betätigungsfelder für ihre Talente.

Für die, deren Gaben auf Gebieten außerhalb der Musik liegen, gilt: Wenn die Kirche wirklich der Leib Christi ist, dann ist es Zeit, daß der Rest des Leibes unsere Evangelisten und Lehrer, die ihre Gaben mittels moderner Musik zum Einsatz bringen, unterstützen. Musikdienste brauchen die Hilfe der örtlichen Gemeinden ganz dringend - die Propheten, um sie auf der rechten Bahn zu halten, die Barmherzigen, um die mit ihrem Dienst verbundenen Schwierigkeiten zu verstehen, die Gebetskämpfer, um im Gebet für sie einzustehen, und die Kirchenleitung für den Überblick.

Allzuoft wagen sich diese modernen Musiker aus den Festungsmauern heraus und stellen fest, daß die Welt keinerlei Absicht hat, unsere Burg zu besichtigen. Mit der Last einer verlorenen Welt auf ihren Schultern und der Macht des Wortes in ihren Händen benutzen sie diese neuen Werkzeuge, um das Evangelium auf die Straßen zu tragen und versuchen, die Beziehung zu Gott für die Menschen dort draußen relevant zu machen. Manchmal wird die Last schwer, und die erschöpften Soldaten kehren zur Erholung zur Festung zurück - nur um zu erleben, wie die Zugbrücke direkt vor ihrer Nase hochklappt und Steine aus der Festung heraus auf sie heruntergeworfen werden.

Christliche Musik ist in zweierlei Hinsicht ein hartes Brot: durch die Opposition des Teufels und durch die Verdammnis seitens großer Teile der Christenheit. „Am allerschwierigsten ist es, gleichzeitig Seelen zu gewinnen und Heiligen zu gefallen."[25] Viele aber halten durch wegen einer Vision und einer Last, die sie nicht verläßt.

Vielleicht ist dieses Buch eine kleine Ermutigung für jemanden, der sein Licht außerhalb der kirchlichen Festungsmauern leuchten ließ, unter den vielen Menschen, die im dunkeln tappen.

Vielleicht fordert es einen christlichen Künstler heraus, seine Motive und Methoden im Licht der Heiligen Schrift neu unter die Lupe zu nehmen. Vielleicht überzeugt es eine Ortsgemeinde, ihre Musik etwas ernster zu nehmen und herauszufinden, wo ihre Leute musikalisch stehen.

Ich hoffe, daß dieses Buch Verständnis fördert in der schwierigen Übergangszeit, die geschichtlich von Spaltung, Verwirrung und Streit unter Brüdern geprägt ist. Mit dem Anliegen von Petra, das sie in den Worten ihres Songs „Back to the Street" ausdrücken, schließe ich:

It's so easy to lose the burden, take our eyes off the fields,
Settle into apathy and forget what the harvest yields.
It's so easy to think we're finished with our labor for a while,
Kick back and let somebody else go the extra mile.
Jesus said, „Go into all the world:
Make disciples of all men."
We gotta go to the highways,
And compel them to come in.
As long as there's a tearful eye that cries alone at night,
As long as there's a weary soul ready to end the fight,
As long as there's an aching heart that still has strength to beat,
We gotta take this message
Back to the street!
It's so easy to stay untangled with ev'ryone else's life:
Don't get involved with strangers, don't get involved with strife.
It's so easy to save your own life, resting on what you've done,
But Jesus would leave the ninety-nine to try to save the one.
It's not easy to beat the system, it's not easy to face the heat,
But somebody's got to take this message
Back to the street.

(Zurück auf die Straße
Es ist so einfach, das Anliegen zu vergessen, die Augen von den Feldern abzuwenden,
sich apathisch zurückzulehnen und zu vergessen, was die Ernte einbringt.
Es ist so einfach zu denken, wir haben erst einmal genug gearbeitet,
zurückzutreten und jemand anderen die Extrameile gehen zu lassen.
Jesus sagte: „Geht hin in alle Welt:
Macht alle Menschen zu Jüngern."

Wir müssen an die Landstraßen gehen
und sie nötigen, hereinzukommen.
So lange es noch ein Auge gibt, das nachts alleine weint,
So lange es eine erschöpfte Seele gibt, die versucht ist, den Kampf aufzugeben,
So lange es ein schmerzendes Herz gibt, das noch die Kraft zum Schlagen hat,
müssen wir diese Botschaft
zurück auf die Straße nehmen!
Es ist so einfach, von dem Leben anderer Leute unberührt zu bleiben:
Laß dich nicht mit Fremden ein, laß dich nicht auf Auseinandersetzungen ein.
Es ist so einfach, sein eigenes Leben zu retten, sich auszuruhen auf dem, was man getan hat.
Aber Jesus würde die Neunundneunzig verlassen für den Versuch, das Eine zu retten.
Es ist nicht leicht, das System zu überwinden, es ist nicht einfach, sich der Hitze zu stellen,
Aber jemand muß diese Botschaft
zurück auf die Straße nehmen!)

Anhang 1

Wie vier wachsende Gemeinden moderne Musik einsetzen

In einer Zeit, in der die meisten Kirchen ums Überleben kämpfen, erfahren manche Gemeinden enormes Wachstum. Keine der im folgenden aufgeführten Gemeinden würde diese Erfolge ausschließlich ihrer Musikauswahl zuschreiben, aber alle bestätigen deren zentrale Stellung in dem Bestreben, Verlorene zu erreichen und die Erretteten aufzuerbauen.

In diesem Anhang werden vier wachsende Gemeinden und ihre Weise, moderne Musik in ihre Gottesdienste und Einsätze zu integrieren, grob umrissen.

Bevor Sie weiterlesen, möchte ich sie in zweierlei Hinsicht warnen: 1.: Anbetungsstile lassen sich besser erleben als theoretisch erlernen. Worte versuchen vergeblich zu vermitteln, was nur erfahren werden kann. Es ist viel besser, den Gottesdienst einer dieser Kirchen zu besuchen (bzw. eine Kassette davon zu hören), als eine schriftliche Zusammenfassung ihres Musikprogramms anzufordern. 2.: Falls einer dieser Pastoren in ihre Gegend wechseln würde, könnte sein Musikprogramm ganz anders aussehen. Denken Sie daran: Diese Kirchen setzen musikalische Formen ein, die in ihrer geographischen Situation, bei den Menschen, die sie erreichen wollen, gut ankommen. Ihre Innovationen zu untersuchen kann uns jedoch die Augen für Möglichkeiten außerhalb unserer eigenen Erfahrungen öffnen.

(Anmerkung des deutschen Verlages: Im Gegensatz zur amerikanischen Ausgabe wurden zwei der vier folgenden Beispiele durch solche aus dem deutschsprachigen Raum ersetzt. Dies erschien aus Gründen einer besseren Übertragbarkeit auf die deutsche Situation angeraten.)

WILLOW CREEK COMMUNITY CHURCH[1]
Pastor: Bill Hybels
Ort: South Barrington, Illinois, USA
Wachstum: 1975 Beginn im sonntäglich gemieteten Willow-Creek-Kino. Innerhalb von 15 Jahren wuchs die wöchentliche Besucherzahl auf über 14 000, was die Gemeinde zur zweitgrößten Amerikas macht.

Einstellung zur Musik: Wer sich für einen Blick hinter die Kulissen der Musikprogrammgestaltung der Willow-Creek-Kirche interessiert, sollte entweder ihre dreimal jährlich stattfindende Leiterschaftskonferenz besuchen oder Kassetten davon anhören, die über die Gemeinde erhältlich sind. Hier findet der Suchende eine Fülle praktischer Weisheiten, die aus jahrelanger Ausbildung, Programmgestaltung und Arbeit mit Musikteams erwuchsen.

In Willow Creek wird kein einziges Lied als Füllsel betrachtet; jedes erfüllt einen Zweck. Musik wird nach ihrer Fähigkeit ausgewählt, Menschen anzurühren, sie zum Denken, Nachdenken, Hinterfragen zu bewegen oder sie die Wahrheit erfahren zu lassen. Die Mitarbeiter wissen, welche Radiosender von den kirchenfernen Mitbürgern gehört und welche Konzerte besucht werden, und sie benutzen Stilrichtungen, die ihre Zielgruppe ansprechen.

Da Anbetung leicht in einen Trott verfallen kann, ändern sich sowohl Ordnung als auch Ausgestaltung des Gottesdienstes jede Woche. Wenn der eine Gottesdienst mit viel Energie und Begeisterung anfängt, startet der nächste vielleicht mit sanfteren Klängen.

Strukturen: Sucherorientierte Gottesdienste. Je zwei Gottesdienste am Samstagabend und am Sonntagmorgen. Da diese Gottesdienste sich an Kirchenferne richten, werden populäre Stile eingesetzt, die dem typischen Berufstätigen zwischen 25 und 45, der mit dem Christentum nichts anfangen kann, geläufig sind. Diese vier Gottesdienste sind identisch. Zweimal im Monat werden sie von einem vierzigköpfigen Orchester begleitet (mit Streichern, Blechbläsern, Holzbläsern, Piano, Synthesizer und Schlagzeug), an den übrigen zwei Wochen wechseln eine Rhythmus-Session (E-Gitarre, Bass, Schlagzeug, Synthesizer, Piano) und eine Studioband (Rhythmus-Elemente und Blechbläser) ab. Wenn das Thema des Gottesdienstes eher majestätisch oder ‚vertikal' ist, wird das Orchester eingesetzt. Wenn man eher eine lockere Atmosphäre schaffen will, kommen die anderen Begleiter zum Zuge.

Obwohl die Gottesdienstordnung von Woche zu Woche anders ausfällt, könnte ein typischer Ablauf mit einem Gemeindelied beginnen. (In Willow Creek achtet man sehr darauf, welche Lieder in Gottesdiensten für Suchende passend sind.) Als zweites hörte man zwei Specials - das erste leichter, das zweite mit der Absicht, auf die Predigt vorzubereiten. Als nächstes käme eine Theateraufführung zum Predigtthema und danach die Predigt.

Die *New Community*. Dienstag- und Donnerstagabendgottesdienste, die die Christen auferbauen sollen. Der Musikstil ist modern und wird von den Rhythmus-Elementen begleitet. Die Ordnung ändert sich von Woche zu Woche, aber ein typischer Ablauf könnte mit einem Präludium anfangen, dann zwanzig oder dreißig Minuten Anbetungszeit mit Chorussen enthalten. Einige ältere Lieder in moderner Aufmachung würden vielleicht eingestreut, ebenso einige Chorusse, die von Gemeindemitgliedern geschrieben wurden. Die Lieder drehen sich normalerweise um das Thema der Botschaft, manchmal stehen sie jedoch auch selbständig da. Ungefähr einmal im Monat wird ein neuer Chorus eingeführt. Nach der Anbetungszeit kommen die Familiennachrichten - Abkündigungen zu den Belangen der Gemeinde -, die Kollekte (normalerweise mit einem oder zwei Specials) und dann die Predigt.

Specials. Willow Creek holt für die Hauptgottesdienste eigentlich keine Künstler von außen. Nur ein- bis zweimal jährlich geben Künstler wie Ken Medema oder Chuck Girard ein Minikonzert (etwa die Hälfte des Gottesdienstes). Der Chor singt vier-, fünfmal pro Jahr im Gottesdienst der *New Community*. Seine Hauptrolle ist dann, die Anbetungsleitung zu unterstützen. Willow Creek setzt normalerweise keinen Chor ein, weil dieser Stil dem Durchschnittsbürger nicht gefällt.

Arbeit unter Oberschülern. Dienstagabends findet für nichtchristliche Teenager das ‚Student Impact'-Treffen statt. Dort wird säkulare Musik mit unbedenklichen Texten gespielt, die aber eine positive oder zum Nachdenken anregende Botschaft enthalten. Einige Jugendliche steuern Musik ihrer eigenen Bands bei. Sprecher und Musikgruppen setzen zusätzliche Medien, Videos und Theateraufführungen ein.

Jugendtreffs am Sonntagabend richten sich an christliche Teenager und enthalten moderne Lobpreis- und Anbetungslieder, manchmal von einer Band geleitet, deren Texte an die Wand geworfen werden. Die Kirche lud schon Gruppen wie Rick Cua ein, aber normalerweise kommen eigene Bands zum Einsatz.

MOUNT PARAN CHURCH OF GOD[2]
Pastor: Dr. Paul Walker
Ort: Atlanta, Georgia (Mount Paran trifft sich an zwei verschiedenen Orten, aber um es kurz zu halten, konzentrieren wir uns auf Mount Paran Central.)
Wachstum: Von einer durchschnittlichen Besucherzahl von 3231 (1979) auf 8850 (1989).

Zusammensetzung: Nicht hauptsächlich auf die Baby-boomer-Generation ausgerichtet. Alle Altersgruppen sind ziemlich gleichmäßig vertreten.

Strukturen: Sonntagmorgen. 7.45 Uhr Gottesdienst in der Kirche. Liturgischer, charismatischer Gottesdienst, geleitet vom Organisten, Lobpreisleiter und Solisten. Die Solos sind modern (z. B. Lieder von Sandi Patti oder Steve Green auf Band).

9.00- und 11.00-Uhr-Gottesdienste. Anderthalbstündige Gottesdienste, die ungefähr zur Hälfte aus gesungenem Lobpreis bestehen. Geleitet vom Anbetungsleiter, Chor und Orchester. Der Chor singt hauptsächlich moderne Musik wie „Holy of Holies“ und „Come Before Him“. Ein typischer Gottesdienst könnte so aufgebaut sein: Präludium; Aufforderung zur Anbetung (ein ganzes Lied); Schriftlesung und Gebet; traditionelles Kirchenlied; einige Chorusse hintereinander (einschließlich des „Chorus' des Tages“, ein neuer Chorus, der an drei aufeinanderfolgenden Sonntagen gesungen wird, damit die Gemeinde ihn lernt); beim letzten Lied kommt der Pastor herein und leitet vielleicht noch zu einigen weiteren an; Abkündigungen (in einer Verteilschrift gedruckt, von der Kanzel hervorgehoben); Opfer (der Chor singt); Predigt; vielleicht leitet der Pastor spontan zu einem Chorus an.

Sonntagabend. Vieles ähnlich wie in den Morgengottesdiensten, aber spontaner und lebendiger. Fröhlicher, mit mehr Schlagzeug, Rhythmuselementen und Händeklatschen.

Mittwochabend-Gottesdienst in der Kirche. Wendet sich an ältere Erwachsene. Ein wenig Southern-Gospel-Musik.

Spezielle Veranstaltungen und Dienste für bestimmte Zielgruppen:

Jugend. Obwohl bei ihren Treffen die eigene Band der Kirche die Lobpreiszeiten leitet, lädt Mount Paran auch christliche Rockbands wie die Newsboys für Konzerte am Freitag ein. Viele andere Konzerte außerhalb werden durch die Kirche gefördert und unterstützt. Der Jugendchor singt zeitgenössische Musik und kommt einmal im Monat im Sonntagabendgottesdienst zum Einsatz.

Gesamtgemeinde. Fünf- bis sechsmal im Jahr singt ein Gastkünstler einige Lieder in den Morgengottesdiensten und ermöglicht dem Chor einen freien Tag. Der Künstler gibt auch während des Abendgottesdienstes ein Konzert. Mount Paran setzte moderne Gruppen wie New-Song, die Gaithers, Truth und Mylon LeFebre (mit seinen langsameren Liedern für den allgemeineren Geschmack) und Southern-Gospel-Gruppen wie die Cathedrals und die Talleys ein.

Sonstiges. Diese Kirche möchte werdenden Künstlern beim Aufbau ihrer eigenen Musikdienste helfen.

EVANGELISCH-LUTHERISCHE PAUL-GERHARDT-GEMEINDE, MÜNCHEN [3]

Grundinformationen: Die Paul-Gerhardt-Gemeinde gehört zum Prodekanat West der evangelischen Landeskirche in München. Sie liegt im Stadtteil Laim in einem gemischt bebauten Wohngebiet. Nominell gehören zur Gemeinde ca. 9600 Mitglieder. Sie war die erste lutherische Gemeinde Münchens, in der der geistliche Gemeindeaufbruch Fuß fassen konnte. Über ihre eigenen Gemeindeaktivitäten hinaus ist der Gemeinde eine überkonfessionelle, charismatisch geprägte Glaubensgemeinschaft (Agape-Gemeinschaft) angeschlossen.

Pfarrer: Die Gemeinde verfügt über vier hauptamtliche Pfarrstellen sowie über einen Prediger.

Gottesdienste: Donnerstag: Morgens Pastoralgebet für gemeindliche Belange, abends Wochengottesdienst als liturgischer Wortgottesdienst mit traditioneller Kirchenmusik. Freitag: Abends Lehr- und Anbetungsversammlung der Agape-Gemeinschaft/Paul-Gerhardt-Gemeinde mit zeitgemäßer christlicher Popularmusik und Lobpreis. Samstag: Abends Wochenschlußgottesdienst, liturgischer Vespergottesdienst mit traditioneller Kirchenmusik. Sonntag: Morgens Hauptgottesdienst als liturgischer Wortgottesdienst mit traditioneller Kirchenmusik, agendarisch. Vormittags Spätgottesdienst in offener Form und mit Kombination der beiden kirchenmusikalischen Bestandteile. Abendgottesdienst, wiederum als liturgischer Vespergottesdienst, jedoch gehalten durch Laien, einmal im Monat in freier Form wie der Spätgottesdienst.

Besondere Veranstaltungen mit Musik: In unregelmäßigen Abständen finden Konzertabende mit Künstlern aus dem Bereich der zeitgenössischen christlichen Popularmusik statt.

Zu den Hauptfesten im Kirchenjahr und zu ausgewählten Terminen finden Konzerte mit klassischer Kirchenmusik statt. Die Besucherzahl dieser Konzerte ist sehr hoch, da der klassische Kirchenchor der Gemeinde wegen seiner Qualität über die Gemeindegrenzen hinaus bekannt ist.

Zur zeitgemäßen christlichen Popularmusik und der damit verbundenen Gemeindeentwicklung: Die zeitgenössische christliche Popularmusik gewann mit dem geistlichen Gemeindeaufbruch der Gemeinde an Bedeutung. Es gab anfangs kein Konzept zum Einsatz dieser Musik im Gottesdienst, jedoch stellte sich rasch heraus, daß die Akzeptanz hoch war und durch alle Altersschichten geht. Die Zahl der Gottesdienstbesucher des Spätgottesdienstes, also des Gottesdienstes mit der offenen Form, nahm in der Zeit von 1980 bis 1994 von etwa 100 auf etwa 260 zu. Dies ist für landeskirchliche Verhältnisse eine beachtliche Zahl. An diesen Spätgottesdiensten nimmt eine große Zahl von Familien mit Kindern aller Altersgruppen teil.

Stand am Anfang der Benutzung moderner christlicher Musik die Freude über diese neue Form der Anbetung im Vordergrund, so wurde über die Jahre klar, daß auch diese Form eines musikalisch überzeugenden Konzeptes bedurfte. Heute verfügt die Gemeinde über eine eigene Lobpreisgruppe (Gitarre, E-Gitarre, Keyboard, Violine, Trompete, Percussion u.a.m.), die sich zweiwöchentlich zu Proben und zur Konzeptbesprechung trifft. Die Lobpreisgruppe ist seit ca. fünf Jahren ein nahezu festes Ensemble. Eine Vorauswahl der Lieder findet statt. Zu besonderen Veranstaltungen wird die Lobpreisgruppe durch eine Bläsergruppe verstärkt.

Zusammenfassung: In einer traditionellen evangelisch-lutherischen Gemeinde entsteht im Rahmen des geistlichen Gemeindeaufbruchs auch der Wunsch, christliche Popularmusik zum Einsatz zu bringen. Über die neuen Formen des Gottesdienstes sowie der Musik lassen sich Menschen verstärkt ansprechen. Das Gemeindewachstum in diesem Bereich nimmt stark zu. Die übrigen Formen des gemeindlichen Miteinanders bleiben dabei erhalten, und es gelingt sogar, beide musikalischen Stilrichtungen (Klassik und Popularmusik) miteinander im Gottesdienst zu verbinden. Die Gemeinde hat insgesamt an Breitenwirkung gewonnen. Alle musikalischen Stilrichtungen sind heute im gemeindlichen Leben integriert.

JESUS-FREAKS, HAMBURG[4]

Entstehung: Zum Jahreswechsel 1991/92 fingen drei junge Christen an, sich regelmäßig zu treffen. Ihr Ziel war, in einer ihnen angemessenen Form Zeit mit Gott zu verbringen.

Im ersten Jahr wuchs der Kreis auf etwa 100 Personen an, so daß sich die Leute in einem Café inmitten des alternativen Hausbesetzerviertels in Hamburg treffen mußten. Heute, drei Jahre später, findet dieser sogenannte „Jesus-Abhäng-Abend" jeweils freitags mit 250 bis 800 Teilnehmern (je nach zu Verfügung stehender Räumlichkeit) statt. Mittlerweile umfaßt die Arbeit über 15 Dienstbereiche, darunter Suchtgruppen, „Gruftgruppen" (ähnlich dem Hauskreismodell), Obdachlosenarbeit, den Bereich Musik & Design, Radio, TV u.v.m.

In den Jahren 1994/95 sind in Europa (Deutschland, Österreich, Schweiz) und auch in den USA (New York) 21 ähnliche Jesus-Freak-Gruppen entstanden.

Vision: Die Jesus-Freaks haben eine neue Erweckungsbewegung unter jungen Menschen vor Augen, die über die sogenannten Randgruppen (die ja oft im Zentrum der Gesellschaft stehen) alle Schichten und Bereiche der Bevölkerung erreichen soll. Es wird davon ausgegangen, daß diese Jesus-Bewegung der '90er am ehesten in solchen Gemeinden Fuß fassen wird, die für neue Konzepte und Strukturen offen sind.

Musik: Innerhalb des Gemeindelebens spielt Musik eine wesentliche Rolle. Bei den Gottesdiensten am Freitag und am Sonntag werden ausschließlich eigene Gebetslieder (den Ausdruck „Lobpreislieder" mag man nicht so) gespielt, deren Stil und Lautstärke dem Geschmack der Gemeindeglieder und Besucher entsprechen. Eine Band eröffnet die zentrale Freitagabendversammlung mit einer „Konzerteinlage". Eine sehr frei gestaltete Gebetszeit von etwa 30 Minuten Dauer folgt. Hier ist Gelegenheit, zu Gott zu singen, wobei es eine Hilfe darstellt, daß die Texte an die Wand projiziert werden. Abschluß des Abends bildet ein Lied, das zur Thematik des jeweiligen Abends paßt.

In der Gemeinde sind drei unterschiedliche Bands enstanden, die sowohl im christlichen als auch im säkularen Bereich touren. Zur Zeit entsteht eine CD mit Liedern, die im Gottesdienst Verwendung finden.

Ein weiterer Arbeitszweig veranstaltet Konzerte mit anderen Bands, deren Mitglieder gläubig sind. Diese Bands treten in einem in Hamburg sehr anerkannten Musikklub, dem „Marquee“ auf. Hier finden jeden Monat bis zu 20 Konzerte von überwiegend weltlichen Bands statt.

Im regionalen Fernsehprogramm haben die Jesus-Freaks monatlich eine Sendung, in der unter anderem weltliche Musiker zu ihrem Glauben interviewt werden. Dazu gibt es eine vierzehntägige Radiosendung mit christlicher *hardcore*-Musik, die jeweils unter einem speziellen Thema steht.

Schlußbemerkung: Es wird den Jesus-Freaks oft vorgehalten, sie suchten ihre Zielgruppe entsprechend ihrer Musik aus. Diese Annahme ist jedoch nicht richtig. Aus ihrer Sicht ist es falsch, Musik als Lockmittel zu benutzen, um Heiden in die Kirche zu bekommen. Die Musik, die bei ihnen läuft, ist vielmehr die, die *ihnen* gefällt, die *ihrem* Geschmack und *ihrem* Leben entspricht. Die Jesus-Freaks glauben, daß dies von den Besuchern der Veranstaltungen gespürt wird, und daß ihre Ausstrahlung dadurch ehrlicher und faßbar wird. Wenn dies nicht der Fall wäre, wäre alles andere nur unecht und vorgespielt. Jeder Christ solle sich darum ehrlich fragen, welche Form von Musik ihm gefällt, und mit dieser Musik Gott anbeten.

Anhang 2

Anmerkungen zur Diskussion um zeitgenössische christliche Popularmusik im europäischen und speziell im deutschsprachigen Raum (von Thomas Nowack M.A.)

Es gibt eine Reihe von Faktoren, die die Diskussion unseres Themas auf dem „alten Kontinent“ größtenteils zu einer heftigen Kontroverse werden lassen. In den Jahren, in denen ich mich damit auseinandersetzte, ist mir dabei meistens ein abstruses Gemisch von Argumenten begegnet, das aus ganz unterschiedlichen Fachbereichen zusammengetragen ist, oft aber, wie es mit vielen aus dem Zusammenhang gerissenen Bibelversen geschieht, meist nur benutzt wird, um Teilaspekte zu beleuchten und vor allem eigene Anschauungen zu rechtfertigen. Bei all diesen Rechtfertigungsversuchen wird die Größenordnung unseres Themas vollkommen vergessen. Wir sprechen letztlich nicht über die Vereinbarkeit von Popularmusik mit dem christlichen Glauben, sondern von der Vereinbarkeit von Musik als solcher mit dem christlichen Glauben. Und eines sollte dabei von Anfang an klar sein: Musik selbst ist wertfrei! Ganz egal, um welchen Typ von Musik es sich dabei handelt.[1] Sie erfährt ihre Zielrichtung einzig durch die Personen, die sie komponieren, arrangieren, texten, vortragen etc. und damit Inhalt und Zweck festlegen. Musik ist somit immer Mittel zum Zweck, und genau gesehen benutzen auch wir Christen die Musik. Damit wird aber die Wirkung von Musik als solcher keinesfalls festgelegt. Wie schon Steve Miller bemerkt, zeigt der aktuelle Forschungsstand zum Thema Auswirkungen von Musik auf Individuen, daß ein und dieselbe Musik auf verschiedene Personen völlig unterschiedlich wirken kann. Und es spielt dabei keine Rolle, um welchen Typ von Musik es sich handelt.

Nun aber zum unmittelbar europäischen und in Teilaspekten deutschsprachigen Raum. Vorab einige Aspekte der Musikgeschichte sowie der Musikethnologie[2]. Die Musikethnologie zeigt uns sehr deutlich, daß alle musikalischen Ausdrucksformen auf einen schöpferischen Kern zurückgehen. Dies ist deshalb so wichtig, weil es für uns Christen eines klarstellt: Dieser eine schöpferische Kern ist Gottes Geschenk an uns Menschen. Und dieser schöpferische Kern der Ausdruckskraft ist allen Menschen gleich. Er wird allerdings durch ein kompliziertes System kultureller Konditionierung in die uns eigenen Formen von Dichtkunst, Malerei und Musik gedrückt. Diese Erkenntnis ist bei allen Aussagen, die über Musik und auch über christlich motivierte Musik gemacht werden, nie zu vergessen. Unmittelbar damit verbunden ist die Entdeckung der Musikethnologie, daß Musik in allen menschlichen Tradierungen „Gottesgeschenk" war. Und für unseren Zusammenhang ist wichtig: Musik hat ihren Ursprung immer im Spirituellen! Und sie wird zunächst immer nur im spirituellen Bereich verwendet (Initiationsriten, Krankenheilung, Geisterbeschwörung usw.). Würden wir bei unserer Diskussion von dieser Grundlage ausgehen, müßten wir über die Verwendung von jeglicher Musik im christlichen Bereich reden. Allerdings kann ich Belege, die eine solche Diskussion für angezeigt erscheinen lassen, auch in der Bibel nicht finden. Ganz im Gegenteil: Gesang und Musik waren immer schon Bestandteile geistlichen Lebens. Es bedarf wohl keines deutlicheren Beleges für die Wichtigkeit, die Gott selbst der Musik einräumt, als das Hohe*lied* der Liebe (das immerhin ein Stück Weltliteratur ist). Wohlgemerkt wird auch beim Hohelied der Liebe von Literatur und nicht von Musik gesprochen.

Die Kirche hat also nichts anderes getan als das, was bereits Jahrtausende vorher andere taten. Sogar im ganz direkten Sinne, also der Benutzung in einem spirituell-rituellen Zusammenhang. Sie hat die Musik einzig für ihre Zwecke instrumentalisiert unter Verwendung bereits bekannter Formen. Der Verdienst der Kirche liegt also einzig und allein darin, bestehende musikalische Formen aufgenommen und quasi „getauft" zu haben. Es ist höchste Zeit, mit der Vorstellung zu brechen, die Kirchenmusik wäre sozusagen Gottes musikalische Eingebung für den Menschen. Das ist schlicht nicht wahr.

Und damit sind wir bei einem zentralen Punkt der Diskussion im sogenannten abendländischen Kulturraum. Viele Christen sehen in der traditionellen Kirchenmusik die einzig wahre christliche Musik. Dies ist nicht richtig, entspricht aber unserer kulturellen Konditionierung aufgrund der Bedeutung, die die Entwicklung der Klassik im europäischen Kulturraum einnimmt. Ein Blick in die Musikgeschichte sorgt für Klarheit. Seit dem Beginn der frühen Mehrstimmigkeit, also etwa ab dem 14. Jahrhundert, wurden viele musikalische Entwicklungen fast ausschließlich in der Kirche vollzogen. Es ist eine musikhistorische Tatsache, daß gerade die Mehrstimmigkeit, also die Harmonie, wie wir sie heute kennen, ein Verdienst der frühen Kirche ist. Die Kirche war hier über lange Zeit musikalisch „tonangebend". Erst mit Beginn der Aufklärung verliert sie diese Stellung, um schließlich allen aktuellen Entwicklungen nur noch hinterherzurennen. Welche Chancen damit vertan sind, ist durch Steve Miller bereits hinlänglich verdeutlicht worden.

Der Irrtum lautet also: Viele Christen verteidigen in der Diskussion um die „wahre" christliche Musik nicht die Musik, sondern die musikalische Leistung, die unter dem Dach der Kirche vollzogen worden ist. Diese Leistung als christlich zu interpretieren, halte ich nicht nur für ausgesprochen problematisch, sondern für falsch. Die Kirche bot damals die einzige Möglichkeit, diese Entwicklungen vollziehen zu können, bevor nach und nach die großen und schließlich auch die kleinen Herrscherhäuser nachzogen.

Wie unsinnig die Annahme ist, es würde sich bei dieser Musik um die „wahre christliche Musik" handeln, will ich an folgendem Beispiel verdeutlichen. Immer wieder werden in der Diskussion die wunderschönen alten Glaubenslieder angeführt, die in ihrer Tiefe unerreichbar sind und die gerade darum die wahre Musik der Christen sein müssen. Ich möchte die Aussagekraft dieser vielen Choräle gar nicht wegdiskutieren. Ich bin allerdings der Meinung, zu einer umfassenden Beurteilung auch deren Entstehungsgeschichte beleuchten zu müssen. Und dabei wird eines ganz deutlich: Die überwiegende Mehrzahl der so hochgehaltenen Choräle sind sogenannte Parodiestücke. Stücke also, die auf weltliche Vorlagen zurückgingen – und damit im besten Sinn des Wortes „Popularmusik" waren. Das, was dem Volk gefiel, wurde adaptiert, mit neuen, geistlichen Texten versehen und zum Teil rhythmisch und satztechnisch verändert. Es ist bezeichnend, daß es fast ausschließlich weltlich/geistliche Parodien gab. Die Kirche versuchte, dem mit allen Mitteln entgegenzusteuern, und verbot schließlich sogar die Parodieverfahren auf dem Tridentiner Konzil (1545-1563). Erfolg hatte sie damit allerdings nicht. Bekanntestes Beispiel (aber nicht unter vehement diskutierenden Christen) ist Paul Gerhardts „O Haupt voll Blut und Wunden“ in der Vertonung von J.S. Bach. Entstanden also weit nach dem gerade erwähnten Tridentiner Konzil (Paul Gerhardts Text stammt von 1602), geht es zurück auf eine Komposition Hans Leo Haßlers, der auch den ursprünglichen Text dafür schrieb. Und der ist ein eindeutiges Liebeslied: „Mein Gmüth ist mir verwirret, das macht ein Jungfrau zart...“.[3] Ein besseres Beispiel für die größtenteils absurde Diskussion um negative Einflüsse heutiger Popularmusik auf junge Menschen läßt sich schwerlich finden.

Als Zweites möchte ich ein Faktum nennen, das vor allem im deutschsprachigen Raum eine wichtige Rolle spielt. Den Schlüssel dazu finden wir in der Psychologie und der spezifisch deutschen Enkulturation.

Dazu ein kurzer Exkurs in die menschliche Physiologie, bei der ich versuche, nur das Nötigste zu verdeutlichen: Der Mensch hat zwei Gehirnhälften. Diese sind unterschiedlich strukturiert. Die rechte Gehirnhälfte besitzt dabei die sogenannten Primärfunktionen: archaisches, emotionales, unbewußtes und kinästhetisches Potential sowie Musik und Gesang. Die linke Gehirnhälfte besitzt durch das Bewußtsein und die Sprache Analyse-, Kontroll- und Bewertungsfähigkeit. Sie ist kulturabhängig und besitzt Verstärkerfunktionen. Selbstverständlich sind die beiden Gehirnhälften durch Nervenfasern verbunden. Nach dem derzeitigen Stand der Wissenschaft findet die Kommunikation der beiden Gehirnhälften jedoch nicht auf der Höhe ihrer Möglichkeiten statt. Dies erklärt auch die Ausbildung einer einseitigen Gehirnhälftendominanz, im Falle der Deutschen die der linken Gehirnhälfte.

Praktisch bedeutet dies, daß unsere künstlerische und musikalische Seite immer unter Bewachung steht. Daß die linke Gehirnhälfte kulturabhängig ist, erklärt die Brisanz für uns Deutsche. Gerade die Deutschen gelten als Dichter und Denker. Beide Fähigkeiten lokalisieren sich primär über die linke Gehirnhälfte. Die Folge: Löst Musik, und hier im besonderen Popularmusik, bestimmte Emotionen und Empfindungen aus, werden diese, da sie in der rechten Gehirnhälfte lokalisiert und mithin häufig fremd für uns sind, abgelehnt.[4] Beeinflußt wird dies noch durch eine Reihe weiterer Faktoren, die ich hier jedoch aufgrund der Kürze dieser Darstellung nicht wiedergeben kann.

Hand in Hand mit diesen psychologischen Fakten, die hier verknüpft sind mit den Prozessen der Entkulturation, gehen musiksoziologische Faktoren. Und hier ergibt sich gegenüber dem afroamerikanischen Raum ebenfalls ein deutlicher Unterschied. Zunächst, wiederum in verkürzter Form, einige musiksoziologische Vorbemerkungen. Lange Jahre wurde in der Forschung davon ausgegangen, daß Musikalität und Musikgeschmack größtenteils vorgegebene, also im Individuum angelegte Faktoren seien. Die musiksoziologische Forschung hat diese These in den letzten Jahren grundlegend revidieren müssen. Der Mensch ist, was seinen Musikgeschmack betrifft, grundsätzlich ein unbeschriebenes Blatt. Erst im Lauf seiner Sozialisation erwirbt er sich Vorlieben und Abneigungen. Dies gilt auch - der Vollständigkeit halber - für die Frage der Musikalität an sich. Unmusikalische Menschen *per se* gibt es nicht. Die Anlage zur Musik ist allen gegeben. Lediglich, wieviel oder wie wenig ein Individuum von diesen Anlagen mitbekommen hat, entscheidet über musikalische Hochbegabung, durchschnittliche oder wenig musikalische Fähigkeiten. Der entscheidende Faktor ist allein die Intensität der Förderung des Einzelindividuums. So kann ein in der Anlage vorhandenes musikalisches Genie aufgrund der fehlenden Förderung möglicherweise nie sein Talent entdecken, während ein durchschnittlich musikalisch begabtes, aber gefördertes Individuum befähigt werden kann, musikalische Spitzenleistungen zu vollbringen.[5]

Unsere Diskussion wird auf einem ganz konkreten sozialen Hintergrund geführt. Für die Mehrheit von uns sind dabei musikhistorische Leitlinien unseres Kontinents, verbunden mit evangelikal-pietistischen Glaubensgrundlagen, ausschlaggebend. Dazu kommen noch individuell variierende musiksoziologische Faktoren. Dies bedeutet konkret: Gerade die klassische Musik wird aufgrund der herausragenden Bedeutung in der europäischen Geschichte als *ultima ratio* angesehen. Dies korreliert mit der Zusammensetzung vieler evangelikal-pietistischer Gemeinden, die ihre Mitglieder hauptsächlich aus dem Bereich der oberen Mittelschicht beziehen. Viele Untersuchungen verdeutlichen die Affinität zwischen dieser sozialen Schicht und klassischer Musik.[6] Dazu kommt die dem Pietismus eigene hohe Bewertung der Wortverkündigung. Wenn Musik erlaubt ist, dann nur zur Intensivierung eben dieser Verkündigung, also die Intensivierung einer rein intellektuell-kognitiven Seite. Die klassische Musik mit ihren zum Teil mathematischen

Grundsätzen paßt logischerweise besser dazu als die Popularmusik. Die Intention von Popularmusik zielt im Gegensatz dazu primär auf die Musik selbst und deren emotionale Seite, steht also auf jeden Fall im Gegensatz zu dem, was evangelikal-pietistisch gefordert ist. Erst in letzter Zeit kommt es durch das Nachwachsen einer musikalisch viel breiter gebildeten Generation und der gleichzeitigen Entstehung der charismatisch orientierten Gemeindeerneuerung auch musikalisch zu Neubewertungen von Popularmusik. Dies kann nicht verwundern, wenn man den Ausgangspunkt für die charismatisch orientierte Gemeindeerneuerung lokalisiert. Es ist der afro-amerikanische Kulturraum, in dem die Popularmusik und im besonderen die Rock- und Popmusik geboren wurde und für den es selbstverständlich wesentlich weniger problematisch ist, diese auch im christlichen Bereich einzusetzen. Daß es auch und hier gerade in Amerika Diskussionen im Bereich Popularmusik gibt, ist ebenfalls erklärbar aufgrund der Tatsache, daß viele der amerikanischen christlichen Vorväter aus Europa kamen. Soviel zu soziologischen und musiksoziologischen Einflüssen.

Bei allen meinen Ausführungen ist es mir wichtig, eines klarzustellen: Es gibt durchaus berechtigte Gründe für die Ablehnung von Popularmusik, aber, und dies kann nicht oft genug gesagt werden: Diese sind häufig individueller Natur und dürfen nicht verallgemeinert werden. Auf eine für uns Europäer wichtige Ausnahme komme ich noch zu sprechen. Wen bestimmte Formen von Popularmusik am Glauben hinderten und wer seinen Glauben nur finden konnte, indem er/sie mit dieser Art von Popularmusik brach, tut gut daran, es auch dabei zu belassen. Es ist wie mit einer Sucht, die bei ihrer Fortsetzung ernstzunehmende Schäden verursachen kann – bis hin zum Tod, in unserem Fall dem geistlichen Tod. Daraus aber eine Verallgemeinerung ableiten zu wollen, ist nicht nur falsch, sondern auch geistlich irreführend. Es gilt, und dies macht auch Steve Miller deutlich, im Einzelfall selbst oder mit einem Seelsorger zu prüfen, wo für den Einzelnen im Zweifel Grenzen zu ziehen sind.

Nun zu den erwähnten Ausnahmen. Es geht dabei um die Texte, die durch Musik vermittelt werden, und die Sprache, in der dies geschieht. Auch hier kann durchaus eine klare Beschränkung dessen liegen, was wir uns als Christen anhören „dürfen". Dieses Problem trifft nun aber im Fall der Rock- und Popmusik primär die, deren Muttersprache Englisch ist. Die Wiege dieser Art von Popularmusik ist Amerika, und dort wird nun mal englisch gesprochen. Dadurch verstehen diejenigen, die Englisch als Muttersprache haben, auch jede noch so versteckte Anspielung. Wir Europäer tun dies nicht, und schon gar nicht die primäre Zielgruppe, die Jugendlichen. Hier wird ein wesentlicher Faktor der amerikanischen Diskussion für uns zumindest minimiert, wenn nicht sogar aufgehoben.

Ich habe versucht, in einem kurzen Abriß wesentliche Faktoren, die gerade in Europa und im besonderen in Deutschland die Diskussion um Popularmusik im christlichen Bereich anheizen, zu beleuchten. Dies sind im wesentlichen eine Reihe von musikhistorischen, musikethnologischen, musikpsychologischen und musiksoziologischen Faktoren, die aufgrund unserer Enkulturation zu bestimmten Einschätzungen führen können. Diese werden häufig ohne das Wissen um konkrete Hintergründe miteinander vermischt, was unserer Diskussion nicht dienlich ist.

Ich möchte zum Abschluß noch auf einen wesentlichen Punkt der Diskussion hinweisen. Immer wieder wird der Begriff „christliche Musik" gebraucht. Warum dies so ist, ist mir bis heute nicht klar, und ich empfinde es, wie schon angedeutet, als irreführend; ist und entsteht letztlich doch jeder Ton in Gottes Ewigkeit. Erst durch uns erfährt jede Form der Musik Richtung und Intention. Wir sollten lernen, die Musik als gute Gabe aus Gottes Hand anzunehmen, der sie uns gerade auch in ihrer Vielfalt geschenkt hat.

Thomas Nowack M.A., München, studierte Musikpädagogik, Musikwissenschaften und Psychologie.

Anmerkungen

Kapitel 1: Die Auseinandersetzung um christliche Musik

1. Siehe Anhang: „Willow Creek Community Church"
2. James Emery White: Opening the Front Door - Worship and Church Growth, Convention Press, Nashville 1992, S. 83. John Bisagno drückt es noch deutlicher aus: „Ernste Musik, Friedhofsgesänge und verkrampfte Gesangsleiter werden die Gemeinde eher umbringen als irgendetwas anderes auf der Welt. Laßt es uns klar sehen: Keine einzige der großen, lebendigen, Seelen errettenden Gemeinden, die große Menschenmassen erreichen, die hunderte von Bekehrten taufen, haben steife Musik, siebenfache ‚Amens' und begnügen sich mit klassischen Chorälen. Nicht nur wenige, nein: Keine, keine, keine einzige!" John Bisagno: How to Build an Evangelistic Church, Broadman, Nashville 1971, S. 13. Zitiert von White: Opening the Front Door, a.a.O., S. 84.
3. Russell Chandler: Racing toward 2001, Zondervan Publishing House Grand Rapids und Harper San Francisco, San Francisco, 1992, S. 299.
4. Evangelism, Vorlesungsnotizen von Dr. Roy Fish, Southwestern Baptist Theological Seminary.
5. Chandler: Racing toward 2001, a.a.O., S. 299.
6. Elmer L. Towns: Ten of Today's Most Innovative Churches, Regal Books, Ventura 1990, S. 15.
7. Leonard J. Seidel: Face the Music, Grace Unlimited Publications, Springfield 1988, S. 115.

Kapitel 2: Vorwurf: Gefährdung der Gesundheit

1. Vergl. Striving for Excellence, Institute in Basic Life Principles, Oakbrook 1989, S. 12-13; siehe auch Seidel, Face the Music, a.a.O., S. 146.
2. John Diamond: Your Body Doesn't Lie, Warner Books, New York 1979. Siehe auch John Diamond: The Life Energy in Music, Archaeus Press, Valley Cottage 1981.
3. Diamond: Your Body Doesn't Lie, a.a.O., S. 7, 9.
4. Diamond: Your Body Doesn't Lie, a.a.O., S. 159-167.
5. Vergl. Diamond: Your Body Doesn't Lie, a.a.O., S. 67, 76, 79, 81, 95, 126, 167.
6. „Student After Sit-Up Record", Daily Citizen-News, Associated Press, Dalton.
7. Diamond: Your Body Doesn't Lie, a.a.O., S. 164.
8. Craig W. Fontaine/Norman D. Schwalm: Effects of Familiarity of Music on Vigilant Performance, Perceptual and Motor Skills 49, 1979, S. 71-74.
9. Fontaine/Schwalm: Perceptual and Motor Skills, a.a.O., S. 71 (Hervorhebung vom Verfasser).
10. David W. Sogin: Effects of Three Different Musical Styles of Background Music on Coding by College-Age Students, Perceptual and Motor Skills 67, 1988, S. 275-280.
11. Leon K. Miller/Michael Schyb: Facilitation and Interference by Background Music, Journal of Music Therapy 26:1, 1989, S. 42-54.
12. Striving for Excellence, a.a.O., S. 13.

13. Gervasia M. Schreckenberg/Harvey H. Bird: Neural Plasticity of Musculus in Response to Disharmonic Sound, Bulletin of the New Jersey Academy of Science, 32:2, Herbst 1987, S. 77-86.
14. Richard Lipkin: Jarring Music Takes Toll on Mice, Insight, 4. April 1988, S. 58.
15. Nach Dr. Schreckenberg handelte es sich hierbei lediglich um eine Pilotstudie, die noch mancher Verbesserung bedurfte. Die Schlagfolge erfolgte in keinerlei Rhythmus, sie war ungeordnet (nach einem Gespräch mit Dr. Schreckenberg am 30. August 1991).
16. Catherine Joseph/A.K. Pal: Effect of Music on the Behavioral Organization of Albino Rats Using the Operant Conditioning Technique, Indian Journal of Applied Psychology 19, Juli 1982, S. 77-84.
17. Valerie N. Stratton/Annette H. Zalanowski: The Relationship between Music, Degree of Liking, and Self-Reported Relaxation, Journal of Music Therapy 21:4, 1984, S. 184-192 (Hervorhebungen vom Verfasser).
18. Stratton/Zalanowski: Journal of Music Therapy, a.a.O., S. 184-192.
19. Suzanne B. Hanser: Controversy in Music Listening/Stress Reduction Research, The Arts in Psychotherapy 15, 1988, S. 211-217.
20. Hanser: Controversy in Music Listening/Stress Reduction, a.a.O., S. 214.
21. Maria R. Souza Cecilia Camacho/Sandra Tavares: Psicologia 11, 1985, S. 53-62.
22. Cupurso/Fisichelli/Gilman/Gutheil/Wright/Paperte: Music and Your Emotions, Musical Research Foundation, 1952.
23. Publisher's Weekly 214, 4. Dez. 1978, S. 57.
24. John Ankerberg/John Weldon: Can You Trust Your Doctor? - The Complete Guide to New Age Medicine and Its Threat to Your Family, Wolgemuth and Hyatt, Brentwood 1991, S. 166.
25. Philip G. Zimbardo mit Floyd L. Ruch: Psychology and Life, 9. Ausgabe, Scott, Foresman and Company, Glenview 1975, S. 47. Zimbardo gibt die weise Warnung: „Rückschlüsse, die aus wissenschaftlichen Experimenten gezogen werden, sind nur so tragfähig wie die Daten, auf denen sie basieren, und abhängig vom Grad der Objektivität, mit der die Daten interpretiert werden. Die Medien bombardieren uns täglich mit vorgeblich ‚wissenschaftlichen Ergebnissen', deren Wert wir zu beurteilen in der Lage sein müssen, um nicht in psychologische Fallgruben zu geraten."
26. Psychologen warnen uns vor dem verbreiteten Irrtum des „entscheidenden Experiments", dessen Ergebnis mit Bestimmtheit vorgetragen wird, um eine bestimmte Theorie zu beweisen. Vergl. Robert B. Lawson/Steven G. Goldstein/Richard E. Musty: Principles and Methods of Psychology, Oxford University Press, New York 1975, S. 10.
27. Wer auf diesem Gebiet Forschungsarbeit leistet, sollte folgende vier wichtige Einsichten Dr. Henry Virklers, Psychologieprofessor an der Liberty Universität, beherzigen: Erstens: „Hüten Sie sich vor Verallgemeinerungen, die jeden und alles in einen Topf werfen, ohne die individuellen Unterschiede, mit denen Gott uns gemacht hat, zu berücksichtigen." Zweitens: „Bevor Sie ein Forschungsergebnis als gültig anerkennen, untersuchen Sie es sorgfältig, möglichst aus erster Hand. Wenn Sie Fragen hinsichtlich der Interpretation der Ergebnisse oder deren Stichhaltigkeit haben, nehmen Sie Rat von einem Spezialisten auf diesem Gebiet in Anspruch." Drittens: „Erkennen Sie kein Forschungsergebnis als gültig an, nur weil es sich mit Ihrer voreingenommenen Haltung deckt. Sowohl Ihre Haltung als auch das

Forschungsergebnis könnten falsch sein.“ Viertens: „Bedenken Sie, daß Ihr Verständnis der Wahrheit einem Wandel unterliegt. Es ist immer leichter, im Licht neuer Fakten unsere Position zu ändern, wenn wir unseren früheren Standpunkt nicht allzu bestimmt vertreten haben.“ (Aus einem Schriftwechsel mit Dr. Henry Virkler vom Mai 1991.)

Kapitel 3: Vorwurf: Sittliche Verderbtheit

1. Notice of Complaint against the Unrecognized Enemy in the Church, Institute in Basic Life Principles, Oakbrook 1990, S. 15. Vergl. auch: What the Bible Has to Say about „Contemporary Christian“ Music: Ten Scriptural Reasons Why the „Rock Beat“ Is Evil in Any Form, Institute in Basic Life Principles, Oakbrook 1990, S. 9-10.
2. Elizabeth F. Brown/William R. Hendee: Adolescents and Their Music, Journal of the American Medical Association 262:12 , 22.-29. Sept. 1989, S. 1659-1663. Vergl. auch die Erwiderungen auf diesen Artikel im Journal of the American Medical Association 263:6 vom 9. Februar 1990, S. 812-813. Die Kritiker nehmen nicht auf die eigentliche Studie, sondern auf einen Zeitungsbericht Bezug. Dies legt die Annahme nahe, daß der Fehler eher darin liegt, daß die Originalstudie nicht untersucht wurde, als in einer absichtlichen Fehlinterpretation dieser Studie.
3. Today’s Teens: A Generation in Transition, The Barna Research Group, Glendale 1991, S. 31.
4. Siehe Gilbert Rouget: Music and Trance, The University of Chicago Press, Chicago 1985. Rougets Arbeit ist auch hilfreich bei der Beurteilung der Mängel in Rodney Needhams Ansatz, daß es einen universellen Zusammenhang zwischen Schlagzeug und dem Wandel gäbe. Siehe Rodney Needham: Percussion and Transition, Man 2, 1967, S. 606-614. Siehe auch Andrew Nehers Behauptung, daß der Einfluß von Stammesrhythmen sich in rein physiologischen Begriffen erklären ließe, in: Auditory Driving Observed with Scalp Electrodes in Normal Subjects, Electroencephalography and Clinical Neurophysiology 13, 1961, S. 449-451 und A Psychological Explanation of Unusual Behavior in Ceremonies Involving Drums, Human Biology 34, 1962, S. 151-160. Rouget entgegnet, daß, wenn Trance die rein körperliche Reaktion auf das Trommelschlagen wäre, dieses Trommeln alle Teilnehmer an dem Ritual hätte beeinflussen müssen. Aber das war nicht der Fall. Für andere Argumente in dieser Richtung vergl. Rouget: Music and Trance, a.a.O., S. 169-176.
5. Ronald Allen/Gordon Borror: Worship - Rediscovering the Missing Jewel, Multnomah Press, Portland, S. 167.
6. Stanley Sadie (Hrsg.): Artikel Jewish Music, The New Grove Dictionary of Music and Musicians, MacMillan, Washington 1980, 9:632.
7. Roland H. Bainton: Here I Stand - A Life of Martin Luther, Abington, Nashville 1950, S. 161.
8. Al Menconi: Today’s Music - A Window to Your Child’s Soul, David C. Cook, Elgin 1990, S. 140.
9. What the Bible Has to Say about „Contemporary Christian“ Music, a.a.O., S. 8, 11-12.
10. Persönliches Interview mit G. William Supplee im April 1991.
11. Siehe Rouget: Music and Trance, a.a.O., S. 90.
12. Siehe Rouget: Music and Trance, a.a.O., S. 69, 75, 85, 113-114, 149, 312-313.

13. Siehe Rouget: Music and Trance, a.a.O., S. 73.
14. Siehe Rouget: Music and Trance, a.a.O., S. 149.
15. Siehe F.F. Bruce: The Epistle of Paul to the Romans, Eerdmans, Grand Rapids 1963, S. 251, 253. Siehe auch John Murray: The Epistle to the Romans, Eerdmans, Grand Rapids 1959, S. 190-191. Zur hilfreichen Diskussion über die Grenzen der Verantwortlichkeit des „stärkeren Bruders" siehe Carl F.H. Henry: Christian Personal Ethics, Eerdmans, Grand Rapids 1957, S. 420-436. Siehe auch J. Robertson McQuilkin: Biblical Ethics, Tyndale House, Wheaton 1989, S. 502-507.
16. Persönliches Gespräch mit Al Menconi am 10. Juni 1991.
17. Persönliches Gespräch mit dem christlichen Seelsorger Tim Gunter im Sommer 1991.
18. Persönliches Gespräch mit dem christlichen Seelsorger Tim Gunter im Sommer 1991.
19. Siehe Beispiele im Anhang.

Kapitel 4: Vorwurf: Weltlichkeit
1. G.R. Beasley Murray: Baptism in the New Testament, Eerdmans, Grand Rapids 1962, S. 2-4.
2. Robert Haldane: The Epistle to the Romans, The Banner of Truth Trust, London o.J., S. 556.
3. F.F. Bruce: The Epistels of John, Eerdmans, Grand Rapids 1970, S. 60-61. Siehe auch R.V.G. Tasker: The New Bible Dictionary, hrsg. von J.D. Douglas, Eerdmans, Grand Rapids 1962, S. 1339: „Demnach bedeutet Weltlichkeit die Inthronisation von etwas anderem als Gott als vorrangigen Gegenstand menschlichen Interesses und seiner Neigungen. Dazu entwickeln sich Vergnügungen und Beschäftigungen, - die an sich nicht unbedingt schlecht sind -, wenn ihnen alleinige Aufmerksamkeit zuteil wird."
4. I. Howard Marshall: The First Epistle to John, Eerdmans, Grand Rapids 1978, S. 143.
5. Warren Anderson: Josh McDowell - Bridging the Gap, Contemporary Christian Music, Juni 1990, S. 36.

Kapitel 5: Vorwurf: Ästhetische Minderwertigkeit. Die innere Stimme.
1. Donald Hustad argumentiert für diese funktionale Sicht der Kirchenmusik: „Kirchenmusik muß man als funktionale, instrumentale Kunst ansehen." und „Ob Musik in der Kirche hohe Kunst ist, ist unerheblich in den Begriffen der westlichen Welt von hoher Kunst. Sie müssen sich davon lösen, Kirchenmusik als freie Kunst oder die höchste Kunst zu betrachten." (Aus einem Gespräch am Southern Baptist Theological Seminary in Louisville, Kentucky). Zitiert von Donald Paul Ellsworth: Christian Music in Contemporary Witness, Baker Book House, Grand Rapids 1979, S.166.
2. Barry Liesch: People in the Presence of God, Zondervan, Grand Rapids 1988, S. 196.
3. H.C. Leupold: Exposition of the Psalms, Baker Book House, Grand Rapids 1969, S. 14.
4. Vida Chenoweth/ Darlene Bee, zu der Zeit Missionare auf Neuguinea, sprechen dieses Problem in ihrem Artikel: On Ethnic Music, Practical Anthropology, Sept./Okt. 1968, S. 205-212, an: „Die Schranken, sowohl in der Sprache als auch in

der Musik, mögen durch ethnozentrische Vorurteile überlagert sein, die zu unglücklichen Vorurteilen führen können. Jemand mag sagen, daß ein bestimmtes Volk keine Musik besitze oder daß seine Musik ‚unmusikalisch' sei. Diese Beurteilungen sind zwar gut gemeint, aber nicht besser als die Behauptung, ein Volk hätte keine Sprache oder seine Sprache wäre ‚unsprachlich'. Um die musikalische Trennung zu überwinden, muß der erste Schritt der sein, objektiv anzuerkennen, was diese Musik wirklich ist - ein Weg zur Kommunikation, der dem uneingeweihten Außenseiter verschlossen ist." (S. 205) Warren Dwight Allen schrieb in Philosophies of Music Histories, daß „wir von dem Versuch einer Unterscheidung zwischen ‚minderwertigen' und ‚höherstehenden' Phasen der Musikkunst im Sinne einer evolutionären Folge abkommen. Das bedeutet keine Absage an Maßstäbe, im Gegenteil heißt es jedoch, daß die Wertschätzung für Musik steigt, wenn wir lernen, musikalische Kunst unabhängig von ihrer Einordnung, Funktion oder Epoche ernstzunehmen." Dover Publications, New York 1939, zitiert von Ellsworth: Christian Music in Contemporary Witness, a.a.O., S. 21.

5. Diese Kritik aus dem Jahre 1823 wurde zitiert in der Musical Times, Oktober 1922, S. 733.

6. Alle Zitate aus: M.D. Calvocoressi: The Principles and Methods of Musical Criticism, Da Capo Press, New York 1979, S. 81-83.

7. Chenoweth/Bee: On Ethnic Music, a.a.O., S. 206. „Für jemanden, der von einer bestimmten musikalischen Kultur durchdrungen ist, insbesondere von einer so hoch entwickelten wie unserer westlichen Tradition, ist es sehr schwer, eine andere Musik als legitimen Ausdruck zu akzeptieren. Für einen Christen, der erfüllt ist von westlich geprägter Kirchenmusik, scheint es noch schwieriger zu sein, ein anderes musikalisches System als gleichfalls bedeutsam anzuerkennen."

8. Warren Anderson: Josh McDowell, a.a.O., S. 36.

9. Cyril J. Barber: A Minister's Library, Baker Book House, Grand Rapids 1974, S. xi.

Kapitel 6: Vorwurf: Ungute Assoziationen, fragwürdige Motive, gefährliche Versuchungen

1. William F. Arnt/ F. Wilbur Gingrich: A Greek-English Lexicon of the New Testament and Other Early Christian Literature, The University of Chicago Press, Chicago 1957, S. 220.

2. M.R. Vincent: Vincent's Word Studies, Bd. 2, MacDonald Publishing House, McLean o.J., S. 947. Siehe auch R.C.H. Lenski: The Interpretation of St. Paul's Epistles to the Colossians, to the Thessalonians, to Timothy, to Titus and to Philemon, Augsburg, Minneapolis 1937, S. 362: „Was Paulus sagt, ist, daß es viele Formen von Gottlosigkeit gibt, daß jede von ihnen wirkliche Gottlosigkeit ist und als solche auch dem Menschen erscheint, und daß wir uns von jeglicher Gottlosigkeit, welche Form sie auch immer annehmen mag, fernhalten sollen." Siehe auch George Milligan: St. Paul's Epistles to the Thessalonians, Klock and Klock Christian, Minneapolis, Nachdruck 1980, S. 77 und Leon Morris: The Epistles of Paul to the Thessalonians, Eerdmans, Grand Rapids 1956, S. 106.

3. Siehe Dana Key: Don't Stop the Music, Zondervan, Grand Rapids 1989, S. 63.

4. Al Menconi: Whose Records Should I Burn, Alice's or Amy's?, Media Update 6:3, Mai/Juni 1987, S. 5.

5. Key: Don't Stop the Music, a.a.O., S. 116.

6. David R. Breed: The History and Use of Hymns and Hymn Tunes, Revell, Tarrytown 1903, S. 268.
7. W.Y. Fullerton: Charles H. Spurgeon - London's Most Popular Preacher, Moody Press, Chicago 1966, S. 83.
8. Donald Hustad: Jubilate! Church Music in the Evangelical Tradition, Hope, Carol Stream 1981, S. 95.
9. Hustad: Jubilate!, a.a.O., S. 132.
10. „Christen, die durch Christus den Elementen der Welt gestorben sind, leben nicht länger ‚in der Welt' (Kol. 2, 20b), sondern sind vollkommen befreit von der Unterwerfung unter ihre Regeln und Zwänge." J. Guhrt im Art. kosmos in: Dictionary of New Testament Theology, hrsg. von Colin Brown, Bd. 1, Zondervan, Grand Rapids 1975, S. 525.
11. R.V.G. Tasker: New Bible Dictionary, a.a.O., S. 1339.

Kapitel 7: Die Bibel zum Thema Musik

1. William F. Arnt/F. Wilbur Gingrich: A Greek-English Lexicon of the New Testament and Other Early Christian Literature, a.a.O., S. 546.
2. Dictionary of New Testament Theology, a.a.O.
3. Ralph H. Alexander: Theological Wordbook of the Old Testament, hrsg. von R. Laird Harris/Gleason L. Archer/Bruce K. Waltke, Bd.1, Moody Press, Chicago 1980, S. 364-365.
4. J. Robertson McQuilkin: Understanding and Applying the Bible, Moody Press, Chicago 1983, S. 255ff.
5. Zitiert in Dan Peters/Steve Peters/Cher Merrill: What about Christian Rock?, Bethany House, Minneapolis 1986, S. 100.
6. Paul Henry Lang: Music in Western Civilisation, S. 700, zitiert von Donald P. Hustad: Jubilate!, a.a.O., S. 33-34.
7. Robert M. Stevenson: Patterns of Protestant Church Worship, Duke University Press, o.O. 1953, S. 152.
8. Stevenson: Patterns of Protestant Church Worship, a.a.O., S. 151.

Kapitel 8: Biblische Prinzipien für Musiker und Musikförderer

1. Dave Geisler: Musicianaries for Christ, Contemporary Christian Music, Mai 1990, S. 22.
2. Menconi: Today's Music, a.a.O., S. 142.
3. R.C.H. Lenski: The Interpretation of St. Paul's Epistles to the Colossians, to the Thessalonians, to Timothy, to Titus, and to Philemon, a.a.O., S. 184.
4. M.R. Vincent: Word Studies, Bd. 1, a.a.O., S. 318.

Kapitel 9: Von den frühen Gesängen zu den Liedern der Reformation

1. Edward S. Ninde: The Story of the American Hymn, Abingdon, Nashville 1921, S. 94-97.
2. Breed: The History and Use of Hymns and Hymn Tunes, a.a.O., S. 255.
3. Breed: The History and Use of Hymns and Hymn Tunes, a.a.O., S. 21-22.
4. Breed: The History and Use of Hymns and Hymn Tunes, a.a.O., S. 25.
5. Ellsworth: Christian Music in Contemporary Witness, a.a.O., S. 30.
6. Breed: The History and Use of Hymns and Hymn Tunes, a.a.O., S. 256.
7. Jane Stewart Smith: The Gift of Music, Crossway Books, Wheaton 1987, S. xix.

8. Karl Gustav Fellerer: The History of Catholic Church Music, Helicon Press, Baltimore 1961, S. 56.
9. Breed: The History and Use of Hymns and Hymn Tunes, a.a.O., S. 290.
10. Breed: The History and Use of Hymns and Hymn Tunes, a.a.O., S. 38-39.
11. Preserved Smith: The Life and Letters of Martin Luther, Barnes and Noble, New York, 1911, 1968, S. 346-347.
12. Smith: The Life and Letters of Martin Luther, a.a.O., S. 347.
13. Bainton: Here I Stand - A Life of Martin Luther, a.a.O., S. 267.
14. Paul Nettl: Luther and Music, The Muhlenberg Press, Philadelphia 1948, S. 34.
15. Theodore Hoetty-Nickel: Luther and Culture, Martin Luther Lectures Bd. 4, Luther College Press, Decorah 1960, S. 210.
16. Smith: The Life and Letters of Martin Luther, a.a.O., S. 231.
17. Smith: The Life and Letters of Martin Luther, a.a.O., S. 231.
18. Hoetty-Nickel: Luther and Culture, a.a.O., S. 174.
19. Hoetty-Nickel: Luther and Culture, a.a.O., S. 174-175.
20. Richard Friedenthal: Luther, His Life and Times, Harcourt Brace Jovanovich, New York 1967, S. 464.
21. Hoetty-Nickel: Luther and Culture, a.a.O., 173-174.
22. Hoetty-Nickel: Luther and Culture, a.a.O., S. 169.
23. Tilemann Heshusius: Psalms of David, zitiert in Koch: Geschichte des Kirchenliedes und Kirchengesangs Bd. 1, Stuttgart 1867, seinerseits zitiert von Hoetty-Nikkel: Luther and Culture, a.a.O., S. 169.
24. Hymni Lutheri animos plures, quam scripta et declamationes occiderunt (1620), zitiert in Koch: Geschichte des Kirchenliedes und Kirchengesangs, seinerseits zitiert von Hoetty-Nickel, Luther and Culture, a.a.O., S. 170.
25. Thesaurus Sapientiae, Buch VIII, Teil II, Antwerpen 1603, zitiert von Hoetty-Nickel, a.a.O., S. 170.
26. Nettl: Luther and Music, a.a.O., S. 29.
27. Stevenson: Patterns of Protestant Church Worship, a.a.O., S. 3.
28. Johannes Calvin: Homiliae in primum librum Samuelis, Genf 1604, zitiert von Stevenson: Patterns of Protestant Church Worship, a.a.O., S. 13-14.
29. Breed: The History and Use of Hymns and Hymn Tunes, a.a.O., S. 290.
30. Breed: The History and Use of Hymns and Hymn Tunes, a.a.O., S. 22, 54.
31. H.A.L. Jefferson: Hymns in Christian Worship, The Macmillan Company, New York 1950, S. 33.
32. Jefferson: Hymns in Christian Worship, a.a.O., S. 34.
33. Hustad: Jubilate!, a.a.O., S. 134.
34. Breed: The History and Use of Hymns and Hymn Tunes, a.a.O., S. 301-303.
35. Stevenson: Patterns of Protestant Church Worship, a.a.O., S. 17-18.
36. Breed: The History and Use of Hymns and Hymn Tunes, a.a.O., S. 302-303.

Kapitel 10: Vom Psalm zum Kirchenlied

1. Paul Davis: Isaac Watts - His Life and Works, Dryden, New York 1943, S. 188-189.
2. Davis: Isaac Watts - His Life and Works, a.a.O., S. 188-189.
3. Hustad: Jubilate!, a.a.O., S. 245.
4. Davis: Isaac Watts - His Life and Works, a.a.O., S. 158, 159, 196, 197.
5. Davis: Isaac Watts - His Life and Works, a.a.O., S. 19.

6. Arthur L. Rich: World Book Encyclopedia, Worldbook-Childcraft International, Chicago 1978, S. 119. Nach Davis waren davon allein über sechshundert Kirchenlieder.
7. Davis: Isaac Watts - His Life and Works, a.a.O., S. 202-203.
8. Davis: Isaac Watts - His Life and Works, a.a.O., S. 197.
9. Vorwort zu Horae Lyricae (Zweite Ausgabe 1709), zitiert von Davis: Isaac Watts - His Life and Works, a.a.O. S. 159.
10. Davis: Isaac Watts - His Life and Works, a.a.O., S. 159.
11. Davis: Isaac Watts - His Life and Works, a.a.O., S. 207.
12. William Romaine: The Whole Works, London 1787, S. 990, zitiert von Stevenson: Patterns of Protestant Church Worship, a.a.O., S. 95.
13. Romaine: The Whole Works, a.a.O., S. 999.
14. Jefferson: Hymns in Christian Worship, a.a.O., S. 1-2.
15. Millar Patrick: The Story of the Church's Song, John Knox Press, Richmond 1962, S. 124.
16. Stevenson: Patterns of Protestant Church Worship, a.a.O., S. 99.
17. Stevenson: Patterns of Protestant Church Worship, a.a.O., S. 105-106.
18. Patrick: The Story of the Church's Song, a.a.O. S. 128.
19. Stevenson: Patterns of Protestant Church Worship, a.a.O., S. 116.
20. Stevenson: Patterns of Protestant Church Worship, a.a.O., S. 133.
21. James Sallee: A History of Evangelistic Hymnody, Baker Book House, Grand Rapids 1978, S. 14.
22. Sallee: A History of Evangelistic Hymnody, a.a.O., S. 26.
23. Harold Myra/Dean Merrill: Rock, Bach, and Superschlock, J.B. Lippincott, Philadelphia 1972, S. 93. Zitiert in Ellsworth: Christian Music in Contemporary Witness, a.a.O., S. 73.
24. Seidel: Face the Music, a.a.O., S. 137-138.
25. Sallee: A History of Evangelistic Hymnody, a.a.O., S. 131.
26. Ellsworth: Christian Music in Contemporary Witness, a.a.O., S. 75.
27. Arnold A. Dallimore: A Heart Set Free - The Life of Charles Wesley, Crossway Books, Wheaton 1988, S. 215.
28. Sallee: A History of Evangelistic Hymnody, a.a.O., S. 19-20.
29. Sallee: A History of Evangelistic Hymnody, a.a.O., S. 23.
30. Joshua Leavitt: The Christian Lyre, 1831, zitiert von Henry Wilder Foote: Three Centuries of American Hymnody, Harvard University Press, Cambridge 1940, S. 203, seinerseits zitiert von Sallee: A History of Evangelistic Hymnody, a.a.O., S. 45.
31. Sallee: A History of Evangelistic Hymnody, a.a.O., S. 26.
32. Sallee: A History of Evangelistic Hymnody, a.a.O., S. 31-32.
33. Ellsworth: Christian Music in Contemporary Witness, a.a.O., S. 86.
34. Faith Coxe Bailey: D.L. Moody - The Greatest Evangelist of the Nineteenth Century, Moody, Chicago 1959, S: 120.
35. J.C. Pollock: Moody - A Biographical Portrait of the Pacesetter in Modern Mass Evangelism, The Macmillan Company, New York 1963, S. 95.
36. T.H. Hall: Biography of Gospel Song and Hymn Writers, AMS Press, New York 1971, S. 198-199. Zitiert von Sallee: A History of Evangelistic Hymnody, a.a.O., S. 58.
37. Sallee: A History of Evangelistic Hymnody, a.a.O., S. 58.
38. Stevenson: Patterns of Protestant Church Worship, a.a.O., S. 153.

39. Pollock: Moody - A Biographical Portrait, a.a.O., S. 137.
40. Pollock: Moody - A Biographical Portrait, a.a.O., S. 135.
41. Rufus W. Clark: The Work of God in Great Britain Under Mssrs. Moody and Sankey, Harper and Brothers, New York 1875, S. 148.
42. Sallee: A History of Evangelistic Hymnody, a.a.O., S. 63.
43. Sallee: A History of Evangelistic Hymnody, a.a.O., S. 63.
44. Pollock: Moody - A Biographical Portrait, a.a.O., S. 134.
45. Pollock: Moody - A Biographical Portrait, a.a.O., S. 136.
46. Pollock: Moody - A Biographical Portrait, a.a.O., S. 119.
47. Henry Davenport Northrop: Life and Labors of Dwight L. Moody, National, Philadelphia 1899, S. 94.
48. Bailey: D.L. Moody - The Greatest Evangelist, a.a.O., S. 107.
49. Bailey: D.L. Moody - The Greatest Evangelist, a.a.O., S. 107.
50. Ira D. Sankey: My Life and the Story of the Gospel Hymns, Harper and Brothers, New York 1907, 62, 64.
51. Barnard Watson: A Hundred Years' War - The Salvation Army 1865 - 1965, Hodder and Stoughton, S. 85.
52. Robert Sandall: The History of the Salvation Army, Bd. 2, Thomas Nelson, Nashville 1950, S. 102.
53. Sandall: The History of the Salvation Army, Bd. 2, a.a.O., S. 102.
54. Watson: A Hundred Years' War, a.a.O., S. 86.
55. Watson: A Hundred Years' War, a.a.O., S. 89.
56. Watson: A Hundred Years' War, a.a.O., S. 91.
57. Watson: A Hundred Years' War, a.a.O., S. 83.
58. Watson: A Hundred Years' War, a.a.O., S. 89.
59. Sandall: The History of the Salvation Army, a.a.O., S. 110.
60. Sandall: The History of the Salvation Army, a.a.O., S. 106-107.
61. Sandall: The History of the Salvation Army, a.a.O., S. 200.
62. Watson: A Hundred Years' War, a.a.O., S. 83.
63. Sandall: The History of the Salvation Army, Bd. 2, a.a.O., S. 111.
64. Sandall: The History of the Salvation Army, Bd. 1, a.a.O., S. 210.
65. Sandall: The History of the Salvation Army, Bd. 2, a.a.O., S. 112.

Kapitel 11: Was wir aus der Geschichte lernen können

1. Georg Wilhelm Friedrich Hegel: The Philosophy of History, Dover Publications, New York 1956, S. 6.
2. F.E. Kirby: A Short History of Keyboard Music, The Free Press, New York 1966, S. 5.
3. Hustad: Jubilate!, a.a.O., S. 275-276.
4. Edwin Liemohn: The Organ and Choir in Protestant Worship, Fortress, Philadelphia 1968, S. 4.
5. Liemohn: The Organ and Choir in Protestant Worship, a.a.O., S. 2.
6. Stevenson: Patterns of Protestant Church Music, a.a.O., S. 3.
7. Stevenson: Patterns of Protestant Church Music, a.a.O., S. 3.
8. Stevenson: Patterns of Protestant Church Music, a.a.O., S. 17-18.
9. Stevenson: Patterns of Protestant Church Music, a.a.O., S. 17-18.
10. Ninde: The Story of the American Hymn, a.a.O., S. 94-95.
11. Ninde: The Story of the American Hymn, a.a.O., S. 96, 97.

12. Peters/Peters/Merrill: What about Christian Rock?, a.a.O., S. 196.
13. Don Wyrtzen/Dave Wyrtzen: The Beat Debate, Moody Monthly, Sept. 1985, S. 33.
14. Borror/Allen: Worship - Rediscovering the Missing Jewel, a.a.O., S. 167.
15. Borror/Allen: Worship - Rediscovering the Missing Jewel, a.a.O., S. 34.
16. Hustad: Jubilate!, a.a.O., S. 275-277.
17. Hustad: Jubilate!, a.a.O., S. 288.
18. Hustad: Jubilate!, a.a.O., S. 311.
19. Hustad: Jubilate!, a.a.O., S. 46-47.
20. Hinsichtlich einer ähnlichen Beobachtung vergl. Hustad: Jubilate!, a.a.O, S. 35, 127.
21. J.I. Packer: All That Jazz, Christianity Today, 12. Dez. 1986, S. 15.
22. Patrick: The Story of the Church's Song, a.a.O., S. 135.
23. W.C. Proctor: The Story of the Church's Song, James Clark, London o.J., S. 57.
24. Hustad: Jubilate!, a.a.O., S. 202. Siehe auch Donald Paul Ellsworth: „Immer, wenn die Kirche ihrem Glauben auf zeitgemäße Art Ausdruck verlieh, geriet das zur Evangelisation und führte große Menschenmengen der Kirche zu.“ Christian Music in Contemporary Witness, a.a.O., S. 18.
24. Sankey: My Life and the Story of the Gospel Hymns, a.a.O., S. 62.

Kapitel 12: Die Notwendigkeit einer Alternative

1. Allen Bloom: The Closing of the American Mind, Simon and Schuster, New York 1987, S. 68.
2. Bob Macken/Peter Fornatale/Bill Ayres: The Rock Music Source Book, Anchor, New York 1980, S. 15.
3. Elizabeth F. Brown/William R. Hendee: Adolescents and Their Music, Journal of the American Medical Association 262:12 (22.-29. September 1989), S. 1659.
4. Peggy Mann: How Shock Rock Harms Our Kids, Reader's Digest, Juli 1988, S. 102.
5. Peters/Peters/Merrill: What About Christian Rock?, a.a.O., S. 19.
6. Tony Clifton: The Sexy Godmother of Rock, Newsweek, 4. März 1985.
7. Maureen Orth: The Sunshine Boy, Newsweek, 20. Dezember 1976, S. 66.
8. Orth: The Sunshine Boy, a.a.O., S. 68.
9. Jacob Aranza: Backward Masking Unmasked, Huntington House, Shreveport 1980, S. 59. Aranza zitiert hier den Hit Parader, Juli 1975, S. 64.
10. Barry L. Sherman/Joseph R. Dominick: Violence and Sex in Music Videos - TV and Rock'n'Roll, Journal of Communication 36. Winter 1986, S. 79-93.
11. Edward G. Armstrong: Country Music Sex Songs - An Ethnomusicological Account, The Journal of Sex Research 22:3. August 1986, S. 371.
12. Armstrong: Country Music Sex Songs, a.a.O., S. 372.
13. Menconi: Today's Music, a.a.O., S. 93.
14. People, 19. November 1984, S. 161ff.
15. Eric Holmberg: Hell's Bells - The Dangers of Rock and Roll, Manuskript zur Video-Serie, S. 17.
16. Peters/Peters/Merrill: What About Christian Rock?, a.a.O., S. 24. Die Autoren zitieren hier aus Star Hits, September 1985.
17. Rolling Stone, 28. Februar 1985, S. 16.
18. Ben Liemer: W.A.S.P.'s Metal Venom, Circus, 28. Februar 1985, S. 102.

19. Richard Hogan: Ratt - Undercover Agents, Hit Parader, S. 46.
20. Holmberg: Hell's Bells, a.a.O., S. 14. Der Autor zitiert hier Bob DeMoss jr.: Rising to the Challenge, Vision Video, Parents Music Resource Center 1988.
21. Michael K. Haynes: The God of Rock, Priority Ministries and Publications, Lindale 1982, S. 172.
22. Peters/Peters/Merrill: What About Christian Rock?, a.a.O., S. 21.
23. Kane: Misogyny in Rock Videos, Women Against Pornography, New York 1984. Zitiert von Dena L. Peterson/Karen S. Pfost: Influence of Rock Videos on Attitudes of Violence against Women, Psychological Reports, 1989, S. 319.
24. Newsweek, 6. November 1967, S. 101. Zitiert von Haynes: The God of Rock, a.a.O., S. 174.
25. Hit Parader, S. 49.
26. Mötley Crüe - The Road Warriors, Hit Parader's Heavy Metal Heroes, März 1985, S. 9.
27. Life, Oktober 1969, S. 4. Zitiert von Haynes: The God of Rock, a.a.O., S. 198.
28. Haynes: The God of Rock, a.a.O., S. 198.
29. Haynes: The God of Rock, a.a.O., S. 195.
30. Peters/Peters/Merrill: What about Christian Rock?, a.a.O., S. 105.

Kapitel 13: Wie geben Sie Ihre Überzeugungen bezüglich Musik an Ihre Kinder weiter?

1. Menconi: Whose Records Should I Burn?, a.a.O.
2. Menconi: Today's Music, a.a.O., Rückenklappentext.
3. Peterson/Pfost: Influence of Rock Videos, a.a.O., S. 321.
4. Mann: How Shock Rock Harms Our Kids, a.a.O., S. 103.
5. L.E. Greeson/R.A. Williams: Social Implications of Music Videos for Youth - An Analysis of the Contents and Affects of MTV, Youth and Society 18, 1986, S. 177-189.
6. Es dürfte sehr schwierig sein, eine Studie zu konzipieren, die diese Langzeiteffekte beweisen kann. Brown und Hendee von der American Medical Association fassen den gegenwärtigen Stand der psychologischen Forschung so zusammen: „Die jetzige Beweislage legt lediglich nahe, daß derartige Musik (von weltlichen Heavy-Metal-Gruppen wie Slayer, Anm. des Verf.) vielleicht in der Lage ist, das destruktive Verhalten einiger entsprechend empfänglicher Individuen zu fördern, die bereits von der Mehrheit der Bevölkerung entfremdet sind." Elizabeth Brown/William R. Hendee: Journal of the American Medical Association 263: 6, 9. Februar 1990, S. 812. An dieser Stelle verdeutlichen die Autoren ihre Position, die sie in Adolescents and Their Music, Journal of the American Medical Association 202:12, 22.-29. September 1989, S. 1659-1663, vorgetragen haben. Die vielen ausführlichen Studien, die den negativen Einfluß von Pornographie belegen, sollten uns vor dem potentiellen Einfluß von Musik, in der offen Gewalt und Sexualität dargestellt werden, warnen. Hinsichtlich des negativen Einflusses der Pornographie siehe Tom Minnery (Hrsg.): Pornography - A Human Tragedy, Tyndale House, Wheaton 1986, S. 115-161.
7. Direkte Übersetzung aus Richard Francis Weymouth: Weymouth's New Testament in Modern Speech, überarbeitet von J.A. Robertson, James Clarke and Company, London o.J.
8. Kristine McKenna: Sting - The Rolling Stone Interview, Rolling Stone, September 1983.

9. Dan Peters/Steve Peters: Why Knock Rock?, Bethany House, Minneapolis 1984, S. 81.
10. Rock!, Februar 1985, S. 27.
11. Peters/Peters: Why Knock Rock?, a.a.O., S. 121.
12. Peters/Peters: Why Knock Rock?, a.a.O., S. 123.
13. Peters/Peters: Why Knock Rock?, a.a.O., S. 131.
14. Peters/Peters: Why Knock Rock?, a.a.O., S. 132.

Kapitel 14: Eine christliche Alternative

1. Menconi: Today's Music, a.a.O., S. 152.
2. John W. Still: It's Time for a New Revolution, Contemporary Christian Music, Januar 1991, S. 24.
3. Allen Weed: Music in Your Ministry, Network News 8:4, Herbst 1990, S. 3.
4. Hustad: Jubilate!, a.a.O., S. 165.
5. Today's Teens: A Generation in Transition, a.a.O., S. 29.
6. Today's Teens: A Generation in Transition, a.a.O., S. 29.
7. Echoes (Rundbrief), Word, Waco, S. 5.
8. Echoes, a.a.O., S. 5. Für mehr Hintergrundinformation bezüglich Petra siehe auch das der Musikproduktion War and Remembrance beiliegende Booklet gleichen Namens. Siehe auch Contemporary Christian Music, Januar 1982, S. 13.
9. War and Remembrance
10. Warren Anderson: Beyond Rock, Contemporary Christian Music, Juni 1990, S. 34.
11. Five Minutes with Josh (monatlicher Rundbrief von Josh McDowell Ministry of Campus Crusade for Christ International, Dallas)
12. Echoes, a.a.O.
13. Konzert-Broschüre: An Evening with Keith Green
14. Melody Green/David Hazard: No Compromise - The Life Story of Keith Green, Sparrow Press, Chatsworth 1989, S. 291. Zitat direkt aus dem amerikanischen Original übersetzt. Deutsche Ausgabe: Melody Green/David Hazard: Kompromißlos, PILA, Dettenhausen 1992, S. 337.
15. Frank Garlock: Can Rock Music Be Sacred?, S. 35.
16. Quincy Smith-Newcomb: Rez Band - Chicago Band Makes Music Loving Their Neighbors, Contemporary Christian Music, Februar 1984, S. 16-19.
17. Smith-Newcomb: Rez Band, a.a.O., S. 16-19.
18. Broken Heart News (Rundbrief der Broken Heart Ministries), S. 6.
19. Broken Heart News, a.a.O., S. 2.
20. Jerry Wilson: Rock Evangelist for the 90s, Contemporary Christian Music, Juli 1990, S. 20.
21. Wilson: Rock Evangelist for the 90s, a.a.O., S. 32.

Kapitel 15: Die christliche Alternative in die Kirche bringen

1. Newsweek, 30. Dezember 1985, S. 54. Zitiert von Peters/Peters/Merrill: What about Christian Rock?, a.a.O., S. 21.
2. Frank R. Tillapaugh: The Church Unleashed, Regal, Ventura 1982
2.b. Grundkurs für Missionsstrategie auf amerikanischen Bibelschulen (Anm. d. Üs.).

3. Donald P. Hustad: Must the Aucas Sing Our Songs?, Eternity, Februar 1967, S. 51-52, 54.
4. Siehe Delbert Rice: Developing an Indigenous Hymnody, Practical Anthropology, Mai/Juni 1971, S. 112.
5. R. LaVerne Morse: Ethnomusicology - A New Frontier, Evangelical Missions Quarterly 11:1, Januar 1975, S. 33.
6. Morse: Ethnomusicology, a.a.O., S. 35. Entsprechend wurden Angehörige des Stammes der Loma in Liberia Stücken klassischer Musik ausgesetzt, die für westlich geprägte Menschen bestimmte Gefühle ausdrücken. Die Gefühle der Loma hingegen blieben davon unberührt. Es scheint, daß nicht ein einziger musikalischer Stil eine universelle Sprache darstellt. Alan P. Merriam: The Anthropology of Music, Northwestern University Press, Evanston 1964, S. 11-12.
7. Hustad: Must the Aucas Sing Our Songs?, a.a.O., S. 51-52, 54. Siehe auch Darrell A. Mock: Christian Music in Japan, The Church Musician 29, August 1978, S. 12-13. „Westliche Dichtung in sinnvolles Japanisch zu übersetzen ist so gut wie unmöglich, wenn die Worte mit den Melodien westlicher Kirchenlieder versehen werden."
8. Albert W.D. Frieson: A Methodology in the Development of Indigenous Hymnody, Missiology - An International Review 10:1, Januar 1982, S. 83.
9. T.W. Hunt: Music in Missions - Discipling through Music, Broadman, Nashville 1987, S. 113. Siehe auch Chenoweth/Bee: On Ethnic Music, a.a.O., S. 207: „Wie jede andere Sprache auch, muß Musik heimisch sein, um verstanden zu werden. Wenn das Christentum seinen Ausdruck in der Sprache des Volkes findet, schlägt es Wurzeln. In der musikalischen ‚Mundart' des Volkes ausgedrückt, verstärkt es die gesprochene Botschaft enorm."
10. Hunt: Music in Missions, a.a.O., S. 123.
11. Hunt: Music in Missions, a.a.O., S. 16.
12. Hunt: Music in Missions, a.a.O., S. 16.
13. Hunt: Music in Missions, a.a.O., S. 22.
14. Hunt: Music in Missions, a.a.O., S. 88.
15. Bill O'Brien/Dellanna O'Brien: Building an Indigenous Music Program in Indonesia, The Church Musician, Juli 1972, S. 4.
16. Hunt: Music in Missions, a.a.O., S. 128-129.
17. Rice: Developing an Indigenous Hymnody, a.a.O., S. 111-112.
18. Ronald Zalkind: Contemporary Music Almanac 1980-1981, Schirmer Books, o.O., S. 80-81.
19. Siehe Chenoweth/Bee: On Ethnic Music, a.a.O., S. 209. „Eine nichtchristliche Gesellschaft hat Vorstellungen und Praktiken, die in starkem Gegensatz zu denen einer christlichen Gesellschaft stehen. Diese Gegensätze drücken sich sowohl in der Sprache als auch in der Musik aus. Dennoch sind diese Hilfsmittel des Ausdrucks als solche ohne eine moralische Qualität in der Lage, neue Vorstellungen einzuführen und alte auszumerzen."
20. L.P. Hartley: The Go-Between, Alfred Knopf, New York 1953.
21. Borror/Allen: Worship, a.a.O., S. 166.
22. J. David Stone: Youthworker, Frühjahr 1990, S. 45.
23. Menconi: Today's Music, a.a.O., S. 128.
24. Gospel Music Rolls Out of the Church, Onto the Charts, U.S. News and World Report, 25. August 1986, S. 56.

25. God's Lively People, Fontana, Huntington 1971, S. 206, zitiert von John R.W. Stott: Christian Mission in a Modern World, InterVarsity Press, Downer's Grove 1975, S. 122-123.
26. Doug Murren: The Baby Boomerang, Regal Books, Ventura 1990, S. 188. Denjenigen, die bemüht sind, die „Baby-Boomer"-Generation zu erreichen, sei Murrens Kapitel über Musik zur gründlichen Lektüre anempfohlen.
27. Reed Arvin: Christian Music in a Post-Christian Culture, Contemporary Christian Music, August 1990, S. 14.

Kapitel 16: Die christliche Alternative in die Welt bringen

1. Zitiert von Ginger Sattler: „Scott Wesley Brown - I Want What I Do to Count", Dove Club Newsletter, Frühjahr 1986, S. 1-2.
2. Hustad: Jubilate!, a.a.O., S. 4.
3. The Forty Highest Paid Entertainers, Atlanta Journal, 9. September 1990, S. A-4.
4. Toby Creswell: Jagger Scores Down Under, Rolling Stone, 5. Mai 1988, S. 17.
5. Keith Cahoon: Jagger Tour Rolls in Japan, Rolling Stone, 5. Mai 1988, S. 17.
6. All „Bad" Things Come to an End as a Tearful Michael Jackson Bids Bye-Bye to the Highway, People Weekly, Nr. 31, Folge 6, 13. Februar 1989.
7. Michael Jackson Says His 18-Month Worldwide Tour Was An ‚Incredible Journey', Jet, 23. Januar 1989, S. 61.
8. Sam Emerson: And in Ethiopia, the Cult of the Beloved One, Newsweek, 25. Mai 1987, S. 31.
9. Paul Borthwick: The Global Challenge of Youth Ministry, Network News 10, National Network of Youth Ministries, San Diego, Winter 1992, S. 1-2. Mit Blick auf das „globale Dorf" der Teenager untersuchten Daniel Offer, Eric Ostrov, Kenneth Howard und Robert Atkinson etwa sechstausend Jugendliche aus zehn verschiedenen Ländern. Sie stellten fest, daß „sich ein Vierzehnjähriger in Bangladesch das gleiche Fernsehprogramm ansehen kann wie ein Vierzehnjähriger in Westdeutschland, in Israel, in Japan, in der Türkei oder auf Taiwan. Die Medien kennen keine Grenzen; Ideen und Ereignisse, die bestimmen, was neu und begehrenswert ist, werden in alle Ecken des Globus' getragen, um von den jungen Herzen aufgenommen zu werden." The Teenage World, Plenum Medical Book Company, New York und London 1988, S. 115.
10. Bob Hitching: Michael Jackson vs. Mohammed, Indeed 3:2, Operation Mobilization, April/Mai 1992, S. 1.
11. Fritz Rienecker/Cleon Rogers: Linguistic Key to the Greek New Testament, Zondervan, Grand Rapids 1976, S. 511 (deutsche Ausgabe im Brunnen Verlag, Gießen/Basel, im deutschen Original nicht enthalten).
12. J. B. Lightfoot: The Epistle of St. Paul to the Galatians, Zondervan, Grand Rapids 1957, S. 167-168.
13. H.A. Ironside: Expository Messages on the Epistle to the Galatians, Loizeaux Brothers, Neptune 1941, S. 136-137.
14. Donald K. Campbell in: Das Neue Testament erklärt und ausgelegt Bd. 5, herausgegeben von John F. Walvoord/Roy B. Zuck, Hänssler, Neuhausen 1992, S. 131.
15. Merrill C. Tenney: Die Welt des Neuen Testaments, Verlag der Francke-Buchhandlung, Marburg 1979, S. 21, 94ff.
16. Dave Geisler: Musicianaries for Christ, a.a.O., S. 26.

17. Rocking the Soviet Corners, Contemporary Christian Music, September 1990, S. 13.
18. Rocking the Soviet Corners, a.a.O., S. 13.
19. Persönliches Gespräch mit Danny Layman, Herbst 1990.
20. Geisler: Musicianaries for Christ, a.a.O., S. 22-23.
21. Sattler: Scott Wesley Brown, a.a.O., S. 1-2.
22. Persönliches Gespräch mit George Verwer, Winter 1991.
23. Geisler: Musicianaries for Christ, a.a.O., S. 23, 26, 28.
24. William MacDonald: Wahre Jüngerschaft, Hänssler, Neuhausen 1993, S. 32-33.
25. Steve Haggerty: On the Road for God, Charisma, November 1985, zitiert von Peters/Peters/Merrill: What about Christian Rock?, a.a.O.

Anhang 1: Wie vier wachsende Gemeinden moderne Musik einsetzen

1. Die Informationen über die Willow Creek Community Church basieren auf persönlichen Gesprächen sowie auf den Tonbandmitschnitten „Worship for the Believer" und „Foundations of a Music Ministry", aufgenommen auf Willow Creek-Leiterschaftskonferenzen. Weitere Informationen aus Elmer L. Towns: An Inside Look at Ten of Today's Most Innovative Churches, Regal, Ventura 1990.
2. Die Informationen über die Mount Paran Church of God basieren auf persönlichen Gesprächen sowie auf Towns: An Inside Look at Ten of Today's Most Innovative Churches, a.a.O.
3. Die Informationen über die Paul-Gerhardt-Gemeinde stellte Thomas Nowack zusammen.
4. Die Informationen über die Jesus-Freaks stellte Martin Dreyer, Pastor der Jesus-Freaks Hamburg, zusammen.

Anhang 2: Anmerkungen zur Diskussion um zeitgenössische christliche Popularmusik im europäischen und speziell im deutschsprachigen Raum

1. Vergl. z. B. R. Wagner: Persönliche Gestimmtheit und Musikhören, Studien zur Psychologie und Therapie in der Musikpädagogik, Frankfurt 1988.
2. David Reck: Musik der Welt, Rogner & Bernhard, Hamburg 1991.
3. Gottfried Wolters: Ars musica, Bd. IV, Möseler, Wolfenbüttel 1965.
4. G. Rohmert: Der Sänger auf dem Weg zum Klang, Köln 1992.
5. Sigrid Abel-Struth: Grundriß der Musikpädagogik, Schott, Mainz 1985.
6. Vergl. z. B. Klaus E. Behne: Musikalische Konzepte. Zur Schicht und Altersspezifität musikalischer Präferenzen, Forschung in der Musikerziehung, Schott, Mainz 1975.

Weiter wurden verwendet:
Zur Musikwissenschaft: Carl Dahlhaus: Riemann Musiklexikon, Schott, Mainz 1992.
Zur Musikpsychologie: Herbert Bruhn/Helmut Rösing/Rolf Oerter (Hrsg.): Musikpsychologie. Ein Handbuch in Schlüsselbegriffen, Rowohlt, München 1985.
Zur Musiksoziologie: Theodor W. Adorno: Einführung in die Musiksoziologie, Reinbek 1968
Zudem fanden eine Reihe weiterer Standardwerke zur Psychologie, Soziologie und Geschichte Verwendung.